ŒUVRES VIVES

du même auteur
aux mêmes éditions

Par ailleurs (Exils)
Lame de fond
Cronos
Au fond de l'inconnu pour trouver du nouveau
In Memoriam
Le Complexe de Caliban
Conte de l'amour bifrons
Kriss, *suivi de* L'Homme de Porlock
Personne
Autres jeux avec le feu
Les Aubes
Lettre morte
Voix
Les Trois Parques
Les Dits d'un idiot
Calomnies

aux mêmes éditions,
dans la collection « Titres »

Les Évangiles du crime
Tu écriras sur le bonheur
Les Trois Parques
Lettre morte
Les Dits d'un idiot

aux éditions Jean-Michel Place

Marina Tsvétaïeva. Comment ça va la vie ?

aux éditions Nil,
dans la collection « Les Affranchis »

À l'enfant que je n'aurai pas

LINDA LÊ

ŒUVRES VIVES

CHRISTIAN BOURGOIS ÉDITEUR ◊

ISBN 978-2-267-02676-4

UVRES VIVES

OMAN

NDA LÊ

n jeu de piste captivant dans les as d'un écrivain suicidé, où plane ombre de François Truffaut.

TT

n ne connaissait pas Linda Lê aussi oueuse, semant son lecteur dans les ues du Havre sur les traces d'un écrivain imaginaire qui sans cesse se déobe, depuis la mort qu'il s'est impoée par défenestration. L'esprit de 'rançois Truffaut règne dans les ages de ce livre en forme d'enquête oolicière, d'une facture très classique t d'une précision visuelle envoûtante. Est-ce le nom du suicidé, Anoine Sorel, qui résonne en boucle, omme celui d'Antoine Doinel face à son miroir de salle de bains ? Est-ce l'obsession du souvenir qui dicte au héros du roman une conduite de veilleur macabre digne de *La Chambre verte* ? Ou ce forage du passé d'un défunt qui semble rire outre-tombe comme *L'Homme qui aimait les femmes* ?

L'imparfait du ré
nue languide à ce
tique où chaque d
l'irrémédiable dés
Peut-être Linda Lê
trer qu'une telle
sonne serait vain
écriture, ici bea
presque familière
rait finalement a
composition de sc
tion permanent
comme l'indique l
tile et mouvante. I
sa bibliographie co

it donne une rete-
eu de piste magné-
couverte confirme
grégation de l'être.
a-t-elle voulu mon-
nquête sur sa per-
. L'analyse de son
coup plus aérée,
parfois, ne donne-
cun indice sur la
ı travail, en évolu-
, « œuvre vive »,
titre, matière vola-
es passerelles avec
nme sa biographie

sont nombreuses, mais suspendu
dans le vide, offertes au bon vouloir
parateur du lecteur. Petit-fils de Vi
namien, l'écrivain disparu qu'el
traque dans ce roman apparaît comm
l'incarnation du fils qu'elle confessa
ne pas désirer engendrer dans le m
gnifique *A l'enfant que je n'aurai pas.*
incarne aussi tous les écrivains qui o
compté dans sa vie, ces anges gardien
auxquels elle ne cesse de rendre hon
mage dans des livres parallèles indi
pensables.

Publié en même temps, *Par ailleur (exils)* 1 est l'un de ces magnifique tombeaux érigés aux soldats mécon nus qui se sont battus pour une littéra ture de secours : Benjamin Fondane Alejandra Pizarnik, Cioran, Marina Tsvetaeva, Panaït Istrati, Gom browicz… Et Thomas Bernhard, sur qui Linda Lê écrit qu'*« il est difficile de le lire sans nous préparer à subir une se cousse aussi foudroyante que salutaire ».* Comment ne pas lui renvoyer le com pliment et l'assurer de notre recon naissance d'être éternellement goû teuse et guetteuse ? – ***Marine Landrot***

1 Ed. Christian Bourgois, 164 p., 13 €.

| Ed. Christian Bourgois | 334 p., 17 €.

Le suicide d'Antoine Sorel n'avait pas fait couler des flots d'encre. Les hommages rendus à cet écrivain peu répandu, qui s'était défenestré du sixième étage de son immeuble, étaient d'une discrétion frisant l'indifférence. La plupart des journaux s'étaient contentés de reproduire la mystérieuse injonction qui figurait à la fin du faire-part inséré dans un grand quotidien. Elle était extraite d'un fameux recueil d'aphorismes dont j'imaginais que le disparu se séparait rarement : « Il ne faut pas s'astreindre à une œuvre. Il faut seulement dire quelque chose qui puisse se murmurer à l'oreille d'un ivrogne ou d'un mourant. » Moi-même, je serais passé à côté de ce qui était presque un non-événement dans le monde des lettres si, lors d'un séjour au Havre, un vendredi d'avril où je devais assister à l'adaptation d'une pièce de Beckett, *Fin de partie*, donnée au Volcan, la Maison de la culture du lieu (la mise en scène s'avéra d'un réalisme outrancier, avec des comédiens qui hurlaient et un décor d'une grande laideur), je n'étais tombé sur un livre d'Antoine Sorel, *Naufrages*. Ce n'était pas, comme on serait tenté de le croire, un roman maritime, mais le portrait d'un homme qui sombre irrémédiablement. Par extraordinaire, le lendemain de cette découverte si importante pour moi, j'appris la mort, à quarante-cinq ans, de ce romancier qui me paraissait déjà indispensable. J'avais commencé la lecture de *Naufrages* au square Saint-Roch, sur la longue avenue Foch qui conduisait à la plage, je l'avais poursuivie dans un pub, le *McDaid's*, où il devait y avoir le soir même un concert de *heavy metal* et, au retour du spectacle, ne m'endormis pas avant de l'avoir terminée.

Dans ce récit, il est question d'une cité portuaire qui n'est pas sans évoquer Le Havre, commune dont je savais seulement qu'elle avait été entièrement rebâtie après la Seconde Guerre mondiale. De prime abord, il m'apparut que son architecture n'était pas ce qui se faisait de mieux en matière d'urbanisme, bien que l'Unesco, en l'inscrivant au patrimoine de l'humanité, ait souligné « l'exploitation novatrice du béton » par Auguste Perret, le maître d'œuvre de la reconstruction entreprise dès 1945. Malgré le beau temps de ce début d'avril, j'avais eu l'impression, en marchant d'un pas lent le long des rues qui menaient de la gare au centre, de traverser un paysage mortellement froid. Les édifices me semblaient hideux, les jardins publics pas du tout accueillants, quoique plantés de fleurs écarlates. Les grandes avenues étaient défigurées par le chantier du futur tramway. À la devanture des magasins s'offraient les mêmes articles qu'ailleurs, je n'aurais pu mettre la main sur des curiosités, à part peut-être des reproductions des perdreaux et des ours polaires de François Pompon exposés au musée Malraux. Mais peut-être étais-je dans de mauvaises dispositions ce jour-là, peut-être étais-je un voyageur prêt à se dire que ce port de Normandie justifiait toutes ses préventions : Le Havre était dans mon esprit une ville triste, éclairée le soir par des lumières tristes, et dont les tristes habitants n'avaient pas grand-chose d'excitant à faire.

J'étais descendu du train en me préparant à traîner trois jours dans des bistrots sinistres, à emboîter le pas aux Havrais qui se rendaient en troupe à la plage et à chercher un cinéma où il n'y aurait pas à l'affiche que des nanars. Un film d'Alexander Mackendrick, *Le Grand Chantage*, figurait au programme des séances spéciales du *Sirius*, une salle réputée pour proposer parfois aux cinéphiles des œuvres rares. Mon dimanche soir était donc sauvé, puisque pour rien au monde, me disais-je, je ne manquerais cette reprise où Tony Curtis joue le rôle d'un agent de presse peu scrupuleux. Restait à remplir les heures désœuvrées du samedi qui suivait la représentation de *Fin de partie* (je retardais le moment de rentrer à Paris). J'allais de café en café, le livre de Sorel et des journaux sous le bras, je bavardais avec des serveuses qui appelaient le Volcan le « Pot de yaourt », aimaient la vie de province et n'enviaient pas les pauvres Franciliens, toujours agités, toujours surmenés, courant de leur appartement de poupée à leur bureau tout aussi exigu. Elles, avaient des loisirs, profitaient du mieux qu'elles pouvaient de leur temps libre. Elles respiraient le bon air de la mer, quand elles allaient au restaurant ce n'était pas la ruine assurée, au marché elles trouvaient toujours du poisson frais, en été elles prenaient le soleil sur leur balcon. Non, non, il ne pleuvait pas tout le temps en Normandie. Et non, non, Le Havre n'était pas une ville morte, même avant que les bateaux ne déversent des contingents de touristes venus admirer le port classé par l'Unesco merveille des merveilles : certaines d'entre elles se rappelaient encore les folles virées au *King's*, la boîte de nuit de la rue de Paris, ou bien à *L'Étable*, où l'on se régalait de grillades avant de danser.

Elles n'habitaient pas en plein cœur du Havre, mais les trajets entre leur maison et le centre-ville n'étaient pas interminables. Elles ne rentraient pas harassées du boulot, les yeux lourds de sommeil, les mains moites, le visage en sueur, après s'être fait bousculer dans le métro. Non, les bus d'ici n'étaient pas bondés et les distances étaient réduites. Leurs enfants ne ressemblaient pas aux mômes de la grande couronne, qui dormaient debout dans les transports, n'avaient pas d'espaces verts près de chez eux, se faisaient racketter par des caïds. Avec leurs voisins, ce n'était pas juste « bonjour, bonsoir ». Ils s'invitaient les uns les autres à des barbecues. Tout était moins froid, moins anonyme dès qu'on s'éloignait de Paris…

Lorsqu'elles voulaient changer de cadre pendant les vacances, Honfleur n'était pas loin. On y mangeait très bien, même dans des gargotes, et si l'on était riche, on louait un voilier et on y couchait durant la nuit. Honfleur avait reçu un prix au concours des villes fleuries et tout, dans ce port de plaisance, charmait l'œil. Elles préféraient Houlgate, avec ses falaises et son étang de pêche d'eau douce, à Trouville, trop envahie par les Parisiens, et aux planches de Deauville, repaire de jeunes m'as-tu-vu. À les entendre, j'étais arrivé dans un merveilleux coin de France. Si seulement je n'avais pas autant de préventions, je serais enchanté de mon escapade : il faisait presque chaud, le ciel était d'un bleu limpide, je pouvais déjeuner à la terrasse des restaurants du quartier Saint-François, me promener aux alentours des Docks Océane où se produisaient souvent des chanteurs populaires, au quartier de l'Eure, celui des raffineries, où comme à Lourdes, je trouverais une grotte abritant une statue de la Vierge. Je pouvais aussi visiter le musée de l'Ancien Havre, l'église Saint-Nicolas de Cauville-sur-Mer, avec son vitrail de l'Annonciation, faire du canoë kayak, des sorties en mer à bord de la goélette *Fillao*, ou tout simplement aller au cap de la Hève regarder les véliplanchistes… En trois jours, j'aurais une idée de ce qu'était la douceur de vivre, loin du tumulte de la capitale, loin des banlieusards tapageurs, loin des embouteillages du périphérique et des pollueurs qui crânaient au volant de leur quatre-quatre. En somme, c'était un pays idyllique…

Jusque-là, le nom de cette ville ne me faisait penser qu'à quelques pages de Michel Leiris, dans *L'Âge d'homme*, sur les bordels de sa rue des Galions, et sur un de ses bars, le *Silver Dollar*, fréquenté par des matelots américains ivres, où un vieux grand-père jouait au piano des mazurkas et des polkas. Il me faisait aussi penser au départ, en 1939, de Marina Tsvetaeva pour l'URSS, où elle était retournée après quatorze ans d'exil en France. Elle disait : « Quand j'écris, je pourrais donner ma vie. » Une telle phrase n'aurait pas semblé exagérée non plus dans la bouche de Sorel. Sergueï Efron, le mari de Marina, ancien soldat de l'armée blanche en lutte contre les partisans de la révolution d'Octobre, s'était distancié, pendant les années passées dans la banlieue parisienne, de ses positions anti-bolcheviques et s'était rapproché du régime soviétique, jusqu'à devenir un agent du NKVD. Il fut mêlé à un assassinat politique et, traqué par la police française, dut être exfiltré. Leur fille aînée, Ariadna, née à Moscou avant la révolution, avait déjà regagné sa terre natale. Restée seule dans la région parisienne avec son fils, Mour, qui avait vu le jour en Tchécoslovaquie, Marina avait quitté Vanves et campait dans un hôtel du boulevard Pasteur. Pendant ces semaines d'attente et d'inquiétude, elle dépendait des subsides que lui versait l'ambassade russe. Quand lui parvint l'ordre de prendre le train à la gare Saint-Lazare afin de rejoindre, au Havre, le bateau en partance pour Leningrad, elle écrivit à Anna Teskova, son amie tchèque : « Désormais le plus dur est passé, désormais c'est – le destin. » Elle ne se doutait pas que son destin allait s'achever de façon atroce. Rentrée à Moscou, elle découvrit que son mari et sa fille avaient été arrêtés. Elle était si désespérée qu'elle se résolut à plaider leur cause dans une longue lettre à Beria, le chef du NKVD, rappelant qu'ils étaient d'ardents défenseurs des Soviets. Elle n'obtint aucune réponse, ni à cette lettre ni au télégramme envoyé plus tard à Staline, dans un moment d'absolue détresse. Lorsque, devant l'avancée des troupes hitlériennes, la population moscovite fut évacuée, Marina, partie avec les réfugiés, échoua à Elabouga, une bourgade de la République tatare. Après avoir tenté en vain de survivre, allant jusqu'à quémander un emploi de plongeuse, elle se pendit en août 1941 dans la masure qu'elle et son fils partageaient avec des paysans. « C'était la meilleure solution, et je lui donne pleine et entière raison », confia Mour à un de ses amis en lui annonçant que sa mère s'était tuée. Il n'était même pas présent à l'enterrement de celle qui, à un questionnaire envoyé par Pasternak en 1926, avait répondu : « La vie est une gare, je vais bientôt partir, je ne dirai pas où. » Incorporé, Mour devait mourir au combat en 1944, à l'âge de dix-neuf ans. Il aurait eu le temps d'apprendre que son père avait été fusillé et sa sœur déportée en Sibérie.

Je logeais dans un hôtel près des Halles, *Les Gens de mer*, dont les chambres devaient, croyais-je, être louées à des marins de passage. Je ne croisai que des touristes anglais, vêtus de légers coupe-vent presque identiques, portant des appareils Kodak en bandoulière. Ils allaient certainement au musée Malraux contempler les tableaux de Boudin, *Ciel d'orage sur l'estuaire du Havre* ou *Entrée des jetées du Havre par gros temps*. J'en retrouvai quelques-uns au Muséum d'histoire naturelle, place du Vieux-Marché, où ils achetaient les cartes postales représentant des méduses observées le long des côtes havraises. J'en vis d'autres à l'Espace Coty, le centre commercial non loin de la bibliothèque municipale, et je me figurais qu'ensuite ils allaient goûter au calvados dans un des bistrots de la rue piétonne, flâner le long de la plage de galets, poussant jusqu'à Sainte-Adresse, l'ancien port de pêche, pour y chercher la villa où Claude Monet avait peint *Terrasse à Sainte-Adresse*, ou jusqu'à ce que certains jeunes Havrais appelaient « le bout du monde », cette jetée dont on m'avait dit qu'elle était battue par d'impressionnantes vagues les jours de tempête, et les tempêtes se déchaînaient très souvent dans cette partie de la Normandie.

La nuit du vendredi, j'avais expédié en moins de deux heures un papier sur l'affreuse représentation de la pièce de Beckett. Je collaborais aux pages culturelles d'un hebdomadaire d'une teinte politique indécise et, à la différence de certains de mes camarades, je ne me faisais pas le vœu d'écrire un livre. Lorsque j'avais douze, treize ans et que j'empruntais des romans à mon père, je me demandais comment on en écrit un. Interpelle-t-on le lecteur, comme le font parfois les auteurs malicieux ? Y met-on des bouts de soi-même et des miettes de son savoir ? En ce temps-là, je composais d'abominables vers, pour dire en gros que la vraie vie est ailleurs. Je tenais aussi des carnets intimes, pour dire en gros que je n'avais pas ma place sur terre. J'étais devenu journaliste après avoir, alors que j'étais encore étudiant, proposé à un ami de la famille, chroniqueur dans un quotidien qui jouissait d'un certain crédit, un article fouillé sur un peintre inconnu du grand public. Mon texte plut, on m'en réclama d'autres : j'étais dès lors chargé de tirer des outsiders de l'oubli. Voilà comment, à l'âge de vingt ans, je m'étais retrouvé pigiste, jusqu'à ce que le directeur d'un hebdomadaire m'offre un poste de rédacteur. Pendant des années, j'avais écrit des comptes rendus des spectacles qui n'attiraient pas les foules, des ouvrages publiés par des adversaires de l'académisme, des expositions d'art brut. (Ah ! Les épluchures de Philippe Dereux, ces assemblages d'ailes de papillons et de pelures de pommes de terre ou d'aubergines colorés à la gouache, qui faisaient non pas des compositions décoratives mais des objets artistiques non identifiés, propres à décontenancer ceux qui regimbaient devant les innovations des précurseurs.)

J'avais l'enthousiasme du néophyte sûr de son bon goût, sûr aussi de servir la cause des artistes de la scène indépendante. Je me disais qu'ils étaient des David qu'il me fallait défendre contre les Goliath experts en marchandisation. Dans un monde gangrené par le fric, ils étaient les sentinelles de ce qui était à mes yeux le « dernier bastion de la résistance ». J'avais plus que de la considération pour eux et me faisais une obligation de leur tresser des lauriers, même si je n'étais pas toujours entendu et même si je devais souvent me démener afin que leur soit réservée une demi-page. J'étais d'autant plus zélé que je me laissais accaparer par mon travail, je n'avais le temps pour rien, encore moins pour les grandes aventures sentimentales. J'avais ainsi atteint ma vingt-septième année sans en avoir vraiment connu. La dernière, si c'en était une, s'était soldée par un échec : Ludivine, mon amoureuse, était déjà mariée. Elle m'avait tenu durant des mois en me promettant de divorcer. Seulement, elle avait une fille de trois ans qui souffrirait trop si elle se séparait de son mari. Elle m'affirma que son sens du devoir lui interdisait de n'écouter que son cœur : la passion qu'elle avait pour moi l'avait, dit-elle (avec un certain sens de l'exagération), portée « au comble de l'extase amoureuse », elle répugnait toutefois à « poignarder » le père de sa chère petite Aurore en lui confessant qu'elle le trompait et qu'elle s'apprêtait à le quitter. Elle me joua la scène du « Ni avec toi ni sans toi » et décida au bout du compte de mettre fin à notre histoire, non sans me jurer que je serais pour toujours celui qui lui avait fait éprouver « le summum de la félicité », comme elle disait dans son langage démodé. Je vécus mal la rupture. J'accusai Ludivine de m'avoir trahi et ne trouvai rien de mieux à faire que de m'abîmer dans la lecture de quelques misogynes. J'approuvais ceux d'après qui les femmes se vengent de leur faiblesse en nous asservissant, nous les hommes, j'approuvais encore plus ceux d'après qui nous causons notre propre ruine en oubliant que les femmes les moins garces sont sujettes au revirement et entretiennent avec l'autre sexe des relations belliqueuses.

Ces écrits ne modifiaient pas mon humeur, j'en voulais toujours autant à Ludivine de m'avoir bercé de faux espoirs, puis de rompre sous le prétexte qu'elle n'était pas une mère indigne. Comme je ne parvenais pas à détacher mes pensées de cette défaite mortifiante, je désertais mon appartement parisien le plus souvent possible et vagabondais sur les routes. J'étais un jour à la Criée de Marseille, un autre à la Cinémathèque de Toulouse, une semaine plus tard à l'Opéra de Montpellier, trois jours après à la Piscine de Roubaix, ou bien à la Fondation Maeght de Saint-Paul-de-Vence. Je n'aurais pu payer avec mon seul salaire ces continuels déplacements que je faisais non pour mon travail mais pour mon plaisir, c'était mon père qui me donnait de quoi couvrir mes frais. Il ne m'avait à aucun moment dissuadé de sillonner les régions de France et me répétait que je me formerais en m'ouvrant aux choses étonnantes qui se créaient en dehors de Paris. Quand il avait su que je partais pour Le Havre, il m'avait recommandé de prospecter aussi, une fois que j'y serais, les quartiers de la périphérie au lieu de rester uniquement dans le centre-ville, et de ne pas manquer le jardin japonais dont les monuments en pierre, lui avait-on dit, venaient d'Osaka. Il serait bien venu avec moi si une sciatique ne l'avait obligé à rester au repos chez lui. Dans sa jeunesse, il avait séjourné en Seine-Maritime mais n'avait passé qu'une soirée à Sainte-Adresse, près de Notre-Dame-des-Flots. Il se souvenait moins des rues du Havre que d'un roman de Raymond Queneau racontant la vie d'un Havrais, Bernard Lehameau, lors de la Première Guerre mondiale. Ce Lehameau, fonctionnaire, a perdu sa mère et sa femme dans l'incendie d'un cinéma installé aux

Grandes Galeries Normandes. Il hait les radicaux, les socialistes, les francs-maçons, les Juifs. Il estime qu'il faudrait un protectorat allemand sur la France. En ce « rude hiver » où, blessé à la jambe, il a été démobilisé, sa routine, faite de déjeuners chez son frère et de visites à une bouquiniste, est sens dessus dessous. Il s'amourache d'une Anglaise avec qui il fait de longues promenades au bord de la mer et rencontre dans un tramway deux enfants qu'il invite à l'accompagner le dimanche au cinéma, lui qui n'aime rien tant que d'aller voir des films.

J'avais téléphoné à mon père sitôt que j'avais fini les trois premiers chapitres du roman de Sorel pour lui faire partager ma joie d'avoir découvert un écrivain qui était d'une espèce en voie d'extinction, un écrivain dans la lignée des moralistes du XVIIe siècle, un écrivain qui n'était nullement un ennemi du genre humain, mais excellait à nous mettre dans la position inconfortable du rêveur éveillé, inapte à jouer le jeu. Je le rappelai le lendemain lorsque la presse annonça la fin tragique de celui que je tenais déjà pour un créateur sans pareil. Mon père et moi avions toujours été très proches l'un de l'autre. Je n'entreprenais jamais quoi que ce soit sans le consulter. Je m'étais façonné selon son exemple, en me gardant de ce poison qu'est le patriotisme exclusif, en étendant sans cesse le champ de mes connaissances, en m'enflammant pour des idées à l'opposé des dogmes communément admis. Mon père était magistrat, il n'avait épousé ma mère qu'à l'âge de cinquante-sept ans, après s'être retrouvé veuf – il n'avait pas eu d'enfant avec sa première femme. J'avais vu le jour alors qu'il commençait à s'acheminer vers la vieillesse, et il s'était retiré des affaires quand j'étais à peine adolescent. Malgré son métier qui l'occupait nuit et jour, il avait toujours énormément lu. Toute sa vie, il avait enrichi sa bibliothèque de raretés, je n'avais qu'à y puiser pour me livrer à des orgies de lecture. Lui et moi parlions souvent, jusque tard dans la nuit, des œuvres qui avaient produit une forte impression sur nous. Il fumait sa pipe, je tirais des volutes de mes cigarettes russes à bout de carton. Ma mère nous laissait entre nous, un peu désappointée de ne pas participer à ces moments d'intimité. Nous ne la tenions pas à l'écart, mais elle était, de son propre aveu, de ceux qui pouvaient tout à fait vivre sans s'abreuver des splendeurs de la littérature.

Le samedi, je me réveillai tôt pour aller prendre le petit déjeuner au *Caïd*, un café près du Volcan, puis je longeai les arcades de la rue de Paris, avant d'obliquer vers le boulevard François-Ier et l'église Saint-Joseph, dont la tour lanterne dominait l'horizon. Tout au long de ma déambulation, je ne pouvais m'empêcher de penser à Sorel, je me demandais dans quel coin du Havre il avait habité, s'il avait grandi à l'ombre d'une bibliothèque paternelle, s'il avait des frères et sœurs, si ces derniers manifestaient de l'intérêt pour ses productions, s'il avait beaucoup d'amis ou s'il était un porc-épic, ainsi que son roman me le donnait à croire, s'il correspondait avec d'autres prosateurs ou s'il fuyait ses semblables, s'il se sentait havrais ou s'il n'avait aucun attachement aux lieux qui l'avaient vu naître, si sa famille avait de la fortune ou si elle subsistait tant bien que mal grâce à des allocations, si ses parents l'avaient encouragé à se faire publier ou s'ils étaient affligés parce qu'il avait choisi une voie périlleuse, s'il avait eu des difficultés à trouver un éditeur ou si, son premier manuscrit à peine envoyé par la poste, il avait eu une réponse enthousiaste, s'il raturait beaucoup ses textes ou si ses phrases jaillissaient d'un seul jet, s'il s'inspirait de personnages réels ou si chacun de ses antihéros était le fruit de son invention, s'il buvait autant que le narrateur de *Naufrages*, si, comme lui, il se dopait aux psychotropes et n'avait pas un centime, s'il se targuait d'appartenir à une élite ou s'il n'avait pas une opinion flatteuse de lui-même, s'il avait aimé désespérément des femmes qui faisaient des ravages ou s'il n'avait eu que des amours passagères, sans importance, si ses autres œuvres étaient aussi radicales que *Naufrages*, si elles étaient toutes disponibles ou si elles s'étaient tellement mal vendues que le reste du stock avait été pilonné, si les critiques avaient été laudatifs à son égard ou s'ils s'étaient accordés pour le méconnaître, s'il allait fréquemment à Paris et chez quel libraire il faisait provision de classiques. Je me demandais aussi à quel âge il avait mis en train son premier manuscrit, quel philosophe (Nietzsche ? Schopenhauer ?) l'avait influencé, quels factieux avaient joué un rôle décisif dans son développement intellectuel, quel parti politique avait sa préférence (il ne s'était sans doute même pas inscrit sur les listes électorales), pourquoi il n'avait jamais quitté Le Havre (aurait-il été mieux ailleurs ?), de quelle façon il travaillait (en s'enfermant pendant des mois ou en errant dans la ville pour chercher les mots ?), ce qu'il pensait de ses compatriotes (les Havrais le connaissaient-ils et étaient-ils sensibles à son art ?), des journalistes comme moi, qui s'escrimaient à éveiller leurs lecteurs au plaisir de pratiquer des auteurs difficiles. Je me demandais enfin comment il en était venu à faire paraître le livre que j'avais avec moi.

À midi, au *Saint-Amour*, devant une assiette d'antipasti, j'ouvris les journaux. Dans la rubrique des disparitions, je vis la photo de Sorel et, dessous, quelques lignes sur sa mort précoce. J'en restai figé de stupeur. L'écrivain qui m'occupait depuis la veille s'était jeté de sa fenêtre. Moi qui voulais le rencontrer, solliciter une entrevue pour publier ses propos dans mon hebdomadaire, qui leur aurait donné du retentissement grâce au Net. Je l'aurais même filmé et aurais diffusé la vidéo sur la Toile. J'étais certain qu'il ne se servait pas de ces outils d'information et qu'il s'en serait totalement fichu s'il avait appris qu'on faisait du battage autour de ses récits. Je projetais cependant, dès que je les aurais tous décryptés, de contribuer à ce qu'ils fassent un grand éclat. La nouvelle de son suicide me laissa longtemps comme hébété. Je n'aurais pu dire ce qui m'attristait le plus, de lire dans un journal qu'un homme avait attenté à ses jours ou de savoir que la littérature de Sorel ne l'avait pas empêché de se détruire. Je me représentais ses dernières heures, dans son sixième étage sûrement en mauvais état, au milieu des chefs-d'œuvre de sa bibliothèque qui n'étaient plus des remèdes contre la lassitude de vivre. Il était peut-être arrivé à un point où il n'entrevoyait pas d'autre issue que ce grand saut. Y avait-il, parmi ses amis, quelqu'un à qui il avait dévoilé ses intentions, quelqu'un d'assez éloquent qui aurait pu l'arracher à ce que les romantiques du XIXe siècle appelaient les griffes du désespoir ? Était-ce encore possible de le détourner de sa résolution ? J'avais lu *Naufrages*, je ne devrais donc pas être très surpris que l'auteur d'un tel livre ne s'éternise pas sur cette terre. J'étais néanmoins si abasourdi que je ne déjeunai pas et m'en fus dans des cafés, engageant la conversation avec qui voulait bien me distraire de ce qui obscurcissait mon esprit.

Peu à peu, il me sembla d'une coïncidence troublante que je sois au Havre précisément le jour où paraissaient les nécrologies de Sorel. Sa ville s'offrait à moi, j'avais encore quarante-huit heures pour l'explorer, jusqu'à ce qu'elle ne m'apparaisse plus comme un centre urbain sans agrément, mais comme le laboratoire des réalisations d'un écrivain qui avait porté à incandescence ses hantises. J'étais aussi remué que si j'étais en deuil d'un proche quand je me disais qu'il avait pris congé de cette vie d'une façon violente. Je m'interrogeais sur ce qui l'avait conduit à la conclusion qu'il n'avait plus rien à faire ici-bas. Avait-il perdu la foi ? Ne croyait-il plus en sa création ? S'était-il produit quelque chose qui l'avait cassé ? Ou bien avait-il de tout temps jugé indécent de vivre trop vieux ? S'était-il dit, comme Pavese : *Pas de paroles. Un geste* ? Quelles avaient été ses dernières volontés ? Avait-il souhaité être incinéré ou serait-il inhumé dans un cimetière havrais (celui, s'il existait encore, où le sieur Lehameau de Queneau se recueille sur la tombe de sa femme, ou celui de Sainte-Marie, avec les sépultures des dynasties d'armateurs, qui étaient, d'après ce que j'avais entendu dire, d'imposants mausolées) ? Avait-il laissé un manuscrit qui serait son testament, la suprême expression de son talent et un salut à la postérité ? Ses livres seraient-ils davantage appréciés maintenant qu'il passerait peut-être pour un « suicidé de la société » ?

Après m'être attardé dans deux ou trois bistrots, parlant de tout et de rien avec les serveuses, j'avais arpenté en long et en large les rues du Havre, allant du Rond-Point au funiculaire, surnommé « la ficelle » (d'en haut, on avait une vue plongeante sur la zone portuaire), de la place du Général-de-Gaulle, ancien emplacement des Galeries, au terminal croisière, des Docks Vauban, le complexe commercial inauguré il n'y avait pas si longtemps, au quartier breton, où des pêcheurs vendaient de belles dorades, du boulevard de Strasbourg à la passerelle suspendue de la Bourse, avec son mât métallique, de la Porte Océane à la sente du Pain de Sucre, monument d'un blanc gris, en forme de gigantesque cône, élevé par une veuve en mémoire de son mari disparu en mer et destiné à servir de repère aux marins.

Je n'avais pas trouvé d'autres livres de Sorel en librairie. Il me fallait patienter avant de me procurer toute son œuvre. Je relus *Naufrages* dans la nuit du samedi, en étant toujours aussi ébloui, en me disant que ce récit était d'une inépuisable richesse, que Sorel n'avait pas de rival quand il s'agissait de démystifier son lecteur, aveuglé par sa tendance à l'imitation, se consolant avec de petites gratifications, se persuadant qu'il était *the best*, et non pas un simple numéro dans une série. *Naufrages* était une suite de monologues d'une véhémence inouïe, où un dynamiteur sape les fondements de ce qui nous fait courir derrière des mirages et réduit à néant ce qui nous paraît vital, ce qui nous pousse à élaborer des scénarios sur la place considérable que nous ne manquerions pas d'occuper parmi nos congénères, ce qui nous fait nous lever chaque matin : la certitude d'être un jour les gagnants du steeple-chase social.

Lire un tel écrivain dans le port où il était né et avait vécu jusqu'à sa mort me faisait un étrange effet. Le hasard avait voulu que je me trouve là, peut-être à deux pas de l'endroit où il s'était défenestré. Je me posais toutes sortes de questions sur lui, sur ce qui l'avait aidé à s'obstiner, alors même que, vraisemblablement, il avait souvent été la proie des plus torturantes angoisses, et qu'à plusieurs reprises il avait été à la veille de renoncer à la littérature. La sienne était d'une noirceur accablante pour qui se voilait la face, mais tonique pour le liseur à la recherche d'antidotes contre sa myopie intellectuelle. J'avais eu la révélation d'une œuvre dictée par une urgence intérieure, comme si le scripteur avait l'Ange de la Mort à ses trousses. Je jetai un œil à la liste « du même auteur ». Tous les titres m'intriguaient : *Au point mort*, *La Tangente*, *Le Cloaque d'azur*, *Après le carnaval*, *Le Dernier Round*, *Ravisseur nocturne*… Cela, me disais-je, laissait deviner que Sorel n'avait pas rencontré un Pangloss disposé à lui assurer que notre monde était le meilleur des mondes possibles et qu'il s'était attaché à sonder les marécages où chacun s'enfonçait.

À mesure que les heures passaient, j'étais de plus en plus convaincu que c'était à moi et à personne d'autre de ressusciter cet écrivain dont l'une des dernières créations m'avait semblé si électrisante. Je ne croyais pas qu'il existait un « mystère Sorel », comme dirait un journaliste désireux de vendre sa copie, mais déjà, en ce lendemain de sa disparition, mon plan était de mener des investigations afin d'en savoir plus à son sujet.

Le dimanche, je fis un crochet par le musée Malraux pour voir une étude de Degas, *Blanchisseuses souffrant des dents*, puis je pris un taxi qui m'amena à l'église Sainte-Cécile, perchée à cent mètres au-dessus de la ville basse et restaurée depuis peu. L'après-midi me trouva au musée du Prieuré de Graville, riche d'une collection de quelque deux cents maquettes de maisons, que Jules Gosselin, un instituteur monomaniaque, avait méticuleusement réalisées au XIXe siècle à partir de gravures, retraçant ainsi une histoire de l'habitat à travers les âges. Il avait d'abord façonné une miniature de sa demeure familiale, avant de fabriquer des modèles réduits de chaumières normandes, mais aussi d'auberges de Bayeux, de pagodes chinoises et de diverses constructions érigées dans de lointaines contrées.

Mon séjour touchait à sa fin. Lorsque le train était entré en gare du Havre, j'étais loin de prévoir qu'au terme de deux journées je me préparerais à me changer en Sherlock Holmes pour tout apprendre sur la vie d'un éternel étranger, si peu de son époque. Ni d'avant-garde ni d'arrière-garde, Sorel n'avait été d'aucune secte. Ni avide de reconnaissance ni amer de se voir écarté de tout ce qui lui aurait conféré quelque éclat dans le monde, il n'avait jamais dévié de sa route.

Après ce week-end en Normandie, au cours duquel Ludivine m'avait envoyé plusieurs SMS pour me dire que mon absence la rendait mélancolique, je pris l'habitude, chaque fois que j'avais un ou deux jours de liberté, de me rendre au Havre en voiture. Conduire me permettait, tout en écoutant des disques de Bill Evans ou de Keith Jarrett, de penser aux livres de Sorel, que j'avais achetés dès mon retour à Paris. Arrivé à la Porte Océane, je garais mon tacot n'importe où et, un plan à la main, je parcourais en tous sens les rues de cette agglomération en étant de moins en moins rebuté par sa physionomie ingrate. Il y avait certes des quartiers en déshérence, comme celui de la Mare-Rouge, banlieue qui devait son nom aux anciennes briqueteries, mais j'en découvris d'autres, non dépourvus de charme, comme celui de Saint-Vincent, avec ses maisons basses et ses peintres amateurs qui exposaient sur la place leurs toiles. J'examinais de plus près certaines façades Art déco, les immeubles haussmanniens du boulevard de Strasbourg, les villas de style balnéaire, les maisons en brique, les frises grecques de certains pignons, j'empruntais des ruelles qui étaient de véritables îlots de verdure.

Je changeais souvent d'hôtel, descendant tantôt dans un deux-étoiles avec vue sur un mur borgne, tantôt au *Vent d'Ouest*, près de la mer, tantôt au *Petit Vatel*, choisi parce que j'escomptais avoir au réveil un festin. Je n'eus droit qu'à des croissants mous et à du jus de chaussette. Je n'en rêvai pas moins aux banquets du légendaire pâtissier, inventeur de la crème Chantilly.

J'avais déniché chez un bouquiniste des puces de Clignancourt un vieux magazine littéraire où un journaliste avait interviewé Sorel lors de la parution du *Cloaque d'azur*, six ans auparavant. Il n'y semblait pas très à l'aise, il laissait presque toutes ses phrases inachevées, répétant qu'un auteur ne devrait pas commenter ce qu'il avait écrit, car il ne pourrait qu'être ou si imprécis qu'il s'empêtrerait dans des considérations vaseuses, ou si pénétré de lui-même qu'il en deviendrait poseur. Quand bien même on serait l'astre des astres, s'étendre sur son cas, c'est n'avoir aucun sens du ridicule. L'unique excuse qu'on aurait en donnant des entretiens serait de s'en servir pour rappeler qu'on ne se rangerait sous les étendards de personne, quoi que cela vous coûte, ou pour propager des idées subversives, sans trop espérer gagner des fidèles. Les écrivains sont au mieux des amuseurs publics, au pire des aigris déçus de ne pas faire fureur. Ils n'ont jamais mené le bal, ils ne sont que tolérés, surtout lorsqu'ils démasquent les charlatans de la politique ou bien dénoncent le grégarisme des masses, cette *humanité-cafard* acharnée à limer toute originalité, selon l'expression de Panaït Istrati. Même quand ils ont cent mille fervents à leurs funérailles, ce n'est qu'un malentendu : la multitude, après avoir piétiné plus d'un *outlaw*, se dédouane en élisant son grand homme, prouvant de cette façon qu'elle est capable de s'élever au-dessus d'elle-même.

J'avais aussi déniché, chez le même bouquiniste, une plaquette contenant une lettre ouverte de Sorel aux intellectuels qui fricotent avec les politiciens et se font leurs porte-parole, sous couvert d'une implication dans les affaires de la cité. Servir les ambitions d'un homme d'État revient à s'engager comme mercenaire. Pour le bien de tous, les candidats à l'exercice du pouvoir ne nous enseignent en général qu'à raboter les angles de notre individualité afin que nous puissions nous agréger à la collectivité, toute attitude non conforme entraînant une mise à l'index. Je reconnaissais bien Sorel dans ces pages concises et d'une grande clarté, qui étaient en quelque sorte son manifeste en faveur de l'indépendance, sans quoi il n'y aurait pas d'écrits qui vaillent. Les siens témoignaient de toute son insoumission et portaient l'empreinte de son scepticisme, mais ce scepticisme n'avait rien d'une construction mentale, d'un système dont il aurait été prisonnier.

Je me disais que portraiturer ce curieux personnage ne serait pas chose aisée. Je le regardais comme un thaumaturge habile à transfigurer ce qui le tétanisait jusqu'à ce que ses phrases soient comme des stylets s'enfonçant dans la chair du lecteur. Je me proposais d'interroger ceux qui avaient été ses intimes. J'ignorais par où commencer mon enquête. Sorel avait-il encore des amis, des parents à même d'éclairer ma lanterne ? Accepteraient-ils de s'entretenir avec moi ? Que ferais-je des matériaux rassemblés ? Une hagiographie ? Ce serait lui rendre un mauvais service : il n'était pas, selon ses propres termes, un saint laïque. Une défense d'un art en rupture avec la tradition ? Ce ne serait pas la première fois que je serais le prosélyte d'un sécessionniste, mais ce serait la première fois que je mettrais en chantier un travail qui me prendrait de longs mois. Aurais-je l'esprit d'une assez grande acuité pour m'acquitter de ce qui allait certainement se révéler très absorbant ? Toujours est-il que tout cela revêtait une certaine majesté à mes yeux de jeune journaliste qui jusqu'alors s'était cantonné presque exclusivement dans des critiques théâtrales ou des reportages sur des rétrospectives qui ne faisaient pas courir tout Paris. Oui, j'avais un défi à relever et, moi si velléitaire d'habitude, je me fixais une tâche à laquelle je me promettais de me tenir, quoi qu'il arrive.

En juillet, je décidai, après avoir lu presque tout Sorel, d'aller passer une quinzaine au Havre. Je pris cette fois une chambre au *Richelieu*, rue de Paris, près de l'antique chapellerie *Houssin*. Tout y était si calme qu'on se serait cru à la campagne. Je mis dans le journal local une annonce disant que je cherchais à entrer en relation avec des témoins pouvant me fournir des renseignements sur Antoine Sorel, écrivain récemment disparu. Le lendemain, alors que je sortais de la chapelle de Notre-Dame-des-Flots, couverte de fleurs blanches, et où une jeune femme, en robe grenat, aux cheveux semblables à des flammes, photographiait une inscription de 1864 (« À Notre Dame des Flots, consolatrice des affligés, cause de notre joie, reconnaissance profonde »), je reçus un coup de fil d'un certain Yves Barbet, qui avait été au collège avec Sorel et était resté un de ses amis. Apparemment tout disposé à évoquer le passé en ma compagnie, il me donna rendez-vous chez lui en milieu d'après-midi.

Je sonnai à sa porte à l'heure où le soleil d'été était encore brûlant. Il habitait à Octeville un pavillon banal dont le salon était tapissé d'ouvrages sur la Seconde Guerre mondiale. En m'ouvrant, il me fit un grand sourire et me serra la main avec chaleur. C'était un petit homme rondouillard au visage couperosé, qui ne correspondait pas à l'image que je me faisais d'un ami de Sorel. Je me figurais qu'il ne fréquentait que des asociaux, tout aussi squelettiques et aussi peu engageants que lui. Barbet insista pour me faire faire le tour du propriétaire, me montrant les quatre pièces de sa maison, pleines de meubles rustiques, le lopin de jardin où poussaient un mûrier et quelques légumes, et même le garage, qui lui servait aussi de débarras. De retour au salon, il m'invita à m'asseoir dans un des deux fauteuils à oreilles rembourrés, et me servit un verre d'une bouteille d'absinthe rapportée de Prague, en me disant que là-bas il avait visité tous les lieux où avait vécu Kafka, et traîné ses bottes à la brasserie où Bohumil Hrabal, auteur dont il ne connaissait que *Les Palabreurs*, aimait se soûler.

Il avait aux douanes un travail si peu prenant qu'il avait le temps de lire, cultiver son potager, aller voir *La Nuit des rois* au Théâtre de la Ville, des adaptations de Dostoïevski à Cabourg, des ballets au Grand-Quevilly, quand il n'allait pas écouter du rock à Sotteville-lès-Rouen ou faire du VTT et de la voile avec des copains, qu'il retrouvait aussi le vendredi soir au *Kangourou*, le bar de la rue Victor-Hugo. Il cherchait d'autant plus de distractions qu'il était livré à lui-même depuis qu'il avait divorcé et que ses deux enfants, déjà grands, étaient partis poursuivre leurs études à Rouen. Il avait deux ans de plus que Sorel, mais ils avaient été dans la même classe de la sixième à la troisième. Il avait manqué une année en primaire à cause d'une mononucléose qui l'avait retenu au lit plus de six mois, dans un état d'immense épuisement, et il avait redoublé sa sixième, si bien qu'il était en retard par rapport à ses camarades. Il avait été un élève moyen, mais assez malin pour ne pas se laisser trop distancer en faisant le minimum. Dans son jeune âge, il n'avait pas été un grand lecteur. Ce n'est que vers la trentaine, en suivant une conférence sur l'Occupation, qu'il s'était pris d'intérêt pour cette période de l'histoire de la France et s'était mis à lire assidûment.

Il me dit d'entrée de jeu qu'il avait toujours pensé qu'Antoine se lancerait dans la littérature, même s'il venait d'un milieu pas du tout cultivé. Il avait commencé à publier à vingt-cinq ans et, bien que, au bout de deux décennies, il ne soit toujours pas estimé à sa juste valeur (du moins était-ce son avis à lui, Barbet), ne pouvait se dire dédaigné par la critique, en tout cas il n'avait pas manqué de partisans à ses débuts. Barbet, fidèle ami, avait collectionné les coupures de presse élogieuses, mais m'avoua qu'il avait eu le plus grand mal à se nourrir de certains livres d'Antoine Sorel, d'après lui trop sombres. Il répéta, tout confus, qu'il préférait les sagas avec une foule de personnages truculents aux autobiographies déguisées, truffées de clins d'œil littéraires et de références savantes, comme les œuvres de Sorel. Il ne les avait d'ailleurs pas toutes étudiées à fond, alors qu'elles étaient bien rangées sur une des étagères de sa chambre à coucher.

Ces confidences faites avec un rire gêné, il s'empressa de dire combien il était fier de connaître un écrivain. Quelle n'avait pas été son exaltation quand le premier roman de Sorel était paru et qu'il l'avait vu à la vitrine d'une des librairies du Havre ! Il avait aussitôt pris l'initiative de réunir, au *Bistrot*, avenue René-Coty, tous les amis de son cher Antoine, ceux qu'il avait pu retrouver, pour fêter cette publication. Eh bien, celui qui devait être le héros de la soirée n'était tout bonnement pas venu. D'aucuns, pas mécontents de débiner leur camarade qui avait du succès (car il en avait eu un, certes pas éclatant, avec ce coup d'essai), avaient dit qu'il jouait déjà les vedettes. Mais Barbet, lui, le comprenait, il mettait tout sur le compte de sa timidité et de sa gêne à l'idée d'être le point de mire. Après, les livres de Sorel avaient fait moins de bruit, Barbet ne saisissait pas toujours ce qui y était contenu, mais il découpait consciencieusement le moindre entrefilet où l'on conseillait de lire ce « romancier singulier », louangé par un vieil homme de lettres assez généreux pour s'intéresser à un débutant. Barbet n'avait aucun doute que Sorel, fort de ce soutien, entrerait un jour sous la Coupole et débattrait avec de grands esprits de l'introduction d'un nouveau mot dans le dictionnaire. Il se disait que si Antoine ne finissait pas chez les Immortels, c'est qu'il manquerait quelque chose à sa gloire. Au fil des ans, il s'était hélas aperçu que Sorel était loin d'en prendre le chemin : il faisait partie des francs-tireurs.

Défendu par un petit nombre de critiques, il ne se voyait toutefois, à la grande tristesse de Barbet, décerner aucune récompense, et ses livres étaient réputés ésotériques. Son ami aurait tant voulu qu'il soit une étoile au firmament, non parce que sa popularité aurait profité à ses proches, mais parce que, dans une méritocratie, des êtres comme lui, « issus d'un milieu peu fortuné et devenus, par leur seul appétit de savoir, des artistes », devraient être élevés « aux plus hautes dignités ». Seulement voilà, Sorel était un poète dit obscur, publié par de petits éditeurs qui prônaient une littérature marquée au sceau de l'intrépidité et de l'intransigeance, une littérature peut-être un brin élitiste. Des journalistes avaient d'ailleurs reproché à Antoine d'écrire des ouvrages réservés à des initiés. Même s'il avait dérogé, accouchant d'un bon gros roman sentimental, accessible aux profanes, il se serait nui sans élargir son auditoire. On l'avait rangé, une fois pour toutes, au nombre des auteurs qu'il fallait lire avec un glossaire des mots rares à portée de la main. Cela décourageait les lecteurs pressés.

Le cercle des admirateurs de Sorel, très restreint, comptait malgré tout quelques passionnés qui faisaient circuler sur la Toile ses citations les plus acérées et tenaient des blogs où ils exhortaient les jeunes lecteurs à se plonger dans ses livres, ciselés comme des diamants (mais cela, Antoine n'en savait rien, le monde du Web, celui des mails, des pages Wikipédia, des réseaux sociaux, était à des années-lumière du sien). Barbet lui-même, qui avait pas mal de relations, faisait toujours de la réclame pour la moindre chronique que son ami signait dans telle ou telle revue confidentielle. Même si on ne le lisait pas, il n'était pas inconnu des gens qui prétendaient avoir du goût en matière d'art. Ils parlaient de lui comme d'un drôle de numéro (« Il faut voir comment il s'accoutre, on dirait un clodo »), d'un désaxé qui aurait été plus à sa place dans un asile d'aliénés et dont les écrits devaient être fameusement loufoques, puisqu'ils ne réjouissaient que des tordus. Chaque fois, Barbet prenait sa défense et leur rétorquait : Van Gogh aussi passait pour un fou, certains génies étaient si en avance sur leur temps qu'ils pâtissaient de l'incompréhension du public, dans cent ans il y aurait au Havre une rue portant le nom d'Antoine

Sorel… La propagande de Barbet restait sans résultats. Ils n'étaient pas nombreux à parier que la ville tirerait bientôt orgueil de l'espèce d'ahuri souvent en vadrouille du côté des docks.

Barbet, inlassablement, envoyait des lettres aux organisateurs d'événements artistiques orchestrés par la mairie, dans l'espoir que son ami y ferait figure de personnalité de premier plan. Ils lui avaient répondu qu'ils avaient examiné sa proposition, mais qu'il était prématuré de mettre à l'honneur un auteur encore très mal connu des Havrais, même s'il avait toujours vécu parmi eux. Qu'ils aillent au diable, s'était dit Barbet, si en colère qu'il avait failli alimenter la tribune libre d'un quelconque journal en lui adressant une protestation contre le manque d'ouverture de ces « vigilants gardiens de la vie culturelle ». Finalement il s'était ravisé : en agissant ainsi, il desservirait Sorel, sans lui amener des lecteurs. On aurait soupçonné l'écrivain peu lu d'être derrière tout ça et de chercher à se faire de la publicité. Et puis Barbet était bien embêté lorsqu'il devait expliquer pourquoi l'œuvre de Sorel allait marquer son époque, quelle philosophie elle recélait, ce qu'elle avait de révolutionnaire : plus il la disséquait, plus il avait l'impression d'être obtus. Devant ses interlocuteurs qui le pressaient d'être plus explicite, il ne faisait que s'exclamer : « C'est splendide ! » Il était sincèrement émerveillé par la prose d'Antoine, même quand il devait s'y reprendre à deux fois pour tout saisir.

D'après lui, s'il déchiffrait mal les écrits de son ami, c'était parce que, pendant de longues années, il n'avait avalé que des bouquins oubliés sitôt refermés, et non des romans de portée métaphysique, ou des romans, comme ceux de son déconcertant Antoine, qui mêlaient le réel à des visions oniriques. Sorel délivrait à son lecteur un laissez-passer pour un *no man's land*, ce pays des nostalgiques de l'enfance, du temps où ils forgeaient des fantasmagories. Barbet n'avait pas été un gosse imaginatif, curieux de ce qui se dissimulait sous les apparences, croyant que le rêve est une seconde vie. Il ne s'était penché que tardivement sur l'envers de la réalité, et cela grâce à *La Tangente* de Sorel, qui lui avait révélé combien peu son existence lui paraîtrait satisfaisante s'il ne s'illusionnait pas sur lui-même. Après ça, il s'était fourré au lit et, la tête dans l'oreiller, avait gémi, gémi, comme si une cruelle vérité venait de lui être dévoilée. Il avait fait, dit-il, l'expérience d'une de ces lectures dont « on ne sort pas indemne », selon la formule éculée, mais juste dans son cas. Il lui avait fallu des semaines pour s'en remettre.

« Tous, nous nous montons le bourrichon, dit-il dans un murmure. Sinon, il n'y aurait plus qu'à plier boutique. On se garde bien de trop réfléchir, on se jette à corps perdu dans des entreprises qui légitiment sa présence ici-bas, on se fixe sans cesse de nouveaux buts, semblables à ceux de tout le monde – une famille à fonder, une maison à acquérir, un poste à briguer ou Dieu sait quel autre hochet de la vanité, et on ne fait qu'aller de désabusement en désabusement. »

Sorel était un schopenhauerien, c'était ainsi du moins que l'avait défini un critique dans un article. Aussitôt après l'avoir lu, Barbet avait commandé à un libraire un opuscule qui résumait les doctrines du grand Arthur ; il en avait retenu que la vie oscille comme un pendule, de droite à gauche, de la souffrance à l'ennui. Un autre opuscule, commandé dans la foulée, offrait une variante de ce constat, un proverbe bouddhique japonais, que Sorel aurait pu placer en exergue à un de ses chapitres : « Il n'y a point de rivages à la Mer douloureuse de la Naissance et de la Mort. »

« Mon inguérissable optimisme était bien entamé », dit Barbet en se resservant un verre d'absinthe comme pour se remonter. Il en avait vraiment pris un coup en faisant connaissance avec le narrateur de *La Tangente*, qui mettait à mal toutes ses conceptions des avantages terrestres. C'était il y avait dix ans, il n'était pas encore malheureux en ménage, il n'avait pas encore avec ses enfants des différends qui le minaient, il se flattait même de ne pas avoir la vue courte et d'agir en étant guidé par ce qui lui semblait bon, équitable. Il s'imposait des limites pour s'épargner des déboires, et réglait sa conduite sur deux préceptes simples : « Faire et laisser dire », « Ne jamais avoir les yeux plus gros que le ventre ». Cela lui avait été salutaire, jusqu'à ce que ce damné bouquin jette le trouble dans son esprit. Son univers ordonné, avec ses rites invariables, lui apparaissait soudain d'une inanité effarante. Mais *the show must go on* et, par veulerie, par crainte de voir clair, il continuait à faire comme si. Il n'avait plus rouvert le livre, la charge destructrice qu'il renfermait lui était néfaste.

Barbet avait les joues rouges d'avoir un peu trop bu. La bouteille d'absinthe avait bien diminué. Mon vieux magnétophone tournait, je me disais que mon vis-à-vis était l'exemple type du lecteur de Sorel que je cherchais : un homme ordinaire, soucieux avant tout de se conduire en bon mari, bon père de famille, considérant la vie comme un don du Ciel, même s'il n'était pas bigot, et qui, parce qu'il avait mis le nez dans les productions d'un auteur peu enclin à enjoliver ce que l'existence a d'impitoyable, voyait s'effondrer l'un après l'autre les trompe-l'œil de son décor bâti sur des faux-semblants.

J'étais moi-même passé par là. Je ne m'étais pas englué dans le train-train, je me piquais de n'avoir jamais été le représentant de la majorité. Mon premier mouvement était toujours de ne pas acquiescer à ce qui était unanimement salué, d'être *a priori* toujours de l'autre côté de la barricade, de me poser comme un empêcheur de se complaire ensemble dans le panurgisme. Mais *La Tangente* m'avait fait, à moi aussi, l'effet d'une gifle qui aurait réveillé un mort.

Les émotions ressenties par Barbet à sa lecture ne m'étaient pas étrangères. « Ce roman possède un tel pouvoir que cela tient de la sorcellerie », dit Barbet, qui ne trouvait pas d'autres mots pour qualifier l'art de Sorel. Il s'en était fallu de peu qu'il ne lègue sa maison à des partis anarchistes (y en avait-il encore ?) et que, délaissant sa femme et ses enfants, il n'aille s'enterrer dans un lieu de silence jusqu'à la fin de ses jours. Il ne l'avait pas fait, mais il n'était plus comme avant. Chaque fois qu'il se prévalait de ses biens, il avait le sentiment que Sorel était derrière lui et se payait sa tête. Chaque fois qu'il se répétait qu'il ne s'en était pas trop mal tiré dans la vie et qu'il ne s'arrêterait pas en si bon chemin, il croyait entendre les ricanements de son camarade, qui lui demandait de ne plus se raconter d'histoires.

Mais trêve d'autocritiques ! Il était supposé me donner des informations sur celui qui avait été son ami. Par où commencer ? Le plus simple était de me faire d'abord une description de la famille de Sorel. Il avait deux frères, Claude et Jean, ses cadets d'un an et de deux ans. Avec leurs parents, ils vivaient rue Édouard-Vaillant, dans une HLM de Caucriauville, sur les hauteurs du Havre. En ces années-là, Caucriauville, ce n'était pas la zone. Les voyous n'y cassaient pas tout et n'y faisaient pas encore régner un climat tel que les habitants n'osaient plus s'aventurer dans les rues le soir. Sorel et Barbet s'étaient connus au collège Romain-Rolland d'Aplemont, un quartier près de Caucriauville. Les Aplemontais se sentaient quelque peu supérieurs, parce qu'ils avaient une maison, un jardinet, et qu'ils appartenaient à la petite bourgeoisie, alors qu'à cinq bornes s'élevaient des tours où il n'y avait que des cages à lapins. Barbet, lui, était né à Aplemont, son père était gérant d'un magasin de sport et sa mère secrétaire dans une caisse de retraite. Lui et sa petite sœur avaient été des enfants plutôt choyés. Il ne frayait pas avec les gamins des banlieues miséreuses, mais seulement avec ses petits voisins. Son père lui interdisait même de faire la route jusqu'à l'école en compagnie de ceux qu'il appelait « la racaille ». Mais au collège, il était devenu si copain avec Sorel qu'il ne tenait plus compte de l'interdiction. Ils allaient en classe ensemble, ils jouaient ensemble à la récréation, Barbet apportait ses Legos, Antoine n'avait rien, sinon quelques billes toutes ternies. Il était déjà très sérieux à onze ans. Pour preuve, Barbet sortit d'une boîte en fer rouillé une photo de sa sixième où Sorel, lunettes cerclées sur le nez, écharpe noire autour du cou, cheveux coupés court, regard franc, avait plus l'air d'un jeune moine que d'un collégien.

Barbet avait la mémoire des plus petits faits. Il se rappelait le moindre détail concernant Sorel, comme le cartable en grosse toile qu'il avait, trop grand pour lui (pourtant, il était plus élancé que ses camarades), et qui ne fermait plus, de sorte qu'il devait le porter sous le bras. Antoine prenait soin de ne pas tacher ses cahiers, d'un papier de mauvaise qualité, mais proprement couverts et pas du tout constellés de stickers, contrairement à ceux de Barbet, surchargés d'autocollants bariolés. Ses manuels étaient enveloppés dans du kraft, il n'avait pas de trousse en toile cirée, mais un étui en bois où ses gommes, ses crayons, son compas étaient bien rangés. Il tenait toujours à la main un encrier, il y trempait son stylo à plume, alors que tout le monde avait adopté les feutres ou les stylos Bic. Il ne manquait pas les cours même lorsqu'il avait de la fièvre. Il ne se mettait pas au premier rang, parmi les meilleurs élèves, mais au quatrième, ni trop près du tableau, ni trop loin de ceux qui comptaient sur lui pour leur filer des antisèches. Quand les profs faisaient l'appel, il répondait toujours « Présent ! » d'une voix étrangement exténuée. Il ne se servait pas d'un Kleenex pour s'éponger le front, mais d'un mouchoir en tissu qui fleurait le jasmin. Il ne mâchait pas de bubble-gum, il n'avait pas dans ses poches un pistolet à eau, ni une machine à faire des bulles de savon, mais un jeu de cartes, avec lequel il faisait des tours de magie. Il ne mourait pas d'envie, comme la plupart, d'avoir des soldats de plomb ou un train électrique. Il ne suivait pas les résultats des matchs de foot et ne connaissait pas les tubes qui figuraient au sommet du hit-parade. Pendant que les autres, à l'étude, s'échangeaient des bandes dessinées, il cachait dans son cartable un album plein de portraits d'écrivains – Dostoïevski face à une feuille blanche, Proust sur son lit de mort, Rimbaud en Abyssinie, Hemingway à sa table de travail. Il ne crachait pas de jurons grossiers, comme ceux qui jouaient les durs de durs, mais il ne donnait pas non plus l'impression d'être compassé et cérémonieux. Il avait des façons de qui était très avancé, sans se croire insurpassable. Il corrigeait les fautes de ceux qui avaient une orthographe fantaisiste, il aidait les plus distraits, Barbet en tête, à retenir la chronologie de la Révolution des sans-culottes. Il était faible en calcul mental, mais si calé en histoire et en géographie qu'il pouvait immédiatement situer n'importe quel pays d'Afrique sur une mappemonde et dire quels étaient sa capitale, le nombre de ses habitants, la date de son indépendance, quand pour ses copains l'Afrique n'était qu'une terre de broussailles où, selon leurs parents, des tribus primitives dansaient autour des chaudrons des marabouts et se livraient à des sacrifices humains. Il avait d'exécrables notes en musique, cela le navrait parce qu'il aimait beaucoup la jeune femme, toujours vêtue de bleu, qui les initiait au solfège et qu'il aurait voulu jouer Bach au violoncelle, comme un grand mélomane. Sinon, il était premier presque partout. Il laissait les élèves les plus médiocres le copier, non parce qu'il désirait trouver grâce à leurs yeux (c'étaient des chefs de bande), mais parce qu'ils étaient si noyés, ils avaient tant de peine à suivre qu'ils risquaient de prendre une raclée à la maison quand leurs parents verraient leur cahier de notes. Il ne faisait pas de la lèche aux profs, mais il ne répliquait jamais de façon impolie lorsqu'ils le réprimandaient parce qu'il prenait le parti d'un camarade au cerveau lent, tellement accablé de corvées chez lui qu'il n'avait pas eu le temps d'apprendre sa leçon. D'instinct, il se mettait dans le camp des collégiens qui n'avaient pas tous les atouts, dont le père était connu, par exemple, pour être devenu un buveur depuis qu'il avait été mis à la porte de son usine. Mais eux le vannaient et lui préféraient les bons buteurs, les as du ballon ovale.

En cinquième, il avait toujours hâte d'être en cours de français, car le prof leur parlait des *Métamorphoses* d'Ovide. Les avatars d'Actéon et d'Aréthuse nourrissaient ses rêveries. Il disait à Barbet qu'il faudrait avoir plusieurs vies et posséder le don de changer de peau à volonté. Il s'imaginait bien, adulte, usurpant l'identité d'un autre et vivant des aventures qui n'arrivaient qu'aux téméraires sans foyer. Il ne se voyait pas courant la terre et les mers, mais voyageant dans sa tête, se transformant un jour en alchimiste faustien, un autre en expérimentateur du langage, un troisième en Ahasvérus, rejeté par tous puisque de nulle part. Il s'était passionné, vers l'âge de quatorze ans, pour le mythe du Juif errant, incarnation, d'après lui, de l'écrivain qui rend poreuses toutes les frontières. Il s'était passionné pour les livres où des insurgés étaient les annonciateurs d'un monde purgé de ce qui tient chaque individu prisonnier de l'intolérance. Il portait haut les idées-forces du siècle des Lumières, celles de Montesquieu et de Rousseau, et récitait à Barbet la célèbre phrase du *Discours sur l'origine et les fondements de l'inégalité parmi les hommes* : « Le premier qui, ayant enclos un terrain, s'avisa de dire, *ceci est à moi*, et trouva des gens assez simples pour le croire, fut le vrai fondateur de la société civile. »

« Je ne l'écoutais que d'une oreille », dit Barbet, qui me proposa d'aller dans le jardin nous restaurer. Il lui restait des tapas. Accompagné d'un rosé bien frais, cela ferait une délicieuse collation. Il s'excusait de penser à se remplir l'estomac, mais il avait l'esprit plus vif quand il était rassasié. Dès qu'il eut dressé la table sous la tonnelle de vigne vierge et qu'il eut englouti quelques-uns des amuse-gueules, il se montra encore plus disert et reprit : « Oui, je ne l'écoutais que d'une oreille. J'étais, comme bon nombre d'adolescents, un gamin paresseux. Je savais tout sur les footballeurs, je me fichais des rousseauistes. Je jouais au flipper. Je m'achetais les disques des Pink Floyd. Les Balzac, les Zola, les Diderot me faisaient bâiller. Heureusement, Antoine avait d'autres amis, notamment un Malgache avec qui, à chaque récré, il discutait de *L'Île au trésor* de Stevenson, avant que les parents de son copain ne le ramènent à Antananarivo. Il a eu ensuite, pendant deux ans, un ami portugais, qui n'était pas moins captivé que lui par *Le Horla*. »

Le Maupassant de *Pierre et Jean* le touchait aussi, surtout quand il décrit le fils Roland, celui qui est médecin, debout sur la jetée du port du Havre et disant à son frère que, toutes les fois où il vient là, il est pris d'un désir fou de s'en aller vers des pays aux belles filles pâles ou cuivrées, aux oiseaux-mouches, aux éléphants et aux lions libres.

Antoine n'avait aucun goût pour le cinéma, il ne regardait pas les films à la télévision, sauf ceux de Chaplin. Il adorait *Le Dictateur.* S'il n'avait pas de goût pour le cinéma, à onze, douze ans déjà, il s'intéressait à la peinture, à l'art nègre, à la sculpture dogon, aux Jungles du Douanier Rousseau, aux collages de Dubuffet, aux créations dadaïstes (en méditant la recommandation de Tristan Tzara : « Que chaque homme crie : il y a un grand travail destructif à accomplir. Balayer, nettoyer »). Il découvrait tout cela dans les monographies de la bibliothèque municipale, rue Jules-

Lecesne. Il y passait beaucoup de temps, empruntant des bouquins qu'il lisait comme un affamé de lecture qui dépérirait s'il ne dévorait pas au moins cent pages par jour. Cela l'isolait des autres, plus des adeptes du sport que de grands liseurs. Sorel, lui, redoutait les cours d'éducation physique. Il s'essoufflait vite à la course, il faisait perdre son équipe au basket et, à la piscine, il avait honte de se dénuder, de montrer son corps tout blanc, tout maigre.

Barbet se souvenait même que Sorel portait des pulls d'un jaune canari ou d'un rouge écarlate, tricotés par sa mère, qui affectionnait les couleurs vives, et des pantalons en velours côtelé gris ou marron, qu'il avait aux pieds des chaussures en similicuir brun, à bouts ronds et à lacets. Il ne buvait jamais de soda, à la cantine il échangeait sa part de poisson pané contre des crèmes caramel, sa part de macédoine de légumes contre un ménélik, le gâteau au chocolat et aux amandes, à quatre heures il grignotait le bout de pain qu'il avait gardé du repas de midi. Souvent, pendant les premières heures de classe, il avait des étourdissements car il n'avait rien mangé le matin (c'était la fin du mois, il n'y avait même plus de lait chez lui). Barbet aurait volontiers partagé avec son camarade sa brioche suisse, mais celui-ci disait fièrement qu'il n'avait pas faim. Il n'était pas d'un naturel envieux. Que les autres soient bien habillés, qu'ils aient de beaux cartables, des baskets à la dernière mode, des casquettes qui leur donnaient fière allure, des jouets qui coûtaient cher, le laissait indifférent. Il était déjà comme un vieux sage qui, sans sa passion pour la littérature, aurait été jugulé par son père et, sans ses frangins (de vrais titis), aurait été très mal adapté à ce monde.

Il ne guignait qu'une chose : la bécane de Barbet. Il aurait été si content d'en avoir une, même vieille, pour s'évader de la maison le dimanche, lorsque son père se défoulait sur lui et ses frères parce que le manque d'argent lui mettait les nerfs en boule. Il n'avait pu partir en vacances qu'une fois, à douze ans, grâce au Secours populaire, qui l'avait emmené à Boulogne-sur-Mer. En rentrant, il avait juste dit qu'il s'était baigné dans une eau très froide, qu'il avait goûté aux éperlans frits et qu'un des accompagnateurs lui avait prêté *Tintin au Tibet*, où le yéti sauve l'imprudent reporter lors d'une tempête de neige, qu'un autre accompagnateur lui avait donné *Taïpi*, l'équipée de Melville au pays des cannibales, qu'il avait lue la nuit, sous les couvertures, en s'éclairant avec une lampe de poche.

Pendant toutes ces années, le père d'Antoine lui permettait souvent d'inviter Barbet rue Édouard-Vaillant. Ils révisaient ensemble les leçons d'anglais, Antoine imitait l'accent cockney, ils se disaient qu'un jour ils prendraient ensemble le ferry pour Southampton et visiteraient la Grande-Bretagne sac au dos, allant à Chelsea manger des *fish and chips*, à Chinatown voir les arches d'entrée en forme de pagode, à Whitechapel, sur les lieux où avait sévi Jack l'Éventreur, au presbytère de Haworth, la maison des sœurs Brontë, bien que, malgré les pressants conseils de Sorel, Barbet n'ait toujours pas lu *Les Hauts de Hurlevent*, et qu'un tour du côté du *Cavern Club* de Liverpool, l'ancienne salle de concert des Beatles, le tente davantage. Certains jours, ils jouaient au cadavre exquis, ils barbouillaient de petites toiles que Barbet avait trouvées à *L'Art Brut*, le magasin de décoration d'Aplemont où il était souvent fourré, car l'on y vendait des magnets en bois, du macramé, des carrelages pour faire des dessous-de-plat, tout ce qu'il fallait pour des travaux manuels. Il apportait aussi son mini-billard et, avec Claude et Jean, ils queutaient et carambolaient en poussant des « Ouah ! » et des « Mince alors ! » La mère d'Antoine leur préparait de l'orangeade et du pain perdu. « Son père, dit Barbet, nous observait pendant qu'on prenait le goûter et répétait que j'étais un bon garçon, bien poli, qu'Antoine et ses frères ne seraient pas comme ces vauriens de Caucriauville, qui avaient des parents alcooliques et permissifs, s'ils tiraient de ma conduite un exemple. Le pauvre vieux aurait été sidéré d'apprendre qu'avec des copains je m'amusais à sniffer des poppers, achetés dans des sex-shops, et qui nous rendaient hilares, totalement high. »

En seconde, Sorel entra au lycée Claude-Monet, Barbet au lycée François-Ier, mais ils restèrent amis. L'été ils se baladaient dans la forêt de Montgeon, se reposant sur les grandes pelouses quand ils étaient trop fatigués d'avoir marché. Parfois des camarades de Barbet les rejoignaient pour jouer au foot, Antoine tenait le rôle de l'arbitre, car il ne courait pas assez vite et était incapable de marquer un but. Mais la plupart du temps ils n'étaient que tous les deux. Sorel avait avec lui des anthologies de poésie, il savait par cœur des centaines de vers, qui n'étaient pas enseignés à l'école. Pour les lycéens comme Barbet, dotés d'un vocabulaire réduit, Antoine parlait un français souvent inintelligible. Il employait des mots d'argot piochés chez Hugo. Ses rédactions étaient émaillées de tournures qui leur paraissaient alambiquées. Les plus moqueurs, après avoir étudié en classe *Les Femmes savantes*, l'affublaient du sobriquet de Trissotin (pourtant il n'était jamais cuistre). Barbet, lui, le surnommait le mangeur de nuées, et il avait de l'affection pour lui, parce qu'il pressentait qu'un jour ce mangeur de nuées allait s'illustrer d'une façon ou d'une autre.

Pendant que Barbet commençait à aller en boîte, surtout au *Transfert* à Pont-l'Évêque, avec des camarades plus âgés qui faisaient des courses de voiture sur la route du retour, Sorel s'enthousiasmait pour le mythe de la caverne de Platon (l'homme moderne n'est-il pas condamné à n'embrasser que des ombres et à ne vivre que dans un monde de fantômes ?). Il lisait aussi le *Manifeste du Parti communiste* (dès lors, sa devise fut : « Transfuges de tous les pays, unissez-vous »), les aphorismes de Chamfort (l'un de ses préférés : « L'homme pauvre, mais indépendant des hommes, n'est qu'aux ordres de la nécessité. L'homme riche, mais dépendant, est aux ordres d'un autre homme ou de plusieurs ») et la correspondance de Mallarmé où, en 1865, il écrivait à Henri Cazalis que tout avait concouru à son néant : il fuyait la solitude qui n'avive que les forts, il avait besoin de toutes les surexcitations, celle de la musique, du bruit, de la vie, des êtres chers à la présence stimulante. Sinon, il se sentait, à vingt-trois ans, un vieillard fini. Antoine disait que, sans avoir le génie de Mallarmé, il serait voué très tôt à la même solitude, qu'il chercherait à la fuir de la même manière, tout en sachant d'avance qu'elle serait sa plus fidèle compagne, et qu'elle tracerait autour de lui un infranchissable cercle de feu.

Après s'être perdu dans des digressions qui n'avaient pas de rapport avec Sorel (comme son adhésion à lui, Barbet, à la CFDT, ses sympathies socialistes, alors que son père avait toujours donné sa voix à la droite la plus sectaire, ses pérégrinations au Liban, entre Beyrouth et

Baalbek, son esseulement depuis qu'il avait divorcé), il me dit tout à coup qu'il avait oublié l'essentiel : Antoine Sorel s'appelait en fait Antoine Tran. Il avait un grand-père vietnamien, nommé Diet Tran. Ce grand-père avait été, contre son gré, amené en France à la fin des années trente et forcé de travailler dans les salants et les poudreries. C'était, au Vietnam, un paysan de dix-huit ans presque illettré, originaire d'une province déshéritée. Il avait quitté son pays sur l'ordre des autorités coloniales, qui recrutaient de la main-d'œuvre peu coûteuse, destinée à remplacer les ouvriers français envoyés au combat contre les Allemands. Lui et quelques milliers d'autres, parqués au fond de la cale des bateaux, avaient été transportés jusqu'à Marseille, entassés dans des baraquements et sommés de trimer comme des esclaves. Diet n'était pas porté à la rébellion, il se résignait à son sort et l'adoucissait en tirant parti de sa situation du mieux qu'il pouvait : il apprit à lire, à écrire et à parler le français. En vingt-quatre mois, alors qu'il peinait dans une poudrerie bordelaise, il était parvenu à s'exprimer correctement en français. Ses compagnons, eux, commençaient à tendre l'oreille aux prédications des trotskistes, qui étaient d'un militantisme de plus en plus combatif, et organisaient, au bénéfice de ces analphabètes, des cours intensifs, car seule la maîtrise du français et de la phraséologie politique pouvait les aider à se défendre contre les exploiteurs. L'agitation trotskiste n'avait pas encore pris de l'ampleur, elle ne devait réellement éclater que plus tard. Mais grâce à ces apôtres du communisme révolutionnaire, Diet Tran avait eu la possibilité de s'instruire. Un peu moins désorienté et moins marginalisé dès lors, il rencontra sa future femme, une

Normande, benjamine d'une famille de fermiers et ouvrière à Bordeaux comme lui. Ils ne se marièrent qu'à la Libération. Ils eurent un fils, le père d'Antoine, prénommé Martin, puis trois filles. Comme ils n'avaient pas ce qu'il fallait pour les nourrir tous, ils confièrent l'aîné à ses grands-parents maternels. Martin fut donc élevé dans une ferme à Lillebonne. Il ne savait pas un mot de vietnamien, bien entendu, mais il utilisait des expressions du patois normand. Il avait les manières d'un gamin de la campagne, très attaché à sa grand-mère qui ne connaissait du monde que les environs immédiats de sa ferme – elle avait la terreur des grandes villes et des voyages en train. Son père ne lui écrivait pas, ne venait presque jamais en Normandie. Sa mère ne s'y rendait que de loin en loin et n'y restait que quelques jours. Plus il grandissait, plus Martin sentait croître son ressentiment envers son géniteur, un « bridé venu mendier du pain aux Français ». Pour lui, c'était humiliant d'être le fils d'un Jaune, requis au temps où le Vietnam était une colonie française et où la *mère patrie*, engagée dans une guerre qu'elle devait perdre, exigeait que chaque famille de l'Indochine lui livre au moins un de ses enfants. Quoi qu'il apprenne sur les malheurs de son père, Martin ne lui trouvait aucune circonstance atténuante : si broyé soit-il, Diet était à ses yeux impardonnable, puisqu'il l'avait expédié au loin afin de ne pas avoir à l'entretenir.

Les grands-parents de Martin renchérissaient sur ce qu'il disait de leur gendre, cette « raclure des bas-fonds ». Même lorsque Diet Tran, après avoir fait son chemin de croix, et malgré les mises en garde des trotskistes contre l'opium du peuple, se convertit au catholicisme, lisant toutes les nuits la Bible et obligeant sa femme et ses trois filles à assister à la messe dominicale, il ne fut pas moins dédaigné par eux.

Antoine, à six, sept ans déjà, avait pitié de lui : Diet était toujours en butte à l'hostilité de son fils lors des réunions familiales. Après la naissance de ses petits-enfants, il avait tenté d'amadouer celui qui se serait plutôt fait couper en deux que de lui réserver un bon accueil. Diet venait souvent au Havre, les bras chargés de gâteaux pour sa bru et de bonbons pour Antoine, Claude et Jean, qui lui ouvraient la porte en poussant de joyeux cris, même si Martin les brisait aussitôt dans leur élan en lâchant un retentissant « Vos gueules ! » et en lançant au vieil homme : « Qu'est-ce que tu me veux encore ? Fiche-moi donc la paix. On n'a pas besoin de toi ici. Tes bondieuseries, c'est de la pure comédie. Et tes cadeaux, tu peux te les mettre où je pense. » Diet ne répondait pas, ne montrait en rien que cette rudesse le blessait. Il était persuadé qu'au Jugement dernier il serait rédimé s'il ne relevait pas ces offenses, qu'il lui fallait modeler son comportement sur celui des justes, d'une telle piété qu'ils se conformaient à l'enseignement de Jésus et tendaient l'autre joue quand on les giflait. Avec le temps, il était de moins en moins querelleur, il supportait avec abnégation les invectives de son fils. Il professait d'ailleurs à Antoine, pourtant pas encore en âge de comprendre, qu'en bénissant ceux qui vous maudissent, en priant pour ceux qui vous maltraitent et vous persécutent, on efface ses péchés.

Martin n'offrait même pas un repas à Diet, il jetait sur la table quelques noix ou des cacahuètes, il ouvrait deux canettes de bière en grognant contre les bondieusards et, au bout de deux heures, il mettait son père dehors en lui répétant qu'il le fatiguait avec ses prêches.

Diet s'en retournait chez lui d'un pas chancelant, il reprenait le train, qu'il avait payé en se privant de vin et de tabac, en ne déjeunant pas et en ne dînant que d'un bol de riz blanc. Que Martin soit aussi rogue à son égard lui causait les plus grandes peines, mais il s'efforçait d'y voir une épreuve que Dieu lui infligeait dans sa vieillesse, car il avait été un père démissionnaire. Aurait-il pu faire autrement ? Quand son fils était venu au monde, il était dans un tel dénuement qu'il n'avait eu d'autre choix que de s'en séparer. Depuis, il n'attendait pas de son aîné qu'il lui témoigne du respect (Martin avait été très tôt un vrai démon), ç'aurait été déjà une bénédiction s'il avait été moins insultant.

Antoine confiait à Barbet qu'à la mort de son grand-père, Martin avait déposé une requête afin de changer de nom. Il aurait donné dix ans de sa vie pour s'appeler Dupont ou Durand. Il fut d'autant plus enragé d'être débouté. Et pendant des semaines, il s'était plaint de ce que la France n'ait pas agréé sa demande et ne l'ait pas admis comme l'un des siens.

Martin Tran était facteur. Il s'était marié très jeune, à dix-neuf ans, parce que son père lui avait dit : « Malheur à celui qui est seul », parce que presque tous autour de lui sautaient le pas et qu'il avait peur d'être différent. Sa femme, Louise, était née à Bréauté-Beuzeville, où ses parents tenaient une épicerie. Loin d'être une beauté, elle avait un front trop bas et des lèvres trop minces. Elle ne se maquillait pas et se coiffait mal, mais Martin n'aurait jamais voulu d'une compagne qui passe son temps devant un miroir, à se dessiner les sourcils, à se faire des mises en plis et à s'enduire de crème pour que sa jeunesse ne se fane pas. L'important, selon lui, était qu'elle ne soit pas une mauvaise ménagère, qu'elle ne gaspille pas l'argent que son mari avait péniblement gagné et qu'elle lui en rapporte, si possible.

Louise aurait voulu être boulangère, mais au Havre, elle n'avait pas réussi à se placer. Après de vaines recherches, elle s'était décidée à prendre ce qui se présentait : elle s'occupait de personnes âgées ou faisait du ménage et du repassage chez les uns et chez les autres. Martin vivait avec elle une petite vie où les jours se suivaient et se ressemblaient. Il ne tarda pas à s'ennuyer auprès d'elle, si fade. Alors il eut des enfants. C'était dans l'ordre des choses : un couple sans enfants est un couple contre nature. Il espérait que son quotidien grisâtre le serait moins quand le chahut de ses bambins y mettrait un peu d'animation. Et plus tard, ces fils, éduqués selon de bons principes, auraient une situation enviable, ce qui signifiait, de son point de vue, qu'ils seraient des fonctionnaires plus que convenablement appointés, propriétaires d'un vaste appartement dans la rue Félix-Faure (quartier très coté), épousant des Havraises bien nées et ayant des enfants qui seraient à leur tour des fonctionnaires promis à un bel avenir. Le dimanche, ils rassembleraient leur nombreuse descendance, très comme il faut, autour d'une table réservée à *La Ferme Saint-Georges*, le restaurant où les Normands fêtaient leurs noces d'or. Ses fils seraient acceptés par les gens de la bonne bourgeoisie, qui oublieraient qu'ils avaient un grand-père requis par les autorités coloniales et traité à son arrivée à Marseille comme s'il appartenait à la lie de l'humanité.

Martin n'avait aucun ami, pas même un partenaire avec qui jouer à la belote. Il n'y avait pas de livres à la maison, Martin ne lisait que les journaux régionaux. Il ne gardait qu'un vague souvenir des pages de Camus ou de Malraux étudiées en classe de seconde et considérait que les profs avaient essayé de lui mettre dans la tête des idées fausses. Il avait d'ailleurs interrompu sa scolarité à seize ans pour travailler à la ferme de ses grands-parents jusqu'à la mort de ces derniers, emportés tous deux, en l'espace d'une semaine, par une grippe meurtrière.

Barbet n'avait pas été étonné qu'Antoine ait pris le pseudonyme de Sorel : à douze ans déjà, il avait une absolue dévotion pour Stendhal et relisait tout le temps *Le Rouge et le Noir*. Le personnage de Julien Sorel le fascinait. Il n'avait pas adopté un pseudonyme parce qu'il reniait le nom de son grand-père, mais parce qu'il voulait trancher les derniers liens qui l'enchaînaient encore à Martin Tran. En publiant, il s'ouvrait à une vie nouvelle, le monde où il faisait ses premiers pas était étranger à son père, qui n'aurait en aucun cas donné son accord s'il avait laissé deviner qu'il allait dédier sa vie à la littérature. Et rien n'aurait pu les réconcilier. Ce qui était pour le fils d'une nécessité vitale n'était pour le père que de la fumisterie. Ce que le fils plaçait au premier rang était déprécié par le père. L'un tirait sa substance des livres, l'autre vivait avec la croyance que les romans sont d'une grande dangerosité, car ils dévirilisent, car on se débilite en s'enivrant de leurs fables et on en vient à se repaître de rêves au lieu d'être un battant. Martin n'en avait jamais été un, mais il souhaitait que ses enfants le soient. Il apprendrait à Antoine, Claude et Jean à se bagarrer afin d'occuper les meilleures places, sans s'embarrasser de scrupules. La fortune n'avait pas souri à leur père, mais eux, s'ils suivaient bien les conseils qu'il leur prodiguait, ils seraient des notables pourris de fric. « Le fric, il n'y a que ça de vrai », martelait Martin. Sans lui, ils ne seraient rien. Quoi que prétendent les idéalistes, c'était l'allié le plus sûr s'ils ne voulaient pas être les derniers des derniers. Ramasser un beau pécule, investir en Bourse et réaliser des opérations qui doubleraient leur avoir en peu de temps, voilà qui était judicieux. Martin ne quittait pas des yeux l'écran de télévision lorsqu'y passaient des émissions sur des entrepreneurs qui ne devaient qu'à eux-mêmes d'avoir brillamment réussi. Il disait à ses fils que les gros capitalistes bien déterminés à s'enrichir, les rois de l'industrie qui détrônaient leurs concurrents en leur cassant les reins, les milliardaires devant qui tout le monde rampait étaient les conquérants des temps modernes, avec pour armes leur sens des affaires et leur religion du libéralisme. Lui, était de « la France d'en bas », mais il ferait en sorte qu'au moins l'un de ses enfants se hisse au niveau des privilégiés. L'aîné, peut-être, fraierait la voie aux deux autres en ayant un métier lucratif et en s'introduisant dans des milieux huppés. Martin se représentait les gens de « la France d'en haut » comme des demi-dieux. Se concilier leur bienveillance, c'était accéder à un royaume féerique.

Ces propos sans cesse réitérés révoltaient Sorel qui, toute son adolescence, ne pensait qu'à décamper au plus vite de la rue Édouard-Vaillant. Dès sa majorité, il avait arrêté ses études et pris un emploi qui lui permettait de subsister sans son père. Quelle avait été sa vie après ? Barbet l'ignorait car, contrairement à ce qu'il m'avait soutenu au téléphone, il n'avait presque plus été en relation avec lui depuis bien longtemps, depuis qu'Antoine avait publié son premier roman. Ils se croisaient de temps en temps près de l'Hôtel de Ville et se saluaient amicalement, mais ils ne prenaient même pas un café ensemble, ils échangeaient trois mots sur un bout de trottoir, Barbet plaisantait, Sorel marmonnait une phrase incompréhensible, et ils se disaient au revoir, Antoine promettait à Barbet de lui faire signe, mais ce dernier se doutait bien que c'étaient des promesses en l'air, car son ami ne lui téléphonait plus, il ne téléphonait presque plus à personne.

Il était minuit passé quand Barbet mit fin à l'entretien en me déclarant qu'il m'avait raconté tout ce qu'il savait. Il allait le samedi suivant à l'abbatiale de Montivilliers écouter la *Messe en ut mineur* de Mozart. Il me proposa de l'y accompagner : peut-être que d'ici là il aurait quelques pistes à me suggérer. Si je restais encore quelques jours au Havre, me dit-il, je pourrais aller voir le père d'Antoine. Sa mère n'était plus en vie mais Martin Tran, lui, habitait toujours à Caucriauville, l'office HLM lui ayant attribué, après le départ de ses fils, un deux pièces non loin de son ancien appartement. Je pourrais aussi aller voir Jean Tran, le seul survivant de la fratrie, car Claude, le cadet, qui dirigeait un garage, était mort, écrasé sous la voiture qu'il était en train de réparer. Jean avait un studio près de la mer, il était informaticien, plus scientifique que littéraire, mais il avait été très chic avec Antoine. Les trois frères s'entraidaient, ils s'aimaient beaucoup, bien qu'ils soient totalement dissemblables. Claude était plutôt brut de décoffrage, un garçon toujours en bleu de chauffe. Il parlait un français tout droit sorti des dialogues d'Audiard. Jean appartenait à la classe moyenne, il était cadre dans un grand groupe, il s'était marié avec une Brestoise, dont la famille s'était établie en Normandie. Quand Antoine et Jean avaient la vingtaine, ils disaient d'eux-mêmes qu'ils étaient des *Vitelloni*, qui promenaient leur spleen dans une ville de province et auraient bien voulu partir vers des pays aux soleils mouillés, aux ciels brouillés. Claude, lui, ne songeait pas à s'exiler. Il s'était attaché aux rues havraises, à leurs échoppes vouées à la démolition, aux enseignes lumineuses des cinémas qui programmaient des films de gangsters, aux nouvelles boutiques qui cherchaient à attirer une nouvelle clientèle à coups de prospectus, aux cabanes blanches de la plage où les estivants entreposaient leurs transats et leurs parasols colorés, au sémaphore, d'où l'on voyait les navires de commerce et les voiliers de course entrant au port, à la moindre petite place où il avait joué à saute-mouton, à son lycée Porte-Océane où il s'était fait de nombreux copains, aux bistrots de Saint-François où, jeune garagiste, il avait payé des tournées à des marins venus du monde entier. Il s'était attaché à chaque coin de la ville qu'il avait parcouru en entraînant ses frères. Il s'était même attaché aux bus dont les chauffeurs lui semblaient presque toujours endormis, aux grands ensembles des banlieues, au terrain vague qui s'étendait devant l'appartement familial. Il disait à Barbet qu'il était un Havrais pur fruit. Il vivrait et mourrait à Sanvic, qui était comme un village, avec son église et ses jardins. Il y avait une espèce de loft qu'il avait retapé de ses mains et où il avait souvent hébergé Antoine lorsque celui-ci était sur le pavé.

J'étais tout fébrile en sortant de chez Barbet. Mon projet commençait à prendre forme dans mon esprit. Même si je n'étais pas fixé sur la façon dont j'allais me servir de ce premier témoignage, et même si je ne pensais pas que l'existence d'un écrivain se réduit à la somme d'anecdotes récoltées à son propos, Antoine

Sorel, après cette après-midi et cette soirée passées à écouter Barbet, m'apparaissait moins désincarné. Il ne l'était plus vraiment pour moi, car j'étais mesmérisé par ses doubles romanesques. Il n'avait parlé que de ce qui l'avait amené à s'éloigner de ses semblables, sans être un Alceste drapé dans sa morgue et se croyant très au-dessus du commun. Il n'avait parlé que de son sentiment d'être, parmi ses prochains, un cas d'espèce, de ne pas avoir, contrairement à la plupart d'entre eux, une carapace qui l'aurait préservé des crises de conscience, de ne pas connaître cette absence d'émotivité qui l'aurait sauvé de bien des marasmes. Il prenait tous les risques et allait toujours plus loin dans l'exploration des territoires non encore défrichés, de telle manière que son inventivité effrénée le désaxait et l'emportait vers l'outre-monde. C'était un voyage sans retour. Il avait abandonné ce après quoi nous courons. Jeune, il n'avait pas fait de bassesses pour qu'une célébrité du milieu littéraire le prenne sous son aile. Il ne se montrait pas partout. Il n'avait que faire des distinctions. Il écrivait des romans qui échappaient aux lois du genre et n'espérait pas être acclamé par tous. Dans *Le Dernier Round*, l'un des protagonistes, un marginal en délicatesse avec des gens bien établis, dit qu'il nage contre le courant, seule façon de ne pas déchoir à ses propres yeux ; il ne transige pas, de sorte que sa vie va à la débandade. Mais il ne se soucie guère de corriger le tir et, avec la jubilation d'un disciple de Diogène, constate qu'il atteint inexorablement le plus bas degré de la hiérarchie sociale. Sorel était-il lui aussi tombé dans un gouffre sans fond ? Et n'avait-il dû son salut qu'à ses livres ? La question demeurait en suspens.

J'étais à la porte de mon hôtel lorsque mon portable vibra. C'était Ludivine. Je ne décrochai pas. Elle me laissa un message, regrettant que je n'aie répondu ni à ses mails ni à ses SMS et que j'aie fait trop vite le deuil de notre histoire. Enquêter sur Sorel m'avait permis de rire de mes déconvenues amoureuses. Je ne nourrissais plus de rancœur contre Ludivine, il me semblait presque naturel qu'elle ait rompu et soit restée avec son mari. J'aurais toutefois eu le cœur moins lourd si elle avait complètement disparu. Elle ne m'aidait pas en réapparaissant de temps à autre, en me rappelant sans cesse qu'il y avait quelques mois j'aurais été prêt à me damner si j'avais pu la convaincre de tout larguer pour vivre à mes côtés. En lisant Sorel, mes affres d'amant floué m'avaient paru dérisoires. Ses œuvres guérissaient les petites blessures narcissiques. C'était risible de s'attendrir sur ses déceptions sentimentales. Rétrospectivement, je me reprochais d'avoir eu une réaction de gamin dépité de n'être pas le préféré. Ludivine ne m'avait pas choisi ? J'aurais quand même eu avec elle des moments que je me rappellerais longtemps. La rupture m'avait rendu perméable à la causticité de Sorel. Cela ne voulait pas dire qu'il ne bouleversait que les désenchantés. À condition de se départir de son conservatisme, tout lecteur qui cherchait dans les romans un fortifiant trouvait dans les siens de quoi sustenter son intellect. À condition de ne pas avoir peur d'être déstabilisé, tout curieux en quête de singularités trouvait dans ses œuvres une substance propre à le galvaniser. Les timorés, toujours prêts à adhérer à l'opinion commune, ne pouvaient tirer profit de ses diatribes contre les suiveurs patentés. Mais pour peu qu'on ait une certaine inclination à ne jamais régler ses actions sur un quelconque consensus, on était, en s'imprégnant de ses idées, conforté dans sa détermination.

Sa littérature n'était pas faite pour les prudents qui ne craignaient rien tant que d'être exclus de la partie qui se jouait entre les jeunes prédateurs, ni pour les résignés qui ne s'aviseraient pas de régénérer le monde. Elle ne parlait qu'aux irréductibles décidés à ne pas abdiquer la liberté de pensée, je ne me comptais pas encore au nombre de ces élus, mais cela faisait des années qu'un écrivain de mon temps ne m'avait pas paru à ce point nécessaire : certaines phrases de lui me poursuivaient jusque dans mon sommeil, elles étaient comme un incendie qui se propageait et ne laissait pas en paix le lecteur, si rétif parfois à ce que la littérature offre de perturbant. Certaines citations, mises en exergue de ses livres, étaient comme des déclarations de guerre adressées aux partisans des demi-mesures. Il vomissait les faux-monnayeurs en altruisme qui chantaient le vieil air de la solidarité quand cela leur était profitable, les arnaqueurs qui faisaient passer leurs magouilles pour un exercice de diplomatie et n'avaient de cesse qu'ils n'aient grimpé jusqu'à la plus haute marche.

Il était pour moi plus qu'un écrivain admiré : un porte-flambeau éclairant ma route. Grâce à ses mots je me contemplais de loin, je n'étais plus un bloc uniforme, mais une mosaïque bigarrée, je me voyais révéler des facettes que je ne me connaissais pas. J'avais déjà un penchant à être à rebrousse-poil de mon époque, je me découvrais une prédisposition à rejeter de plus en plus souvent les modèles dominants et à vouloir faire cavalier seul. Les livres de Sorel dénonçaient la mascarade sociale, et pour nous, si habitués à nous mentir à nous-mêmes, c'était intolérable, il nous fallait nous en défendre : nous n'autoriserions personne à nous enlever ce que nous avions conquis de haute lutte. Nous nous étions ménagé une existence bien tranquille et celui qui la remettait en cause n'était qu'un malotru.

Même si je manquais encore trop d'éléments pour me lancer dans un portrait de Sorel le démolisseur, tout ce qui le touchait était pour moi d'un intérêt majeur, je butinais autant que je le pouvais des renseignements utiles et j'escomptais que, grâce à Barbet, je retrouverais les traces d'autres témoins. Peut-être les dernières années de sa vie, tout en étant toujours un hérisson, s'était-il laissé approcher par quelques éthyliques qui se souviendraient encore de lui. Peut-être y avait-il aussi quelques femmes qui l'avaient mieux connu que Barbet. Quelques femmes qui me le feraient voir sous un autre aspect, auraient des secrets à me confier et ne m'accuseraient pas de m'immiscer dans les affaires d'un écrivain qui ne s'était jamais prodigué. Je ne chercherais pas à identifier les femmes qui lui avaient inspiré certaines pages acides sur l'amour. Ce serait une erreur de croire qu'il reprenait l'avantage en étant plein de sarcasmes à l'endroit de toutes les louves dont il était tombé si amoureux qu'il avait failli en perdre la raison. Ce serait une erreur aussi de croire qu'il était un stylite détaché des réalités triviales, qu'il était toujours à des hauteurs inatteignables pour les terre-à-terre, et que la littérature était à ses yeux un simple moyen d'oublier son inaptitude à vivre et à aimer.

Ses frères l'avaient-ils soutenu ? Son père était-il revenu sur la réprobation qu'il avait prononcée à son encontre ? Celles qui avaient partagé sa vie l'avaient-elles compris ? Plus je le lisais, plus je goûtais son ton incisif. Jusqu'alors, parmi les auteurs de mon siècle, il en était qui m'avaient paru de première grandeur, pourtant peu nombreux étaient ceux qui avaient provoqué un tel chambardement en moi. Sorel ne cédait jamais à la tentation de la belle phrase mais suscitait chez son lecteur un ébranlement de tout son être, tant et si bien qu'il se trouvait projeté loin des terres familières : ce à quoi il s'accrochait était brutalement remis en question. De quel sous-sol revenait Sorel pour être aussi peu disposé à nous bercer de mensonges ? Dès ses premiers romans, il avait montré combien il se différenciait des tenants de l'art pour l'art et combien il était récalcitrant à l'enrégimentement. Il était allé jusqu'au bout de ses convictions et il avait fait œuvre pérenne en mettant à bas notre forteresse de leurres et d'impostures. Je lui étais redevable de m'avoir ôté un bandeau des yeux. Cela m'avait rendu si conscient de ma vacuité que ma raison avait vacillé, mais je me jurais de ne plus être dupe de ce qui menait le monde.

J'aurais été incrédule si l'on m'avait dit qu'après une semaine au Havre, je me mettrais à ne pas trouver ce port aussi dépourvu d'attrait qu'à mon premier séjour. Il n'avait pas vraiment de caractère, et le chantier du futur tramway lui donnait l'apparence d'un mastodonte éventré. Mais j'en étais presque venu à aimer ses rues et à n'avoir plus de préventions à son encontre. En cette fin de juillet, les averses orageuses étaient si nombreuses que les habitants s'étaient calfeutrés chez eux. Il n'y avait personne sur l'avenue Foch, pourtant parfois très animée, surtout quand le temps était propice à une promenade en famille. Le Havre avait tout d'une ville assoupie. Je me demandais comment m'occuper pendant les deux heures que j'avais devant moi avant de rencontrer le plus jeune frère de Sorel, Jean Tran. Je traînai un bout de temps dans les trois salles de l'hôtel Dubocage de Bléville, du nom du navigateur qui fut au XVIIIe siècle le découvreur de l'île de la Passion, à l'ouest du Mexique. Le seul document qui retint mon attention avait trait à un certain Jules Durand, secrétaire général du syndicat des charbonniers du Havre, tenu pour responsable de la mort d'un badaud lors d'une rixe qui avait éclaté au cours de la grève de

1910. Condamné à mort, il ne fut pas exécuté, mais il avait été si brisé par le drame qui s'était abattu sur lui qu'il devint fou et finit à l'asile, d'où il ne devait sortir que cloué dans un cercueil. Cette tragédie si romanesque m'obsédait encore quand je me dirigeai à petits pas vers *L'Eau Tarie*, un café de la rue piétonne, pour retrouver Jean Tran.

Il portait des lunettes aux verres fumés et une chemise hawaïenne qui faisait ressortir son bronzage. Il rentrait d'une semaine de vacances aux Baléares, où il n'avait fait que se baigner et dormir. Il en avait sacrément besoin, dit-il. Les cinq dernières années avaient été des années noires. D'abord, une embolie pulmonaire avait eu raison de sa mère. Puis sa femme l'avait quitté pour « prendre du recul » ; elle aspirait à davantage que ce qu'il pouvait lui apporter, car elle avait été engagée comme attachée commerciale et elle avait la possibilité d'élever sans lui leurs deux filles, d'un et trois ans. Elle les avait emmenées avec elle et s'était déniché un appartement près du Palais de Justice. Ensuite, Claude était mort dans son garage, alors que ses affaires prospéraient. Enfin, Antoine s'était jeté de sa fenêtre après avoir griffonné sur une feuille volante des instructions quant à son incinération et au faire-part à insérer dans un journal. Lorsqu'il s'était retrouvé tout seul, Jean avait emménagé dans un studio au bord de la mer, croyant que la vue qu'il aurait de son balcon serait chaque jour pour lui un bienfait, mais les cris des mouettes et le mugissement du vent certaines nuits le rendaient fou. Il rêvait de se faire construire, dans un bon quartier, une jolie maison où sa femme, qu'il aurait réussi à reconquérir, accepterait de lui ramener ses enfants. Alors, tous quatre vivraient une vie qui lui permettrait d'oublier la mort de ses deux frères.

Jean avait une voix grave, il jouait avec son porte-clefs en sirotant son pastis, il ne me regardait pas dans les yeux, même quand il eut ôté ses lunettes. Il n'aurait certainement pas consenti à me parler si Barbet ne lui avait envoyé sans arrêt des SMS pour le pousser à voir le « futur biographe » de son frère (Barbet me prêtait l'intention de dresser des autels au suicidé). Jean m'aurait tenu pour un fouineur à éviter coûte que coûte si j'étais venu avec mon magnétophone. Je n'avais donc plus qu'à essayer de mémoriser tout ce qu'il me relatait. Il avait mis du temps avant d'évoquer Sorel en toute franchise. Il me demanda au début pourquoi je cherchais à m'informer au sujet d'Antoine, ce qu'on pensait, dans le petit monde littéraire, du geste désespéré de ce dernier, si, selon moi, il jouirait, après sa mort, d'une grande renommée (cela en imposerait à leur père, qui l'avait toujours tenu pour un propre à rien). Jean avait chez lui des cartons pleins de manuscrits que son frère avait laissés en dépôt. Il était certain qu'il fallait les conserver soigneusement. Il avait même gardé des brouillons qu'Antoine avait jetés. Il avait entendu dire que le moindre bout de papier d'un écrivain pouvait être légué à des bibliothèques. Il se considérait comme l'exécuteur testamentaire de Sorel et il ferait tout afin que ses œuvres, pas assez lues de son vivant, ne tombent pas dans l'oubli. Jean s'inquiétait de leur destin, maintenant que leur auteur n'était plus là pour les défendre. Les avait-il jamais défendues quand il en avait l'occasion ? Ce n'était pas souvent qu'il acceptait de participer à des festivals de littérature, ou de signer dans les librairies. Lors de ses quelques interviews à la radio, il ironisait tellement sur lui-même que l'auditeur le moins hermétique à son genre d'humour riait à ses dépens et ne courait pas acheter ses romans, les autres changeaient de station, probablement las de ses autodénigrements. Jean était navré chaque fois qu'à Paris il voyait les livres de Sorel bradés aux étalages des bouquinistes. On pouvait avoir tout un lot pour trois fois rien.

Antoine était l'aîné, mais il était si peu dégourdi que ses deux frères devaient le débrouiller, comme s'il était le petit dernier. Il fallait tout lui apprendre. Comment jouer aux billes et à la bataille navale. Comment tricher aux cartes. Comment subtiliser des jouets dans les grands magasins. Comment voler des bouquins sous le nez des libraires. Comment négocier avec ses camarades le prix des dissertations qu'il rédigeait à leur place (il se faisait toujours rouler). Comment ne pas se faire détester par les autres élèves tout en restant un brillant sujet. Et, plus tard, comment resquiller dans les trains. Comment choisir un bon cru au restaurant (même si, jusqu'à ses trente ans, il n'avait jamais pu se payer un repas fin). Comment entrer dans un endroit chic d'un pas dégagé (il se moquait bien d'avoir une allure désinvolte). Comment aborder une fille lorsque, dans la rue, il y en avait une qui lui plaisait (il n'avait rien d'un dragueur habile). Comment remplir les paperasses pour obtenir des aides au logement (il s'était enfui de la maison familiale bien avant ses frères et vivait dans des bouges, mais refusait de demander des allocations). Comment trafiquer son *curriculum vitæ* (il avait abandonné ses études après le bac pour travailler et ne plus dépendre de son père, ne plus le subir au quotidien) quand il partait à la chasse d'un boulot qui lui laisserait le temps d'écrire (il écrivait la nuit, en fumant des Gauloises et en buvant de grandes tasses de café arrosé de whisky). Comment circonvenir ses patrons pour garder son emploi (peine perdue : presque tous le vidaient après trois mois d'essai, en le taxant de négligence). Comment ne pas faire pâle figure les rares fois où il sortait dans le monde (le plus souvent, il se réfugiait près d'un type bavard pour ne pas avoir à tenir une conversation de salon). Comment nouer sa cravate et assortir ses chaussures à son costume lorsqu'il avait été convié au mariage de Barbet (qui avait eu lieu dans un château). Comment se servir d'un ordinateur (il avait mis à la poubelle son PC d'occasion au bout de huit jours et, jusqu'à la fin, tapait ses textes sur une vieille machine à écrire). Comment téléphoner avec un portable (celui que Jean lui avait donné, il le lui avait aussitôt rendu en disant qu'il n'était pas un larbin, portant toujours sur lui cet engin diabolique et répondant dès qu'on le sonnait). Comment ne pas passer pour un alcoolique mondain en se biturant joyeusement dans les réceptions parisiennes (il ne se rendait, disait-on, qu'à celles qui promettaient d'être délirantes). Comment riposter lorsqu'un journaleux avait décrié son style, jugé affecté (Claude et Jean voulaient carrément aller casser la gueule à ce minus). Comment correspondre avec ses lecteurs (il n'en avait pas beaucoup, Jean lui suggérait donc de soigner les lettres qu'il leur envoyait, mais il ne l'avait pas écouté, comme il ne l'avait pas écouté pour le reste, il faisait tout à son idée, et il avait des idées plutôt baroques).

Jean l'approuvait d'avoir pris le large à dix-huit ans, car à la maison, leur père faisait régner une atmosphère oppressante. Il leur était interdit de prononcer le mot *Vietnam*. Martin Tran leur répétait à chaque instant qu'ils étaient de parfaits Français et qu'il leur faudrait être de bons citoyens de leur pays en votant, lorsqu'ils seraient majeurs, contre les communistes, contre tous les idéalistes, coupables de croire que l'amour collectif était la panacée, et de ne pas prendre en considération les impératifs économiques. Ses fils devaient se couler dans le moule. Il abhorrait tout ce qui était d'Asie : cela lui rappelait que si sa mère était une « vraie Française », elle avait épousé un « Jaune », un traîne-misère. Comme il ressemblait plus à sa mère qu'à son père et qu'il n'avait aucun trait asiatique, il avait horreur de son nom, car chaque fois qu'il l'épelait (Dieu merci, disait-il, ce n'était pas un nom à coucher dehors et Dieu merci, il avait un prénom bien français), on lui faisait remarquer que c'était un nom de consonance étrangère, et il ne pouvait plus dissimuler les origines de son père. Louise, sa femme, se rappelait encore, des années après, qu'un soir elle s'était mis dans la tête qu'elle lui ferait une surprise en lui servant un plat vietnamien préparé en secret. Lorsqu'elle posa devant lui l'assiette de vermicelles et de bœuf à la citronnelle, il entra dans une terrible fureur, renversa la table en hurlant : « Je ne suis pas un sauvage, je ne mange pas *ça* ! » Il n'aurait vu aucun inconvénient à être une caricature du Français moyen, avec son béret et sa baguette sous le bras. Quand il suivait les actualités télévisées, il grommelait toujours entre ses dents des injures, s'en prenant aux Juifs et aux Arabes, les premiers parce que, selon lui, ils étaient des puissances occultes, les seconds parce qu'ils étaient tous à ses yeux de potentiels jihadistes. Et si la France allait mal, c'était à cause de la complaisance des dirigeants successifs, qui « se déculottaient » devant ces deux groupes de pression.

Claude, Jean et Antoine, en mûrissant, avaient de plus en plus de peine à prêter l'oreille aux discours de leur père sur la France de Jeanne d'Arc qui ne savait plus bouter l'ennemi, c'est-à-dire les *basanés*, hors de ses frontières, sur l'inutilité de l'enseignement des profs, tous des abbés Pierre, qui leur débitaient des imbécillités comme l'amour d'autrui, or autrui ne compte que dans la mesure où il sert vos intérêts, ou comme la bonté à l'égard de vos subalternes, or les subalternes, si vous êtes trop charitable envers eux, ils vous marchent sur la tête. Il leur inculquait les deux maximes à appliquer en toutes circonstances : « Aide-toi, le Ciel t'aidera », « Tout ce qui ne te tue pas te rend plus fort », alors qu'il était lui-même sans volonté, se laissant mener par les événements comme s'il était d'avance mis hors jeu. Il s'était vite lassé des cours du soir auxquels il s'était inscrit seulement pour avoir une formation qui lui aurait peut-être permis de monter d'un échelon en n'ayant plus à distribuer le courrier, mais en étant bien à l'abri dans un bureau. C'était, disait-il, la faute de sa femme s'il n'avait pas persévéré, elle avait toujours peur qu'il soit mal vu de ses collègues parce qu'il visait un poste plus élevé, elle le démoralisait en doutant de ses aptitudes intellectuelles (« Tu es sûr d'y arriver ? ») et en geignant (« Je n'ai pas dix bras », « J'ai tellement à faire que je vais y rester à force de me décarcasser »). Elle et lui étaient restés mariés plus de quarante ans, mais ils ne s'étaient jamais aimés éperdument. Elle ne voyait en lui que le père de ses enfants, il n'était en rien un passionné. Il tenait les femmes (à part sa grand-mère, qu'il louait à tout propos) pour des créatures inférieures, à la disposition de celui qui serait en mesure de faire vivre les fils (et non les filles) qu'elles mettraient au monde, puisque leur rôle n'était que d'assurer la reproduction de l'espèce. Louise le laissait élever les trois frères à sa manière, elle disait qu'elle n'était pas assez intelligente pour se charger de leur éducation, leur père n'avait pas tort de les contraindre à ne rien faire qui sorte des règles, car ils étaient de petites gens, ils devaient filer droit. Lorsque les trois frères n'avaient pas douze ans, il leur était défendu de s'attarder dans les rues et de se colleter avec les gosses de Caucriauville qui les avaient provoqués (répondre à leurs provocations par des coups de poing, c'était ne pas valoir mieux qu'eux). Il leur était aussi défendu d'avoir comme camarades de jeu des enfants de couleur (Antoine cachait que son meilleur copain était malgache). Ils étaient censés ne prendre modèle que sur les Blancs, surtout ceux dont les parents avaient un commerce, un pavillon entouré d'un jardin, une belle voiture et des relations parmi les Normands honorablement établis (Barbet, selon ces critères, était le bienvenu rue Édouard-Vaillant). De même, ils étaient censés ne jamais faire allusion à leur grand-père vietnamien. Martin Tran le haïssait de toute la haine du fils honteux d'avoir été engendré par un « moins-que-rien ». Il rêvait pour Antoine, Claude et Jean d'une ascension sociale à laquelle il ne pouvait prétendre, car, disait-il, il n'avait pas été béni des dieux, car à dix-sept ans, expulsé de la ferme de Lillebonne par un grand-oncle qui en héritait, il avait dû se faire facteur pour ne pas crever comme un chien. Il n'avait pas été non plus béni des dieux en s'unissant à Louise, elle sortait des classes populaires, n'avait presque aucune instruction, était toujours mal mise, toujours anxieuse, à tel point qu'elle craignait nuit et jour de déplaire aux vieillards dont elle s'occupait et d'être privée d'une source de revenus : sans elle, les trois garçons, en pleine croissance, n'auraient pas eu de la viande une fois par semaine, ni des produits laitiers. Elle ne bronchait pas quand son mari la rabaissait, quand, devant des tiers, il disait regretter de n'avoir pas une femme plus débrouillarde, qui se serait remuée pour rapporter plus d'argent à la maison. Il en avait jusque-là, des raviolis et des épinards en boîte, des abats et des steaks coriaces. Et il n'avait à se mettre que de vieilles pelures. Ils ne pouvaient même pas s'octroyer des vacances quelque part, à la montagne par exemple, où ils auraient fait du ski de fond et dégusté de la fondue savoyarde. Été comme hiver, ils restaient à Caucriauville, les yeux rivés sur l'écran de leur télévision, ou ils faisaient les comptes pour s'apercevoir que la facture de gaz avait augmenté et qu'il allait peut-être falloir retirer les enfants de la cantine.

À Noël, les trois fils ne recevaient pas de jouets, ils avaient droit à un pudding et à un sermon que Martin Tran leur faisait sur le ton d'un pape infaillible. Leur mère marquait son assentiment par des hochements de tête. Des années durant, les veillées de Noël s'étaient déroulées ainsi. Le sapin décoré de quelques boules perdait ses aiguilles, la guirlande électrique clignotait, sans rendre l'ambiance plus gaie. À la Saint-Sylvestre, comme leur père, en proposant les calendriers de la poste pendant ses tournées, s'était fait un peu d'argent, il y avait au menu des escargots et une côte de bœuf bien tendre, bien juteuse. Martin Tran leur disait que c'était peut-être le dernier bon dîner qu'ils auraient avant longtemps, car il ne savait pas de quoi demain serait fait.

Ils n'avaient que des souliers en faux cuir, et trois pantalons, dont ils devaient prendre grand soin. Mieux valait, selon leur père, être propre sur soi que d'avoir quantité d'affaires. Louise leur tricotait des pulls d'un jaune ou d'un rouge si voyants qu'ils la suppliaient de ne pas les obliger à les porter. Mais elle leur répondait que les pulls en vraie laine, vendus dans les boutiques, étaient inabordables, et que le principal était d'avoir sur le dos des habits qui tenaient chaud. Ils allaient à l'école, pas à un défilé de mode, leur disait-elle en répétant ce qu'elle avait entendu dans la bouche de ses voisines. Elle-même, leur rappelait-elle, n'avait que des jupes cousues sur sa machine Singer et faites avec du tissu acheté au *Petit Vélo rouge*, un bazar près de la bibliothèque municipale, où tout était bon marché. Ses jupes étaient rarement bien coupées, mais enfin, elle économisait de cette façon quelques sous. Elle tricotait aussi des gilets pour son mari qui, lui au moins, la félicitait d'avoir du goût. Elle devait être pleine d'astuce si elle tenait à ce que la famille ait ce qu'il lui fallait, elle ne faisait son marché qu'à l'heure de clôture, quand les marchandises étaient liquidées, elle reprenait les manteaux trop grands qui leur venaient des associations caritatives, elle récupérait les coupons que les commerçants mettaient au rebut et y taillait des chemises, elle avait l'art d'accommoder les restes… Et Martin la jugeait peu débrouillarde ! Et ses fils n'avaient jamais pour elle un « Merci » ! Elle était par nature encline à l'humilité et, au fil des années conjugales, son effacement de soi était allé en s'accentuant, tant elle s'était habituée à être tenue pour quantité négligeable. Comme elle avait du mal à s'exprimer, elle laissait à son mari le soin d'échanger des politesses avec leurs voisins, ceux du moins qui n'étaient pas des étrangers, car il ne disait même pas bonjour aux Africains et aux Orientaux, qu'il méprisait. Comme elle tremblait de le contrarier, elle se taisait, elle qui avait pourtant foi en la charité chrétienne, lorsqu'il gueulait contre les ratons, les culs-terreux d'Asie, et ne lui rétorquait pas qu'il était lui-même le fils d'un paysan du Nord-Vietnam. L'évocation de ses ancêtres paternels déclenchait toujours chez lui une crise. Il trépignait de rage, déchirait ses journaux, lançait à travers la pièce tout ce qui pouvait lui servir de projectile et c'était parti pour une scène à mettre en émoi tout le quartier. Louise prenait donc garde de ne pas lui rappeler qu'il n'était qu'à moitié français, elle le faisait parler de la ferme de Lillebonne, où il avait été dans son élément, passant son temps à traire les vaches et à nourrir les poules et les lapins. Sa grand-mère, d'après lui, avait raison de penser que les grandes villes étaient des lieux de perdition. Depuis qu'il s'était installé au Havre, il en était venu à porter un jugement sévère sur les citadins, en tout cas les habitants des cités ouvrières, la plupart des ivrognes et des joueurs invétérés. En ce temps-là, il n'y avait pas encore de casino au centre-ville, mais qu'à cela ne tienne, ils allaient ailleurs miser leurs modestes salaires. Si sa grand-mère avait vécu un an ou deux de plus, elle aurait pris des dispositions afin qu'il ne soit pas délogé de la ferme, et il n'aurait pas été forcé de se fixer au Havre, car c'était le seul moyen de trouver de l'embauche. Elle avait toujours été sa bonne fée, et une vigilante gardienne des coutumes paysannes. Sans elle, il aurait probablement viré voyou, puisqu'il avait grandi sans personne d'autre pour le guider.

Avant qu'Antoine ne vienne au monde et que Diet ne fasse grâce à son fils de ses insolences, toutes les fois où ils s'étaient vus, Martin et son père s'étaient toisés comme si chacun voulait dévorer l'autre tout cru. Ouvraient-ils la bouche, ils étaient toujours en désaccord. Martin, pourtant élevé par ses grands-parents dans le catholicisme, raillait la religiosité de Diet, qui prêchait le pardon des outrages et, quand il avait quelque chose d'important à dire, commençait toutes ses phrases par : « Nous autres, misérables pécheurs... » Martin accueillait ces paroles avec un rictus mauvais, l'air exaspéré d'avoir à écouter un vieux schnock. Diet n'en récitait pas moins les Évangiles. Il n'avait pas d'autre bréviaire. Il serait peut-être retourné au Vietnam si la France n'avait été pour lui l'une des grandes patries du christianisme. Ses trois filles, qu'il avait gardées près de lui, il les avait envoyées au catéchisme, sa femme, qui n'était plus une catholique pratiquante, il l'avait contrainte à reprendre le chemin de l'église. Aux murs de l'étroit appartement de Libourne où ils s'entassaient à cinq, étaient accrochés des crucifix, et tout le monde devait s'agenouiller devant, le soir, avant l'heure du coucher. Diet se disait bienheureux depuis qu'il avait été touché par la grâce une veille de Noël, et que, comme Paul Claudel, il croyait en Dieu, « d'une croyance qui était un soulèvement de tout son être, d'une croyance que les hasards de sa vie dans cette vallée de larmes n'avaient pu ébranler ». À ces mots, Martin riait toujours d'un rire de Méphisto et répétait à qui voulait l'entendre que les radotages des dévots étaient à vomir.

Sa grand-mère non plus ne ménageait pas à Diet ses remarques grinçantes, elle plaignait sa fille, qui était tombée bien bas en épousant un « venu d'on ne savait où ». Elle avait accepté de prendre Martin chez elle, parce que c'était un garçon et qu'elle n'avait eu que des filles, dispersées aux quatre coins de la France. C'était pour elle une malédiction de n'avoir pas eu d'enfants mâles et elle s'était juré de faire de son petit-fils un Normand pur sucre, qui n'irait pas se galvauder à la ville. Elle ne le montait pas contre son père, mais elle feignait d'être sourde chaque fois qu'il se permettait des grossièretés avec celui qu'il appelait souvent « le chien ». De toute manière, ils étaient d'implacables ennemis, personne n'aurait pu les raccommoder. La mère de Martin faisait son possible pour que la discussion ne s'envenime pas, mais les deux implacables ennemis, quand ils ne gardaient pas un silence de défi, se seraient étripés si elle ne s'était pas interposée entre eux. Plus tard, lorsque Diet se mourait dans un hôpital de Bordeaux, malade des poumons à cause de la poudre qu'il avait inhalée au cours de ses années de labeur, Martin ne lui rendit même pas visite. Et autant il avait sangloté à l'enterrement de ses grands-parents, autant il manifesta la plus parfaite indifférence le jour où lui fut annoncée la mort de son père.

« Mes frères et moi, dit Jean, on avait peu connu Diet Tran. Il était déjà presque moribond quand Antoine n'avait pas sept ans et moi cinq. D'après Louise, il n'en avait plus que pour quelques semaines, mais comme il allait être inhumé à Libourne, personne chez nous, pas même notre père, ne ferait le voyage jusque là-bas. C'était trop cher. Mes frères et moi, on n'avait jamais assisté à une cérémonie funèbre et, entre nous, on se disait que ça aurait été quelque chose d'assister à l'une d'elles. »

Le grand-père, à sa mort, n'était pas encore très vieux. Tant qu'il avait un peu de souffle vital, il avait réclamé que lui soit versée une indemnité, en compensation de la décennie où il avait été au service de la France. Il n'avait pas eu gain de cause. L'administration française le renvoyait aux ministères vietnamiens en charge des expatriés, mais au Vietnam, qui était partagé en deux, Diet Tran ne savait à quel gouvernement s'adresser et il n'était plus assez robuste pour revendiquer ses droits. Son lot, disait-il, était de mourir sans avoir été reconnu comme un de ces héroïques citoyens ayant contribué à l'effort de guerre en un temps où la France avait encore son empire colonial. Son lot aussi était d'être enterré loin de chez lui, bien que, depuis sa conversion, il soit d'avis que la France était sa véritable patrie, si ingrate soit-elle envers lui. Il avait été un vaillant soldat qui valait bien les ouvriers français. Il avait vécu pendant toute l'Occupation à Bordeaux, puis avait demandé à rentrer au Vietnam, comme la plupart de ses camarades. Mais tout compte fait il était resté en France, ne voyant pas ce qu'il aurait fait dans son pays natal, où il aurait peut-être été considéré comme un traître, puisqu'il avait servi l'État français. Au surplus, ce pays, après la lutte anticolonialiste, était entré dans une autre guerre, celle qui opposait le Nord et le Sud. Il n'était ni pour les communistes du Nord ni pour les alliés de l'Oncle Sam qui gouvernaient le Sud. Beaucoup de temps s'écoula sans qu'il ait choisi son camp et il mourut l'année où les troupes américaines commençaient à se retirer du Vietnam, où l'armée de

Hô Chi Minh, avec l'aide de l'URSS, remportait de spectaculaires victoires.

Antoine et ses frères étaient trop jeunes pour entendre quoi que ce soit à ce conflit qui faisait la une des journaux, mais quelquefois, quand ils jouaient ensemble, l'un était le méchant GI qui dégainait un gros revolver et les deux autres, coiffés d'un chapeau conique, étaient de braves Vietnamiens en haillons qui brandissaient le drapeau rouge et une banderole portant l'inscription « US Go Home ! ». Ils jouaient à ce jeu en cachette de leur père, car celui-ci n'aurait pas toléré un tel spectacle : ils étaient de petits Français, ils n'avaient pas à se déguiser en Asiates. De plus, Martin Tran se rangeait du côté des Américains, à la pointe selon lui du combat anticommuniste. Les camés qui manifestaient à Washington contre la guerre du Vietnam déshonoraient leur pays, disait-il. Ils avaient d'ailleurs derrière eux des individus peu recommandables, comme ce Mohammed Ali – un islamiste ! Et il ne disait rien du Black Power : les Blancs, après avoir fait la conquête de l'Ouest et vaincu les Peaux-Rouges, devaient composer avec ces grands singes dont les aïeux se baladaient tout nus dans la brousse…

L'*american way of life* lui paraissait ce que le monde civilisé avait produit de mieux. New York le faisait rêver, bien que, disait-il, ce soit sûrement le Bronx en grand, avec tous les « sans toit ni loi » qui y avaient trouvé refuge. En étant de plus en plus pluriethniques, les États-Unis faisaient courir aux WASP le risque de perdre leur identité, d'être sous la domination des Latinos, des Négros que le Ku Klux Klan n'avait pas exterminés et des Chinois qui s'infiltraient partout.

Jean, qui en était à son troisième pastis et avait commandé une assiette d'olives, ne savait pas par quel miracle le racisme de leur père, proclamé à son de trompe, n'avait déteint ni sur lui ni sur ses deux aînés. Au contraire, ils allaient volontiers vers ceux qui étaient originaires d'autres continents, surtout du continent asiatique. Ils ne rougissaient pas de porter un nom étranger, d'avoir un grand-père qui était un manuel, avait mené une vie de galérien et cherché une consolation dans la religion. En classe, les instituteurs leur affirmaient que « les hommes naissent et demeurent libres et égaux en droits », ils ne devaient donc pas faire de distinction entre les écoliers, d'où qu'ils viennent. Mais comment dire à Martin que ses credo étaient en contradiction avec ce qui leur était enseigné à l'école, et qu'il leur tardait d'aller en cours pour ne plus l'écouter injurier les *basanés* ? Antoine, en apparence le moins rebelle des trois, ne songeait, au fond de lui-même, qu'à se libérer du despotisme de son père. Il jouait au fils qui ne se rebiffait pas, mais il fourbissait ses armes en prévision du jour où il affronterait seul les épreuves de l'existence. Jean et Claude avaient plus tendance à contester, ce qui mettait Martin en furie, il les attachait à une colonne du cellier et les y laissait toute la nuit. Louise intercédait vainement pour eux, son mari lui répondait qu'il les dresserait à l'obéissance. Il était le maître chez lui, il n'admettait aucune liberté de langage. Il ferait beau voir que ces petits impertinents aient le front de lui répliquer !

Il n'était pas franchement violent, il ne donnait pas de coups à ses fils, peut-être juste une baffe de temps en temps, quand il avait abusé de la bière, mais au moindre mot qui lui semblait irrévérencieux, il éclatait, et les trois garçons écopaient de deux jours sans dîner. Lorsqu'ils devaient ainsi aller se coucher l'estomac vide, Antoine venait voir ses frères et leur racontait les aventures de Sindbad le Marin jusqu'à ce qu'ils s'endorment en oubliant leur faim. Ils ne confiaient pas à leurs camarades que leur père les punissait pour un rien, que d'après lui, s'ils ne s'inclinaient pas devant son autorité, c'était à cause de l'influence pernicieuse que leurs enseignants anarchisants exerçaient sur eux. Ils ne contestaient pas pour contester, mais parce qu'ils n'en pouvaient plus de l'entendre insulter la terre entière, et surtout leur mère, chaque fois que sa journée avait été désastreuse – il avait été trempé jusqu'aux os en faisant sa tournée, sa dernière bonne paire de chaussures avait pris l'eau, il avait chopé un rhume et avait failli être mordu par un berger allemand...

Antoine, fidèle à sa stratégie qui était de ne pas se montrer trop indocile pour que Martin lui permette de passer ses samedis et ses mercredis après-midi à la bibliothèque, intervenait timidement en faveur de Claude et Jean, s'exposant ainsi à être puni lui aussi, car leur père criait à la conspiration et sévissait contre eux tous, non sans accuser Louise de lui avoir donné des enfants qui étaient de la graine de bandit. Pendant des jours, ce n'étaient que jérémiades (« Le bon Dieu ne m'a pas fait de cadeau ») et ronchonnements (« Les jeunes de maintenant ont un sacré toupet ! »). À chacun de leurs retours de l'école, les trois garçons recevaient une leçon de morale, qu'ils aient ou non manqué à l'obligation d'être déférent envers celui qui pourvoyait à leur entretien (« Ayez au moins la reconnaissance du ventre ! »).

Ce n'était pas la fête à la maison, dit Jean. Mais lui et ses frères étaient si complices qu'il en aurait fallu plus pour les abattre. Claude, ingénieux bricoleur, fabriquait de beaux avions avec des canettes de Coca. Jean, déjà fort en maths, ne tarissait pas de détails sur la vie d'Évariste Galois, de son culte de Sénèque à son échec à Polytechnique, de ses premières découvertes mathématiques à ses révoltes contre le nouveau pouvoir bourgeois, du suicide de son père, victime de la campagne de calomnies d'un prêtre, au duel qui provoqua sa mort à l'âge de vingt et un ans. Antoine lisait à ses cadets l'*Odyssée*, surtout les passages où les compagnons d'Ulysse étaient transformés en pourceaux. Ils ne s'ennuyaient pas ensemble et se tenaient les coudes – quand Claude, peu studieux, avait un mauvais bulletin, les deux autres contrefaisaient la signature de leur père, qui ainsi ne savait rien de ces piteux résultats. De toute façon, Martin n'accordait pas une grande importance aux progrès scolaires de ses fils. Lui-même avait été l'un des derniers de sa classe et en imputait la faute aux maîtres d'école qui, au lieu de lui apprendre à se battre pour qu'il trouve partout son compte, lui avaient fait ingurgiter de la poésie, comme s'il était « une de ces tapettes folles d'envolées lyriques ». Les profs avaient avec lui des airs protecteurs, parce qu'il ne savait pas déclamer des odes. Ce n'était pas avec des poèmes bien tournés qu'il aurait pu avoir de la défense, répétait-il aux trois garçons. S'il en avait, il ne le devait qu'à sa grand-mère. Elle n'avait lu ni Corneille ni Racine, mais elle n'avait pas une petite tête, elle était dotée d'un authentique sens des vraies valeurs, elle avait veillé à ce qu'il ait de bonnes mœurs, qu'il ne rompe pas avec les traditions. Il aurait désiré transmettre tout cela à ses fils qui, d'après lui, se laissaient pervertir par les sales garnements des banlieues ouvrières.

Pendant les soirées où ils n'étaient que tous les trois, Antoine amusait ses frères en imitant leur père. Il roulait des yeux féroces comme Béla Lugosi, tapait du poing sur la table et, d'une voix tonnante, vilipendait les Blacks, les Beurs, tous ceux qui n'avaient pas la peau claire. Jean et Claude, pliés en deux de rire, applaudissaient. C'était si bon, cette partie de rigolade aux dépens de Martin. Antoine avait un vrai talent comique. On n'aurait pas cru en le voyant, il paraissait si peu prêt aux facéties. À douze, treize ans, avec son front haut et ses lunettes qui le vieillissaient, il avait déjà un air de mangeur de nuées, comme disait Barbet. Il était toujours en déphasage, éberlué quand il sortait d'une lecture qui avait échauffé son imagination et que le réel frappait les trois coups. Il vivait en compagnie des personnages romanesques, il les connaissait mieux qu'il ne connaissait ses quelques amis de classe.

Cela ne signifiait pas, précisa Jean, qu'il ne faisait pas attention aux autres et qu'il croyait les dégommer. Il ne tirait pas fierté de sa science puisée dans les chefs-d'œuvre, il était un enfant-livre, c'était tout, un amoureux des mots qui espérait qu'un jour il serait lui aussi de ceux qui disent : « La plume à la main, je ferraillerai et jamais ne capitulerai. » Il n'écrivait pas encore, pas même des poèmes comme les adolescents de cet âge-là. Mais ses frères devinaient qu'il rêvait d'être écrivain, contre la volonté de leur père, pour qui ce n'était même pas un passe-temps digne d'un individu utile à la communauté : la littérature ne devrait pas avoir droit de cité, les poètes étaient des « tantouzes », à bannir de la société, les hommes qui avaient des tripes ne perdaient pas leur temps à pondre des vers. Il fallait toujours s'appuyer sur du concret, ne vivre qu'à seule fin d'amasser des richesses, surtout lorsqu'on n'était pas né coiffé, répétait Martin. Lui qui avait souffert du pédantisme des profs, il ne laisserait pas un de ses fils lui en remontrer en étalant sa culture. Cela se saurait si les bouquins étudiés au lycée contenaient la recette de la réussite. D'illustres cancres étaient devenus millionnaires sans avoir aucun diplôme. Les réalistes, passés maîtres dans l'art de faire du business, voilà des exemples à suivre. Les portes ne s'étaient pas ouvertes devant lui, il n'avait eu personne pour l'aider à être autre chose qu'un facteur, mais ses trois garçons, s'ils l'écoutaient en tout, s'élèveraient au-dessus de leur condition, c'était aussi sûr que deux et deux font quatre… Quelle n'avait donc pas été sa consternation quand il avait découvert qu'Antoine rejoignait la cohorte des liseurs de romans et que, de toute évidence, il ne serait jamais dans les affaires, ni même un fonctionnaire assuré d'avoir une confortable retraite !

Antoine, étant l'aîné, aurait dû être le premier à bien gagner sa vie afin d'aider sa famille. Mais il n'était pas près de dire adieu à Stendhal, Lautréamont et Hoffmann pour ne plus lire que des manuels de gestion et faire carrière dans une grande firme, conformément aux vœux de Martin. Il se préparait, sans se trahir, à partir de la maison et, à dix-huit ans, s'enfuit après avoir décroché un emploi de serveur au *Terminus*, un café en face de la gare, tenu par un Marocain. Celui-ci lui loua une chambre au sixième étage de son immeuble. Elle n'était pas hors de prix, mais elle était si petite et si mansardée qu'Antoine pouvait à peine s'y tenir debout, et elle n'avait pas l'eau courante. Pour faire sa toilette et se doucher, il devait descendre chez son propriétaire. L'autre serveur du *Terminus* était un vieil Algérien, fanatique des faits divers de *Détective* dont il régalait Antoine quand ils épluchaient les patates. À midi, à l'heure du coup de feu, tous deux s'affairaient pour apporter les plats aux clients, en majorité des employés mal rétribués, qui calculaient chaque centime déboursé et ne donnaient pas de pourboire. Les premières semaines, Antoine ne cessait de s'embrouiller en prenant les commandes, de renverser son plateau et de casser de la vaisselle. Malek, le patron du bistrot, passait sur ses étourderies. Il lui disait juste de ne pas être aussi distrait, sinon il serait à l'amende. Antoine s'excusait platement, promettait que cela ne se reproduirait plus, mais le lendemain, quand il débarrassait les tables, patatras ! voilà encore une pile d'assiettes en mille morceaux. Il prenait son service dès l'aube et n'allait au lit qu'à une heure du matin, en étant si fourbu qu'il s'assoupissait avant même d'avoir lu deux pages. Il était malgré tout heureux d'avoir fui loin de son père.

Lorsqu'il touchait sa paie, il raflait chez les bouquinistes des essais traitant des thèmes les plus divers. Le dimanche, son seul jour de repos, il restait vissé sur le dur siège que Malek lui avait prêté et il s'immergeait dans une de ces lectures qui lui faisaient tout oublier. Il n'était plus le fils de Martin. Il n'était plus ce fauché qui, s'il n'avait pas les repas offerts par Malek, n'aurait pas de quoi s'acheter des livres. Il n'était plus transi dans sa chambre, si froide en hiver qu'il devait s'emmitoufler dans son anorak, porter des mitaines et enfiler plusieurs paires de chaussettes les unes par-dessus les autres. Il n'était plus ce garçon de café qui s'agitait dans tous les sens pour satisfaire la clientèle, courait tellement de la cuisine à la salle qu'il avait des cloques aux pieds. Il n'était plus ce jeune homme contraint de prendre un boulot alors qu'il aurait tant aimé être un étudiant en lettres, ne se préoccupant que d'annoter des textes, de connaître sur le bout des doigts la biographie des encyclopédistes, de traduire en langage moderne des fabliaux et de se renseigner sur les formalistes russes.

Il passa deux ans dans ce bistrot, jusqu'au jour où Malek raccrocha les gants, se préparant à rentrer à Tanger, non sans avoir recommandé Antoine à l'un de ses cousins qui gérait une supérette et avait besoin d'un caissier. Sorel était encore moins bien payé là qu'au *Terminus* et il lui fallut se chercher un endroit où habiter, car Malek avait revendu la chambre qu'il lui avait louée. Il mena quelque temps une vie de camp volant, dans des hôtels miteux, avant qu'un autre Marocain ne consente à lui céder un coin de son appartement contre plus de la moitié de son salaire. Il ne travailla pas très longtemps à la supérette : il fut renvoyé lorsque le gérant constata que des sommes manquaient et le suspecta, sinon de l'avoir volé, du moins de s'être régulièrement trompé en encaissant. Antoine, au bout d'un an, se retrouva au chômage et sans logis. Il venait de commencer sa première fiction, *Au point mort*. Il trimballait avec lui une valise bourrée de cahiers et de livres. Il posait sa tête dessus quand, plusieurs semaines durant, il n'eut d'autre choix que de dormir à la belle étoile. C'était l'été, la température était douce, hormis les soirs pluvieux, il ne se disait pas vraiment qu'il était à la peine, et à aucun prix il ne serait retourné chez son père. Il préférait encore se lier avec des clochards, ce qu'il commençait à faire à cette époque, histoire de ne pas se sentir trop seul. Bientôt, grâce à un copain de lycée croisé dans la rue et dont la tante était fleuriste, il devint livreur, portant des bouquets aux clients de Sainte-Adresse, la « Côte d'Azur havraise ». Presque tous lui donnaient un peu de monnaie, et à la fin de la journée, il se délectait comme un gamin à faire tinter les pièces dans sa poche. Après, il fut homme-sandwich, promeneur de chiens pour un banquier, Père Noël en sentinelle sur le seuil d'une grande boutique de jouets au moment des fêtes, poissonnier, alors que l'odeur de marée l'écœurait… Entre sa vingtième et sa trentième année, il fit toutes sortes de petits métiers, qui lui permettaient tout juste de ne pas crever de faim. Ses employeurs le congédiaient très vite, tantôt parce qu'il était toujours en retard ou parce qu'il mangeait la consigne, tantôt parce que sa tenue laissait à désirer ou parce qu'il avait pris l'habitude de boire plus que de raison. Le seul poste qu'il occupa quelque huit mois était celui de gardien dans un entrepôt. Son travail ne consistait qu'à faire une ronde toutes les heures, si bien qu'il avait le loisir d'écrire en étant au chaud dans une espèce de petit hangar et en vidant une bouteille de gros rouge.

Son premier éditeur ne lui versa qu'une avance symbolique, preuve qu'il croyait en lui mais n'avait pas assez de fonds pour être plus large. Antoine était déjà bien content d'être publié, et par une maison qui avait un beau catalogue. Cette année-là, il était crêpier le jour et portier d'une boîte de nuit le soir. Il consacrait moins d'heures à la lecture, ne se forçant plus à terminer les ouvrages soporifiques, choisissant mieux ce qu'il lisait. Il continuait à fréquenter la bibliothèque et en revenait avec des nouveautés, mais en général elles lui tombaient des mains. Il y avait bien quelques *misfits* dont il prisait les romans, sans brûler de les rencontrer. Même après avoir fait paraître plusieurs livres, il n'avait pas l'aplomb d'un bel esprit qui serait entré dans une chapelle, d'autant moins qu'il ne mettait pas les pieds à Paris toutes les semaines et donc ne hantait pas les cafés où se pressaient les littérateurs. Il ne bougeait pas du Havre – c'était plus facile de s'en sortir en province quand on n'était pas du tout riche. Il réussissait toujours à grappiller quelques sous par-ci, par-là, il s'arrangeait avec le peu dont il disposait, il déjeunait d'un jambon-beurre ou de croquettes de légumes, et dînait d'un potage instantané. Son seul luxe, c'étaient le tabac et le vin. Et lorsqu'il n'avait pas le moral, il allait contempler les vagues déferlant sur la grève.

Jean, visiblement très concentré pour remonter le cours du temps, me dit en me lançant un regard embarrassé que Claude et lui ne comprenaient pas toujours bien les livres d'Antoine, ou ils ne faisaient parfois que les parcourir en se demandant d'où il sortait tout cela. Mais ils l'aidaient chaque fois qu'il avait besoin d'eux. À certaines périodes, il n'avait même pas de quoi s'acheter de la piquette. Ils payaient son loyer, ils lui apportaient des vivres et des cigarettes. Il avait dû déménager souvent, il trouvait des studios moins chers, à Mont-Gaillard ou à Rouelles, quartiers peuplés de travailleurs pauvres chassés du centre. Parfois, ses à-valoir ne couvraient même pas ses dépenses pendant deux mois. Il n'avait pu oublier ses soucis d'argent que durant les trois années où il avait partagé la vie d'Isabelle. Elle avait des biens, son père possédait à Rouen un riche magasin d'ameublement (auquel il avait donné le nom de « Mis en demeure », trouvaille dont il était très fier). Antoine ne l'avait pas épousée parce que, avec elle, il n'aurait plus eu de difficultés matérielles. C'était elle qui ne l'avait pas lâché jusqu'à ce qu'il surmonte sa réticence devant la perspective de renoncer à son existence de célibataire. Elle qui avait toujours vécu près du cœur historique de Rouen, n'avait pas hésité à aller s'installer au Havre. Elle disait que les Havrais étaient trop « peut-être ben que oui, peut-être ben que non », qu'elle était perplexe sur l'attitude à adopter en société pour ne pas heurter les susceptibilités, qu'elle se sentait comme en exil depuis qu'elle avait laissé derrière elle sa ville natale. Antoine ne lui facilitait pas les choses, il ne lui savait même pas gré de ses sacrifices, elle avait proposé qu'ils habitent tous les deux la propriété que ses grands-parents avaient dans la campagne rouennaise, mais il refusait de changer d'air, lui qui pourtant supportait mal le climat venteux du coin de Normandie où il avait grandi. Il refusait aussi qu'elle loue au Havre un appartement trop spacieux ou trop cossu. Elle avait dû se rabattre sur un trois pièces dans un de ces immeubles Perret non loin de l'Hôtel de Ville. Elle y organisait des soirées, réunissant autour d'elle et de son mari, qu'elle agaçait en l'appelant *Toinet*, des amis à elle, des Rouennais et quelques Havrais qu'elle trouvait estimables, c'est-à-dire qu'ils avaient un vernis de savoir en matière de littérature. Tous regardaient Antoine, auteur de trois livres, dont un recueil de poèmes, comme un dilettante qui avait eu la chance de séduire la cadette d'une vieille famille fortunée. C'était à elle qu'ils faisaient la cour, tout en la plaignant d'être descendue de plusieurs degrés dans l'échelle sociale en contractant une alliance avec le fils d'un facteur, qui n'était même pas devenu célèbre grâce à ses publications. Il se chuchotait qu'il était bien atteint. Il aurait brûlé la robe de mariée d'Isabelle un soir de dispute. Il aurait emporté un de ses bijoux et l'aurait troqué contre l'amulette d'un petit Roumain qui mendiait au Rond-Point. Il l'aurait enfermée des heures dans la salle de bains pour qu'elle ne le distraie pas pendant qu'il était face à sa feuille blanche, abîmé dans ses réflexions. Il l'aurait menacée d'un couteau une nuit où elle aurait tenté de le dissuader de grimper au faîte d'un arbre pour crier que la fin du monde était proche. Il aurait couché des mois dans son bureau, loin d'elle, parce qu'elle disait vouloir un enfant. Il aurait allumé sa clope avec un billet de banque quand elle s'était insurgée contre ses coûteuses tournées de bars. Il l'aurait conduite à l'asile psychiatrique Pierre-Janet, en l'avertissant qu'il en serait assurément un des pensionnaires si elle continuait à le tanner afin qu'ils aient des gamins. Il aurait engouffré ce qu'elle lui donnait en régalant des soûlards et en razziant des éditions originales à la librairie *Claude Buffet* (il ne manquait jamais de s'y arrêter lors de ses séjours à Paris). Il aurait chanté « Maréchal, nous voilà », le jour où elle avait reçu sa sœur, débarquée de Rouen pour vanter les mérites d'un politicien de la droite populiste. Il se serait présenté vêtu uniquement d'un pagne devant des dames très dignes, venues prendre le thé et qui s'alarmaient de l'arrivée massive en France de *sous-développés*. Les femmes de ménage auraient été terrorisées par lui au point de rendre leur tablier les unes après les autres. Il aurait lancé à une visiteuse incapable de calmer son pékinois jappeur : « Votre clebs, je vais en faire un méchoui s'il ne la boucle pas… » Qu'y avait-il de vrai dans ces racontars ? Jean l'ignorait, mais toujours était-il que des histoires peu agréables circulaient sur le compte de son frère.

Isabelle, pour ses confidents, était une sainte, stoïque face à ce qu'elle devait endurer à cause de son mari. Elle n'avait pas prévu que Sorel, passé les premiers mois de vie commune, serait à ce point infernal. Quand elle l'avait vu pour la première fois chez un éditeur d'art, il semblait si doux et si peu à sa place qu'elle avait envie de le serrer dans ses bras comme on serre contre soi un oiseau blessé. Du début à la fin de cette soirée de juin, il était resté debout près du piano, fumant beaucoup, buvant tout autant. Dans sa chemise de cow-boy et son jean défraîchi, il détonnait parmi les invités en grande tenue. Dès que quelqu'un s'approchait de lui, il s'éloignait prestement vers la terrasse, et ne retournait à l'intérieur que lorsque l'autre avait battu en retraite, entamant une conversation avec un convive plus affable. Antoine ne se rendait à ces cocktails que pour le bon vin qu'on y servait. Il ne s'y faisait aucune relation. À ceux qui l'interrogeaient sur ses occupations, il ne répondait même pas qu'il écrivait. Isabelle, rapportant tout cela à Jean, disait qu'il n'avait pas un grain de sociabilité. Mais c'était justement pour cette raison, disait-elle encore, qu'elle s'était sentie violemment attirée par lui. Il ne ressemblait pas à ces godelureaux qu'elle connaissait et qui n'avaient à la bouche que des vantardises : tel ou tel directeur d'un journal parisien était leur partenaire de golf à Deauville et les faisait bénéficier d'informations ultraconfidentielles ; ils tutoyaient tel autre personnage éminent ; ils rentraient de quinze jours de croisière à bord du yacht d'un golden-boy ; lors du dernier vernissage où ils étaient allés, ils n'étaient entourés que d'*opinion leaders* et de célébrités... Isabelle avait beau avoir un côté petit doigt en l'air, elle ne pouvait supporter ces gens à chichis. Elle disait à Jean qu'elle n'était pas de ce monde-là, qu'elle aurait honte d'être aussi odieuse de prétention. Par bonheur, il y avait de temps en temps dans les salons qu'elle fréquentait des artistes. Elle s'était toujours intéressée aux artistes, contrairement à ses sœurs, qui ne juraient que par les financiers et les hommes politiques. À Rouen, elle connaissait un jeune peintre, si contrefait qu'il signait ses toiles du nom de Quasimodo. Il avait son atelier dans une imprimerie désaffectée, où un simple rideau l'isolait d'une famille de Tsiganes qui jouait du violon sur les marchés et parfois cuisinait pour lui. Isabelle était en quelque sorte sa bienfaitrice. Elle lui donnait chaque mois une somme, modique certes, mais suffisante pour qui savait vivre simplement. Elle lui achetait ses tableaux, qui ne trouvaient pas d'acquéreur. Lorsqu'elle en avait suspendu deux au mur de sa chambre, sa mère avait poussé de grands cris : « Quelle horreur ! Comment peux-tu ne pas faire de cauchemar en ayant ça au-dessus de ton lit ? » Le premier tableau représentait un cul-de-jatte devant un dépotoir, le deuxième une lépreuse dans un paysage crépusculaire. C'étaient des œuvres qui dataient du temps où il faisait encore de la peinture figurative. Isabelle avait une prédilection pour elles, sans avouer à son protégé qu'elle était un peu imperméable à l'art abstrait, de peur de s'entendre répondre qu'elle était en retard d'une guerre. Avec Quasimodo, elle parlait des gravures de Vallotton ou des danseuses de Degas, de Calder ou de Tinguely. Il avait des lumières aussi bien sur la Renaissance que sur les dernières créations d'Anselm Kiefer ou de Baselitz.

Elle aimait tellement ces tête-à-tête dans son atelier, surtout quand, au déjeuner dominical, elle avait dû subir les laïus de son père, qui se félicitait tant et plus de son chiffre d'affaires. Elle se disait qu'elle n'avait assurément pas les mêmes gènes que les siens. Elle était férue d'art et de littérature, mais les poètes qu'elle révérait étaient ceux que son père appelait les « sales moineaux », qui s'accordaient le droit de vivre en oisifs et en irresponsables, aux dépens de la société. Il ne les avait bien sûr pas lus, il ne lisait que les magazines de décoration, pour être au fait des tendances, et les journaux d'économie, pour savoir quels étaient les bons investissements. La *pouahsie*, comme il disait, était de la gélatine, il n'en prendrait même pas à dose infinitésimale. Sa mère, elle, était abonnée à un mensuel d'astrologie, qui lui permettait, lors de ses *tea parties*, d'avoir des discussions sur les prédictions d'une célèbre voyante (« Étant donné la position de Pluton, ce sera la bérézina pour les socialistes aux élections »), sur le pragmatisme des Vierge, la combativité des Bélier, l'impartialité des Balance. Elle était aussi abonnée à un hebdomadaire essentiellement consacré aux mariages royaux et au retour sur scène des vedettes dont les chansons avaient bercé sa jeunesse.

« Quant à mes deux sœurs, avait dit Isabelle à Jean, elles pensaient qu'un écrivain intéressant se devait de passer le mois d'août à Saint-Tropez ou à Ibiza (pour elles c'était le top du top), et n'avait de temps pour rien car il était toujours en pleine promotion ou de toutes les fêtes… »

« C'est dire si Antoine avait été fraîchement accueilli par elles et mes parents », avait ajouté Isabelle en pouffant, comme une petite espiègle qui aurait fait une mauvaise farce à sa famille. « Il avait été d'autant plus fraîchement accueilli qu'il était venu en espadrilles, avec une chemise auquel il manquait des boutons et un pantalon qui semblait sortir d'un dépôt d'Emmaüs. Au dîner il avait descendu à lui tout seul une bouteille de Nuits-Saint-Georges et il n'avait desserré les lèvres que pour faire brièvement l'éloge de Rosa Luxemburg. »

Lorsque, chez l'éditeur d'art, elle avait serré la main à Sorel et lui avait murmuré un « Enchantée ! » qu'elle regretta aussitôt, le jugeant conventionnel, elle avait vraiment eu un coup au cœur. Elle avait demandé à son hôte qui était ce grand échalas aux yeux perçants, au visage de Christ. En apprenant qu'il était l'auteur de deux romans et d'un recueil de poésie à faible tirage mais loués par quelques connaisseurs, malheureusement pas du tout influents, elle s'était promis d'acheter ses œuvres et de les lire avec ferveur, car elle ne doutait pas que, ce faisant, elle en retirerait une certaine noblesse d'esprit. Elle ne doutait pas non plus qu'elle serait assez fine mouche pour, après lecture, envoyer à Sorel une de ces lettres qui ne le laisseraient pas de pierre.

Le matin qui suivit le cocktail, elle se précipita dans une librairie pour s'offrir les trois livres. Ils prenaient la poussière sur une étagère tout au fond de l'obscure boutique. Elle les rapporta chez elle, les posa près de son oreiller et pendant plusieurs nuits s'absorba dans le décryptage de cette prose en étant de plus en plus conquise. Elle pensait : Cet homme-là, je l'aurai. Tant pis si cela ne plaisait pas à son entourage. Elle n'avait jamais fait ce qu'on lui disait de faire. Si elle avait été comme les évaporées de son milieu, elle n'aurait été qu'une pauvre fille, ne se souciant que d'avoir des robes comme celles des actrices photographiées par les paparazzis, de sortir avec des jeunes qui roulaient leur caisse et de se montrer dans les lieux où il fallait être vu. Elle n'était pas une de ces élégantes sans cervelle à l'horizon pitoyablement bouché, une de ces jolies poupées qui n'avaient aucune profondeur de vues. Elle, n'était pas fermée aux messages contenus dans les œuvres, quoique la littérature de Sorel ne soit certainement pas une littérature à message : il y avait mis beaucoup de lui-même mais n'avait pas un ego démesuré et ne manquait pas d'acidité. Elle le plaçait d'emblée parmi les écrivains doués d'une effroyable lucidité et qui avaient dû batailler pour parfaire leurs livres. Jusqu'alors, elle n'avait encore jamais échangé de lettres avec un romancier qu'elle avait découvert. Elle s'imaginait, disait-elle à Jean, que les écrivains, même lorsqu'ils ne condamnaient pas leur porte, étaient inaccessibles. Mais pour elle, Sorel n'était pas de ces vaniteux qui se retranchaient loin du monde et s'en croyaient. Dans les entretiens qu'il avait accordés à des journaux, il ne s'étalait ni ne faisait l'important. Il disait que des doutes l'assiégeaient, l'accablaient, et que bien des fois il avait eu la tentation de tout laisser tomber pour vivre en clochard. Voilà qui le rendait cher aux yeux d'Isabelle. Et elle se désolait de ne pas l'avoir lu plus tôt, elle qui pourtant était à l'affût de ce qui se faisait de neuf, elle qui mourrait si elle ne se donnait pas des coups d'éperon en cherchant le Beau partout où il se nichait, elle qui trouvait dans la poésie des raisons de ne pas suivre la même voie que ses parents. Elle se targuait de ne pas être, comme ses sœurs, étrangères à l'art, ni comme son père, assoiffé de fric, ni comme sa mère, qui n'avait que de plates préoccupations, telles que le menu de ses repas de fête ou le coût des domestiques, quand elle ne consultait pas les horoscopes, certaine qu'ainsi elle s'adonnait à des activités transcendantales.

Durant des jours, Isabelle peaufina une lettre où elle disait à Sorel qu'elle avait été comme sous l'effet d'une drogue après la lecture de ses livres. Elle n'avait plus qu'un désir : nouer une amitié avec lui. Elle fit d'amples développements sur son tempérament bouillant, sur sa solitude au sein de sa famille, dénuée de sens esthétique, tournée vers les « plaisirs grossiers », sur son besoin d'élévation et son amour des productions artistiques qui l'aidaient à éloigner d'elle tout ce qui était « bassement matériel ». Une correspondance entre eux deux lui procurerait, à elle, de grandes joies. Antoine saurait l'éclairer. La moindre ligne sortie de sa plume était si riche d'enseignement…

D'après Jean, son frère n'avait pas tout de suite lu entièrement cette déclaration longue de six pages. Il l'oublia sous une pile de papiers, jusqu'au soir où, en entrant dans un café de la place Danton, près de la prison, dont il était l'un des habitués, il trouva Isabelle juchée sur un tabouret du bar. Le fixant avec un sourire enjôleur, elle lui dit qu'elle venait à lui puisqu'il ne venait pas à elle. Elle lui reprocha tout doucement de n'avoir pas réagi à la lettre qu'elle avait rédigée avec tant de soin. Elle ne s'était pas maquillée, elle portait une robe noire ni trop courte ni trop décolletée et elle avait laissé chez elle ses bagues et ses bracelets. Assise devant un jus de fruits, elle ne croisait pas haut ses jambes, mais s'était composé une attitude méditative, la tête légèrement inclinée, une main sur la joue (comme l'ange de Dürer dans *Melancholia*, se disait-elle). Antoine, pris à l'improviste, devinait bien qu'elle voulait jouer un rôle, c'est-à-dire à la fois agir sur ce qui allait se passer et incarner un personnage qu'elle n'était peut-être pas. Muet d'étonnement, il mit un certain temps avant de se rendre compte que c'était bien à cause de lui qu'elle avait pris un billet de train pour Le Havre, une chambre au *Grand Hôtel de Bordeaux*, connu pour avoir eu de nombreux artistes parmi sa clientèle, et qu'elle avait traîné plusieurs soirs de suite dans ce café plutôt lugubre (elle avait appris, il ignorait comment, qu'il y allait souvent). Quel homme n'aurait pas été flatté d'être poursuivi avec autant d'empressement ?

Il avait un T-shirt troué à l'épaule droite, un jean tout déformé, les doigts tachés d'encre et la figure si chiffonnée qu'il semblait n'avoir pas dormi depuis des jours. Isabelle faisait comme si elle ne voyait pas qu'il avait piètre allure. Les artistes, selon elle, n'étaient pas censés soigner leur mise. Et Antoine était un grand artiste, occupé à de grandes choses. Il était un « être vrai », disait-elle à Jean. Avec lui, elle se débarrasserait des principes étroits qui gouvernaient ses parents, elle ne craindrait plus de ne pas être, comme tout le monde autour d'elle, uniquement mue par ce qui était socialement valorisant, elle goûterait les infinies délices d'une vie où elle serait toujours à la recherche de la Beauté sous toutes ses formes. Elle n'aborderait jamais les sujets prosaïques mais veillerait à ce qu'elle et lui planent dans les sphères célestes. Il ne boirait plus, puisqu'il se griserait de leurs conciliabules amoureux...

Isabelle savait avec certitude ce qu'elle attendait d'Antoine. Il serait la barrière qu'elle mettrait entre elle et sa famille, qui tournait en dérision sa « sensibilité poétique ». Mais ce soir-là, dans ce café fréquenté par des types à la mine inquiétante, elle ne pensait à rien d'autre qu'à faire succomber Sorel à son charme. Elle parlait à voix basse, lui répétant que ses livres possédaient une irrésistible force d'incantation, qu'en le lisant elle s'affranchissait de ce qui ne participait pas d'une quête spirituelle, elle essayait d'atteindre au plus haut degré de perfectionnement moral. Un autre lui aurait rétorqué que si elle l'avait bien lu, elle se serait abstenue de lui écrire, car il s'était à ce point ensauvagé qu'il ne pouvait nouer une amitié avec personne, encore moins se prêter au jeu de la séduction. Mais Sorel ne disait rien, peut-être était-il sensible à ce qu'elle avait de gracieux. Lui, d'un abord glaçant d'ordinaire, devait sentir que ses mécanismes de défense cédaient devant ce qui n'était pas encore un flirt poussé mais ne lui était pas désagréable. Il était si perdu alors que la moindre attention le désarmait. Ils restèrent de longues heures ensemble, jusqu'à la fermeture du bistrot, puis ils allèrent marcher le long de la plage avant de déambuler à travers les petites rues de Sainte-Adresse. Il ne la raccompagna à son hôtel qu'à l'aube, après lui avoir promis de lui téléphoner pour convenir d'un nouveau rendez-vous. Isabelle était dans un tel état de transe qu'elle ne se coucha pas, mais ouvrit un des livres de Sorel qu'elle avait glissés dans ses bagages. Elle s'en remettait aux augures : si elle tombait sur une phrase commençant par un verbe, c'est que les dieux lui seraient favorables et qu'Antoine ne s'enfuirait pas lorsqu'il serait question de mariage. La première phrase qui lui sauta aux yeux commençait bien par un verbe. C'était donc qu'Antoine mordrait à l'hameçon.

Une fois qu'il n'y eut plus aucune contrainte entre

eux, ils furent, disait-elle à Jean, comme les pigeons de la fable, s'aimant d'amour tendre. Antoine ne devait pas se leurrer sur les liens qui se tissent entre deux êtres, elle était sûre qu'il devait croire, comme le Bouddha, que l'homme naît seul, vit seul et meurt seul, mais elle était sûre aussi que, dès qu'il se serait marié avec elle, il savourerait le bonheur conjugal. Elle était encore plus sûre que s'il avait une vision pessimiste des choses, s'il n'avait confiance en personne, c'était parce que la destinée l'avait maltraité. Près d'elle, il ne serait pas perpétuellement à court d'argent, il aurait l'esprit libre pour bâtir une œuvre d'une surprenante modernité. Et lorsque le Tout-Paris saluerait en lui un novateur, on dirait qu'elle était sa muse, que grâce à elle il n'était pas de ces romanciers qui faisaient entendre toujours la même *petite musique*.

Au bout d'une quinzaine, elle rentra à Rouen pour annoncer à ses parents qu'elle allait épouser un de ceux que dans sa famille on appelait les sales moineaux. Sa mère se trouva mal, ses sœurs s'écrièrent qu'elle était devenue folle, son père s'exclama : « Qu'est-ce que j'ai fait au Ciel pour être puni comme ça ? » Même ses amies lui conseillaient d'éviter la précipitation : *love is blind* et elle risquait d'être bientôt trompée dans ses espérances. Mais elle était fermement résolue à organiser au plus vite des noces fastueuses, avec au moins cent invités (elle louerait les services de maîtres d'hôtel qui ne dépareraient pas la noble assemblée). Jean se demandait comment il se pouvait qu'Antoine ne se soit pas refusé à une telle cérémonie. Peut-être que cela l'amusait de se frotter à de bons gros notables qui le jaugeraient du haut de leur grandeur. Peut-être qu'il désirait voir s'il était un de ces babouins qui se soumettaient au protocole, s'il tiendrait le choc en cas d'attaque frontale d'une méchante langue, si son beau-père ferait semblant d'être prévenant envers lui, puisqu'il fallait bien l'être envers son gendre, maintenant que sa stupide fille lui avait imposé une mésalliance, si les Rouennais feraient les farauds devant les Havrais, si ces provinciaux critiqueraient en chœur le parisianisme, si ce serait *shocking* de révéler qu'il avait comme grand-père un sous-prolétaire venu du Vietnam et presque analphabète à son arrivée en France…

Sorel n'était pas encore ce démolisseur déterminé à pulvériser toutes les normes. Et peut-être qu'Isabelle l'avait convaincu de jouer à l'homme du monde l'espace de quelques heures, cela ne lui coûterait rien, à lui, et cela la mettrait au comble de la joie, parce qu'elle avait l'intention de montrer à l'assistance qu'il pouvait se plier aux usages de la bonne société, être d'une exquise courtoisie lorsqu'on le traitait d'égal à égal, avoir du savoir-plaire et lancer des reparties pleines de sel sans être un faiseur de boutades s'évertuant à mettre les rieurs de son côté. Peut-être aussi qu'il était ému par les efforts qu'elle avait déployés pour le faire admettre dans sa famille. Quoi qu'il en soit, il s'était marié en grande pompe, il n'avait été ni taciturne ni discourtois envers les hôtes d'Isabelle qui, venus avec beaucoup de préjugés contre lui, se surprenaient à ne pas lui être tout à fait défavorables et disaient à mi-voix entre eux que, pour un fils de postier, il n'avait pas de trop mauvaises manières.

Jean, qui redoutait que son frère, déchiqueté, ne fasse un éclat, se rappelait que celui-ci n'avait bu que modérément, qu'il avait même dansé en prenant par la taille une Isabelle radieuse dans sa robe blanche, et qui bien entendu répétait à ses amies : « C'est le plus beau jour de ma vie. » Sa mère avait failli gâter son plaisir en lui signalant qu'elle avait fait le thème astral d'Antoine et qu'il n'en sortait rien de bon : Saturne gouvernait son signe, le prédisposant à la neurasthénie. Sa route serait jalonnée d'obstacles. Il lui faudrait une certaine pugnacité s'il ne voulait pas aller droit à l'abîme. Dans quelle galère s'était-elle laissé embarquer ? Comme s'il n'y avait pas à Rouen de beaux partis ! Enfin, ce qui était fait était fait, il ne restait qu'à prier Dieu que d'un mal elle ne tombe pas dans un pire, qu'après avoir épousé le petit-fils d'un ouvrier, elle ne se ruine pas pour lui. Ses sœurs, elles, avaient regardé Claude et Jean de bas en haut (hum ! un garagiste qui devait avoir tout le temps les mains noircies et un informaticien pas encore au sommet de la hiérarchie) et ne leur avaient parlé qu'avec des airs de grandes dames s'adressant à des rustres. Seul le père d'Isabelle affectait d'être bonhomme, s'enquérait si le garage de Claude tournait bien, si Jean avait initié Antoine à l'informatique, versait du vin à la mère du marié en lui assurant que c'était toujours bon de lever le coude, blaguait et riait de ses propres blagues, allait des uns aux autres en se réjouissant que la fête soit si réussie, que les bonnes familles de Rouen n'aient pas fait défection, que les femmes présentes portent des toilettes si raffinées, que les mets servis soient si délicats, que tout le monde s'émoustille et communique son entrain.

Le lendemain, Antoine partit avec Isabelle pour l'Italie. Jean le croyait libéré de ses démons : il avait plusieurs fois été témoin de scènes où son frère paraissait sous l'empire d'une puissance maligne. Il criait qu'il en avait assez de cette vie. Il y mettrait un terme si seulement il avait du courage. Même les livres ne lui apportaient plus de réconfort. Il cherchait toujours dans les classiques lus et relus une raison de se cramponner à l'illusion qu'il avait une mission à accomplir sur terre, que sa folie d'écrire se légitimait, que tout n'était pas perdu tant qu'il trouvait les mots pour, au-dedans, imposer silence à ses terreurs et, au-dehors, faire la guerre à l'hypocrisie. Mais, à trente ans, il avait déjà le sentiment d'être « fini de corps et de cœur », disait-il en reprenant une expression de… Jean ne savait plus qui. Ses années de misère l'avaient vidé de toutes ses forces. L'écrivain qui se passait d'argent parce qu'il se repaissait de rêves d'immortalité était un mythe. Lui, avait vécu toute une décennie en n'ayant parfois même pas de quoi se nourrir et il avait écrit ses livres à des moments où il lui semblait préférable de se tirer une balle dans la tempe plutôt que de se survivre ainsi. S'il ne mourait pas tout de suite, il faudrait du moins qu'il ne participe plus à la foire aux vanités, qu'il ne recherche plus, comme les jeunes auteurs impatients d'être sur le devant de la scène, ces petites satisfactions qu'il avait éprouvées en lisant les recensions dithyrambiques à son endroit. Il s'en voulait de n'avoir pas toujours joué gros jeu à ses débuts. Ses deux premiers romans n'étaient pas suffisamment audacieux, regrettait-il. Il était son juge le moins indulgent, il ne se prenait pas pour quelqu'un d'unique en son genre, mais il n'avait pas non plus la fausse modestie des quêteurs de compliments. Il ne se comportait pas en homme qui aurait été loti de grands dons et se serait senti nanti de quelque supériorité. Il ne s'était jamais répandu en doléances quand il était talonné par des huissiers, il n'avait jamais joué les victimes du philistinisme lorsque ses livres étaient restés sans écho. Chaque fois qu'il était au trente-sixième dessous, il se terrait chez lui, débranchait son téléphone après avoir prévenu ses frères qu'il avait besoin d'être seul et, pendant des jours, faisait l'impossible pour vaincre son aboulie sans assommer qui que ce soit avec ses plaintes. Il se fiait à sa capacité de résistance : elle ne le trahissait que s'il ne galvanisait pas ses énergies en créant. Ses œuvres étaient nées de ces heures d'anéantissant découragement.

Jean me confia, un brin penaud, qu'il n'avait pas vraiment tiré de leçons des livres d'Antoine. Il n'avait pas, comme son père, peur d'être différent, mais il avait les mêmes envies que la plupart des gens, une façon de vivre pareille à celle de tous les cadres d'une multinationale, son intérêt pour l'art ne consistait qu'à visiter trois ou quatre fois l'an des expositions, à jeter un coup d'œil aux ouvrages dont il était dit dans la presse qu'ils devaient faire partie d'une bibliothèque idéale. Claude était encore moins mordu de littérature. Adolescent, il avait dévoré les récits de Lovecraft mais, devenu garagiste, il s'en était désintéressé, il n'avait plus le temps de bouquiner. Tous deux n'en étaient pas moins fiers de secourir leur frère quand il était dans la gêne, de se dire que leurs économies servaient à quelque chose de magnifique, même s'ils n'avaient pas une idée bien précise de ce que c'était.

Mais maintenant, Claude était au cimetière, Antoine s'était défenestré, Jean n'avait plus que son père, avec qui aucun dialogue n'était possible. Lorsqu'il se rendait chez celui-ci, rue Édouard-Vaillant, il ne pouvait pas ne pas penser à ses frères, morts trop tôt, et tout lui revenait, les jeux qu'ils inventaient, gamins, leurs fous rires quand ils faisaient des singeries, leurs larmes quand

Martin les frappait, les albums de coloriages qu'ils s'achetaient en soutirant quelques francs à leur mère, les Lucky Luke qu'ils empruntaient à leurs copains, les images qu'ils échangeaient contre des barres de chocolat, les films d'animation qu'ils ne manquaient jamais à la télévision (surtout *Albator, corsaire de l'espace*), les livres de voyage qu'ils compulsaient à la bibliothèque, les exercices de grammaire qui étaient pour Antoine d'une simplicité enfantine, les devoirs d'algèbre qui étaient pour lui rebutants, les expériences de chimie auxquelles ils se livraient en mélangeant des produits toxiques, les après-midi où ils n'avaient pas classe et où ils écrivaient à trois des histoires d'Arsène Lupin, leurs lectures à haute voix des exploits des trois mousquetaires, leurs balades en ville, quand ils prenaient le bus n° 10 qui les déposait non loin de la grande mairie. Là, ils s'offraient des pralinés et les croquaient en traînaillant, les poings dans les poches, près des Halles, ou bien ils allaient jusqu'au phare et regardaient passer les bateaux.

J'avais écouté Jean jusqu'à quatre heures du matin. En quittant *L'Eau Tarie*, nous avions mis le cap sur la promenade des Régates pour y dîner dans un restaurant de poissons, puis nous avions fini la soirée dans un bar près de la plage, où une dizaine de jeunes enterraient la vie de garçon de l'un d'entre eux. La musique et leurs rires bruyants couvraient un peu la voix de Jean. Il m'affirma qu'Isabelle aurait bien des choses à me dire sur Antoine. Après tout, elle était restée avec lui presque trois ans. Jean et elle s'envoyaient encore de loin en loin des mails. Elle ne me dissimulerait certainement rien si je venais de la part de son ancien beau-frère.

En me réveillant au point du jour, j'adressai à Isabelle un message où je me bornai à résumer en quelques mots ma requête : lecteur de Sorel, je menais l'enquête auprès de ceux qui l'avaient connu, tout en étant indécis quant à la façon dont je tirerais parti des propos recueillis. La réponse, très longue, arriva huit heures après. Isabelle s'était remariée dix ans auparavant avec un inspecteur de l'Académie, était mère de trois blondinets, avait réalisé son vieux projet, qui était de vivre à la campagne, dans la propriété de ses grands-parents. Antoine, pour elle, appartenait à des temps préhistoriques. Elle ne souhaitait pas revenir sur ce passé. Elle avait gâché trois années de sa vie et pour quoi, en fin de compte ? Pour retenir un homme qui l'avait coupée de ses amis, empêchée de s'épanouir socialement, torturée en se montrant d'une grande froideur et en ne se vouant qu'à son art, elle comptait pour zéro, elle n'était bonne qu'à cracher du fric lorsqu'il lorgnait des livres rares ou lorsqu'il était temps de payer l'ardoise laissée dans les pubs.

Les premiers mois, elle faisait en sorte que leur couple soit aux yeux du monde un couple qu'on jalousait : comme c'était romantique, la passion de la fille d'un commerçant opulent pour un poète sans le sou ! Ils devaient se promener main dans la main au clair de lune, il devait lui lire des pages de son roman, au rythme d'un nocturne de Chopin, ils devaient avoir des conversations élevées, ils devaient s'aimer de façon absolue… Elle taisait la vérité, à savoir que pour ce qui était du romantisme, elle pouvait repasser. Antoine avait un caractère de chien, il était à peine poli avec les invités qu'elle recevait, quand il ne faisait pas un scandale parce qu'il avait la manie de la persécution et qu'il se croyait la cible de moqueries. Il la persiflait toutes les fois où elle parlait littérature, toutes les fois où, après être allée écouter des philosophes débattre dans un amphithéâtre, elle s'extasiait sur leur érudition. Il lui répétait que la conjugalité lui avait été préjudiciable : il travaillait mieux lorsqu'il n'avait pas constamment à ses côtés une femme qui l'ennuyait avec ses « Tu m'aimes ? » et ses « Et si on allait ce printemps à la Scala de Milan pour fêter l'anniversaire de notre rencontre ? ». Il se liait au cours de ses vagabondages avec des dockers qui sentaient le bouc, ou des clodos qui puaient l'alcool à plein nez, il les emmenait chez elle à des heures impossibles (elle écrivait « chez moi » et non « chez nous »), et il fallait qu'elle les mette dehors avant qu'ils réveillent tout le voisinage en vociférant.

Il n'était pas facile à vivre, il avait avec elle le ton coupant du seigneur qui condescendait à l'instruire sur les arcanes de l'art, car ses chères amies étaient des Mme Homais. Elle lui aurait pardonné d'être aussi dédaigneux, s'il n'avait pas refusé de procréer. Sans être bêtement moutonne, elle voulait, à vingt-six ans, se fixer un but en ayant des bébés. Mais il lui répondait qu'il ne jetterait pas des enfants dans ce *monde immonde*. Elle n'avait plus qu'à se traiter d'imbécile, qui voyait petit, alors qu'elle avait le privilège de partager le quotidien d'un créateur. Pour se distraire dans cette ville sans divertissement, cette ville où les pluies automnales étaient si pénétrantes, il ne lui restait que ses lunchs du mercredi, la visite de sa mère et de ses sœurs, ses brunchs le dimanche dans un salon de thé de l'avenue Foch. Elle y retrouvait quelques Havraises qui employaient des formules telles que : « C'est du travail d'Arabe », « Soûl comme un Polack », « Sournois comme un Asiate », et qui, toutes mielleuses, lui demandaient : « À quand l'heureux événement ? » Bafouillant, elle prétendait qu'Antoine et elle tenaient à profiter encore un peu de leur liberté, mais elle pensait qu'elle mentait mal, qu'elle avait fait une erreur en courant après Sorel, que les artistes étaient d'un égoïsme monstrueux. Antoine, tout à ses créations, ne faisait rien pour qu'elle ait des motifs de se louer de l'avoir choisi ou de se sentir simplement moins accablée. Les deux dernières années avec lui avaient été des plus pénibles. Elle allait souvent à Rouen, car il se claustrait des semaines dans son bureau et n'en sortait que pour disparaître elle ne savait où, elle ne conviait plus ses connaissances à de grands dîners, car toute mondanité le suppliciait. L'été, ils ne partaient nulle part (sauf une fois à Copenhague), car il avait la phobie de la foule de vacanciers qui transpiraient au soleil, la peau huileuse et les orteils enfouis dans le sable. L'hiver, ils faisaient quelquefois de brefs séjours à Paris, mais cela ne les rapprochait pas, il la laissait tous les soirs à l'hôtel et courait à la rue de la Soif. Au restaurant, ils déjeunaient en silence, comme tous ces couples mariés qui n'ont plus rien à se dire, même pas des banalités : « Il y aura de la neige cette nuit », « Ce tiramisu est un régal », « L'air est trop pollué ici, on respire mieux en Normandie »... Elle les aurait bien proférées, ces banalités, pour que les serveurs ne les rangent pas, Antoine et elle, dans la catégorie des gens qui s'embêtent ensemble, mais elle se retenait. À quoi bon ? Cela se voyait qu'ils n'étaient pas Roméo et Juliette. Elle ne prenait plus la peine de sauver la face.

Si c'était à refaire, elle se crèverait plutôt un œil que de s'allier à un écrivain. Elle n'en dirait pas plus pour ne pas avoir l'air de diffamer Antoine, elle avait du respect pour les morts, surtout pour les *malheureux* qui s'étaient supprimés. Elle ne me cacherait pas qu'elle s'attendait à ce que Sorel en finisse de cette manière ou d'une autre. Elle ressentait de la pitié à son égard, bien qu'elle n'aime pas se rappeler qu'elle avait été sa femme. Pour elle il n'avait pas eu une belle vie, même s'il n'était pas un romancier négligeable. À force de se retirer loin de tous, il n'avait plus eu qu'à prendre une décision extrême. Mais elle n'avait pas pleuré sur lui quand la nouvelle lui était parvenue. Elle ne se perdait plus depuis longtemps en vains regrets. Après avoir quitté Sorel, elle avait poussé un vrai soupir de soulagement, comme si elle était enfin délivrée. Il n'était plus nécessaire de jouer celle qui avait des lettres, celle qui lisait Cioran et était persuadée que tout ce que nous entreprenons, absurdement, c'est pour fuir la catastrophe de la naissance, celle qui ne se cultivait pas par snobisme mais parce que le goût d'apprendre était inné en elle, celle qui se glorifiait d'être la compagne d'un poète, si méconnu soit-il. Elle avait cru que, en se mettant à la hauteur d'Antoine, si hors du commun, elle ne voudrait rien qui ne sorte pas de l'ordinaire. Ses yeux s'étaient dessillés une fois qu'elle avait appris à le connaître, et maintenant qu'elle menait une autre vie, elle était bien plus apaisée que quand elle tâchait de se rallier au parti des penseurs hétérodoxes.

Elle me priait de ne pas faire état de ce mail si jamais je consacrais un livre à Sorel. Son mari n'apprécierait pas qu'elle y figure. Ou alors, qu'au moins je la renomme. (Je déférai à son vœu lorsque je mis au propre mes notes, elle ne s'appelait pas en réalité Isabelle, elle était toutefois reconnaissable pour qui avait été un de ses familiers. Je n'aurais pas dû retranscrire son long message, mais il était si révélateur que je négligeai ses recommandations.) Elle conclut en me disant que, depuis son remariage, elle n'avait plus continué à lire Sorel, sa pulsion d'autoconservation lui avait commandé d'occulter les souvenirs douloureux liés à cette période de sa jeunesse où elle n'avait été pour lui qu'une présence gênante, où elle s'était sentie diminuée, réduite à rien. Il lui avait fallu des mois et des mois pour comprendre qu'elle s'était méprise sur Antoine. Il était mal avec lui-même, et donc ne pouvait avoir que des rapports conflictuels avec les autres, et en premier lieu avec elle, puisque, selon lui, il s'était laissé piéger et n'avait plus été qu'une espèce de gigolo, qui lui extorquait quelques billets pour courir les bars. Voilà tout ce qu'elle avait à me dire, elle s'était déjà trop appesantie sur le sujet. À moi de ne pas dénaturer ce que, ingénument, elle m'avait confié. Son mail s'achevait de cette façon quelque peu abrupte, comme si elle se repentait de s'être épanchée. Je la rassurai par quelques lignes où, en bon filou, je restai assez vague afin de me laisser la latitude d'exploiter sa confession. Notre correspondance ne se poursuivit pas. Elle ne répondit plus du tout à mes mails et tout contact fut rompu.

Jean Tran, en revanche, m'inonda de messages, rectifiant certains de ses dires, clarifiant certains de ses propos, et m'implorant aussi de ne pas ternir la mémoire de son frère, quoi que j'entende au cours de mes investigations. Sorel n'était pas un saint, mais il n'avait fait de mal à personne. Jean se tracassait pour ce que pourrait me dire son père au sujet d'Antoine, il redoutait qu'il ne l'éreinte, puisqu'il avait toujours réprouvé ses choix. Il m'avait envoyé dans un de ses mails le numéro de téléphone du vieux Tran, tout en me conjurant de prendre avec des pincettes les confidences que ce dernier pourrait me faire.

Je tardai à appeler Martin Tran. Auparavant, j'allai rue Édouard-Vaillant. Quelques gamins faisaient du roller devant le 17, le petit immeuble où il vivait. D'autres tapaient dans un ballon en se bousculant. Les géraniums aux fenêtres des derniers étages étaient tout fanés. Le quartier semblait presque désert. Les rares passants étaient pressés de se mettre à l'abri, car des pluies s'annonçaient. Je me demandais comment Martin occupait son temps, maintenant qu'il était à la retraite. Comme ces petits vieux condamnés à la solitude et au désœuvrement, il devait avoir de longues matinées où, après avoir épousseté les meubles et arrosé les ficus, il somnolait devant la télévision ou se préparait des œufs brouillés. J'étais curieux de savoir si Sorel lui ressemblait et si ce père peu aimant (c'était le moins qu'on puisse dire) avait, après la mort de son aîné, lu les livres que celui-ci avait publiés depuis l'âge de vingt-cinq ans. Je passai en voiture plusieurs fois devant l'immeuble de Martin Tran sans même m'arrêter pour voir à quel étage il habitait. Je remettais toujours au lendemain le moment de lui téléphoner. Je m'attendais à ce qu'il accueille ma demande par une rebuffade, m'envoyant promener de la façon la plus rude. Jean m'avait prévenu qu'il ne mâchait pas ses mots quand on lui parlait de Sorel. Je ne me décidai donc à l'appeler qu'au bout de plusieurs jours d'hésitation, sans rien espérer de l'entrevue qui peut-être en résulterait.

Dans son rez-de-chaussée dont les fenêtres s'ouvraient sur un parking, Martin Tran m'accueillit par ces mots : « C'est donc vous, le fan de mon scribouillard de fils ! » À soixante-six ans, il n'avait presque pas de cheveux blancs, ne paraissait ni en mauvaise santé ni abattu, bien qu'il ait perdu sa femme et deux de ses enfants. Il n'était pas très grand, mais ne s'était pas tassé avec l'âge, il portait une chemise d'un bleu délavé, un pantalon tombant, qui faisait des bosses aux genoux et lui aurait donné l'air d'un Charlot s'il avait été moins renfrogné. Il s'assura du regard que dans le hall de l'immeuble ne rôdaient pas des individus suspects, puis referma vite la porte à double tour après m'avoir fait entrer et m'avoir dit que mieux valait être sur ses gardes : un de ses voisins avait eu hier avec des voyous une empoignade qui s'était mal terminée pour lui – il avait dû aller à l'hôpital, où on lui avait fait trois points de suture.

Le salon était sale et en désordre. Il sentait le tabac froid et le graillon. Un ventilateur tournait, sans chasser ces relents. La brise gonflait les voilages, qui étaient plus gris que blancs. Le tapis en jute, souillé de taches de boue, montrait la corde. Deux chemises au col jaunâtre gisaient en travers du canapé, entre deux piles de mouchoirs à carreaux mal pliés. Le cendrier au milieu de la table basse débordait de mégots. Une assiette et un bol pas lavés traînaient sur une chaise, à côté d'un torchon roulé en boule et noir de crasse. Au pied des meubles il y avait des piles de journaux tout froissés.

Martin Tran vivait dans un complet laisser-aller, mais aussi dans une grande méfiance à l'égard de tout étranger. Au téléphone déjà, j'avais senti sa méfiance. Il avait décroché sans dire « Allô ? ». Je lançai : « Monsieur Tran ? » Silence au bout du fil. J'entendis le son de sa voix seulement quand je précisai : « Monsieur *Martin* Tran ? » Il émit un « Oui » indistinct. Je lui dis juste que j'étais journaliste. Il me coupa d'un tonitruant : « Que voulez-vous ? » Je prononçai le nom d'Antoine. Il y eut de nouveau un long silence. Ce ne fut pas sans mal que je parvins à le convaincre de m'accorder un moment, il n'y consentit qu'après m'avoir longuement écouté. Il me demanda de venir le matin et de lui apporter le dernier numéro de l'hebdomadaire pour lequel je travaillais (j'avais prétendu que j'étais en service commandé, envoyé par mon rédacteur en chef afin de préparer un papier sur Sorel).

Martin Tran resta un certain temps debout au milieu du salon, ne me parlant pas, se grattant le dos, s'éclaircissant la gorge. Il regrettait sûrement déjà de m'avoir fait entrer chez lui. Il était de ces hommes teigneux qui, en prenant de l'âge, le devenaient encore davantage et donnaient libre cours à leur hargne dès qu'ils ne se sentaient pas tenus de feindre la politesse. Je n'étais pas en droit d'exiger qu'il rengaine sa mauvaise humeur. Jean Tran m'avait prévenu : son père était une pelote d'épingles et, lorsqu'il était question d'Antoine, il n'en finissait pas de bougonner. Il n'avait pas à se montrer avenant avec moi, qui n'étais peut-être qu'un pigiste en mal de copie, en tout cas certainement pas une grande signature dont les dévoreurs de journaux ne manquaient aucune chronique. S'étirant, Martin planta son regard droit dans le mien et me dit qu'il n'avait pas beaucoup de temps à me consacrer. Cela sous-entendait que, même s'il avait quelques heures à perdre, il ne les passerait qu'à contrecœur avec moi, pour qui il semblait avoir une aversion instinctive. Si j'avais eu un nom dans le milieu journalistique, je ne me serais pas abaissé à jouer les apprentis limiers, interrogeant les proches d'un écrivain totalement ignoré de la grande masse des lecteurs pour lui donner le lustre qu'il n'avait jamais eu. Si je n'étais pas un ambitieux convaincu d'avoir trouvé en Sorel un sujet qui lui vaudrait de passer du statut de journaliste à celui d'auteur, je n'aurais pas harcelé tout le monde jusqu'à ce qu'on me fournisse quelques renseignements sur celui qui n'avait même pas suscité de réel intérêt au lendemain de son suicide. Si j'avais eu un peu de décence, je n'aurais pas sonné à toutes les portes afin qu'on me dise pourquoi Antoine s'était donné la mort. C'était beaucoup de bruit pour rien. Son fils méritait-il tant de zèle ? Tout ce ramdam que j'avais fait autour de lui était insupportable (en avais-je fait vraiment en mettant une annonce et en passant quelques coups de fil ?) Les survivants n'avaient pas à se justifier de n'avoir pas empêché un pauvre diable de mettre fin à ses jours ni à se disculper en l'exaltant. Martin ne dirait donc rien qui puisse me servir, à moi qui, mon magnétophone sous le bras, comptais bien « boucler » des interviews assez substantielles pour me permettre d'arranger la réalité et d'écrire un livre où

Antoine apparaîtrait comme un héros mal compris de ses contemporains, où ceux qui avaient été en relation avec lui, conscients de leur infériorité, lui rendraient gloire, et où son père reconnaîtrait sa responsabilité dans la tragédie survenue. Mais non, ce vieillard prêt à me gratifier de son acrimonie soutiendrait jusqu'au bout qu'il n'y était pour rien, quoi que j'en pense, et tout le monde savait combien l'imagination de certains journalistes était malsaine. En plus d'être un blanc-bec qu'il faudrait renvoyer à ses chères études, je ne devais être à ses yeux qu'un inoccupé qui ne savait que faire de son mois de juillet, un Parisien des beaux quartiers qui ne supporterait pas de vivre trois jours dans une HLM de la banlieue havraise, un « fouille-merde » qui ne se serait jamais intéressé à son fils s'il ne s'était pas jeté de son sixième étage, un nécrophage donc, à ne pas encourager dans son projet, car il n'était pas, quant à lui, attiré par le morbide. Antoine était mort. Ce n'était pas la peine de revenir sur les raisons qui l'avaient conduit à en finir. D'ailleurs, lui, Martin, n'en avait aucune idée. Cela faisait un quart de siècle que, sauf deux ou trois fois, il n'avait plus eu affaire à Antoine. Il ne pensait à lui qu'en déplorant qu'il soit resté au Havre, car il aurait préféré qu'ils n'habitent plus la même ville, où on lui demandait sans cesse ce qui était arrivé à son aîné pour qu'il ressemble ainsi à une espèce de cloche. Lui, n'avait jamais été riche, mais il n'avait jamais manqué de dignité. Il n'avait jamais prêté le flanc à la médisance, contrairement à Antoine. Sa mère en était assez peinée. À la fin de sa vie, elle se plaignait tout le temps de n'avoir pas un fils aîné dont elle aurait l'orgueil. Elle se plaignait devant ses voisines, lorsqu'elle hésitait moins à entretenir avec elles des relations familières et qu'elles lui demandaient où était parti Antoine, pourquoi il n'avait pas continué ses études. Elle se plaignait devant Claude, qui lui répétait qu'il ne connaissait rien à la littérature, mais qu'Antoine, selon lui, était un vrai écrivain. Elle se plaignait devant Jean, qui lui disait de ne pas avoir autant d'idées toutes faites sur les artistes, ceux du moins qui souffraient déjà d'être rejetés dans les marges. Elle se plaignait devant son mari, qui était encore plus atterré qu'elle. Tous deux se désolaient de ce qu'ils appelaient le ratage d'Antoine. Louise doutait qu'il puisse sortir de cette impasse. Martin était le type même du père qui ne souhaitait à ses fils que de vivre une petite vie douillette, avec ce qu'il fallait d'argent pour ne pas être regardés de haut, et surtout ce qu'il fallait de malléabilité pour complaire aux puissants. S'il avait lu les romans d'Antoine, il y aurait découvert que celui-ci avait écrit contre l'auteur de ses jours, contre ce que celui-ci lui avait inculqué, contre ce qui l'avait détruit petit à petit. Mais Martin n'en voulait rien savoir. Selon lui, à en croire les mails de son fils cadet, Sorel n'avait pas réussi sa vie, sinon il ne se serait pas tué. Il s'était en quelque sorte puni de n'avoir pas été l'honneur de ses parents et de n'avoir pas su faire fortune. Un écrivain dans la famille ! Et un écrivain dont la foule ne se disputait pas les productions ! Toujours d'après les mails de Jean Tran, le père avait accueilli la nouvelle du suicide d'Antoine sans trahir la moindre émotion, comme si depuis toujours il s'y était attendu ou comme si cela faisait des années que ce fils n'en était plus un. Antoine, dès lors qu'il avait déserté la maison familiale et pris des chemins qui le menaient loin de ce que ses parents avaient rêvé pour lui, n'existait plus à ses yeux.

Après avoir enlevé le bol et l'assiette où les traces de son petit déjeuner étaient encore visibles, Martin Tran me dit de prendre place sur la chaise qu'il essuya avec le torchon, fourré ensuite entre les deux coussins du canapé. Il me scruta, l'air de se demander quel était le but de ma visite. Pourquoi avais-je débarqué au Havre, cherchant des « connexions » ? dit-il en me jetant un regard noir. Y avait-il des gens disposés à parler d'Antoine ? Ces gens-là seraient-ils sincères ou bien débiteraient-ils des âneries, pourvu que je leur prête une oreille attentive ? Ces gens-là ne se donneraient-ils pas le beau rôle en prétendant avoir mieux connu Antoine que quiconque et avoir volé plus d'une fois à son secours ? Ces gens-là ne déformeraient-ils pas les faits pour le charger, lui, le père qui avait pourtant tout fait afin que son fils soit « quelqu'un de respectable » ? Était-il possible que ce soit dans mes vues d'enregistrer ce que des témoins, pas toujours fiables, avaient à dire au sujet d'un écrivain qui n'avait jamais eu le suffrage d'une foule immense, et d'en faire la matière d'un livre (j'avais fini par avouer au vieux Tran que tel était mon projet) ? Un livre de cette sorte aurait-il un quelconque intérêt aux yeux des lecteurs moyens, qui ne se passionnaient que pour les auteurs populaires ? Comment pouvais-je faire le portrait de son fils qui n'avait jamais eu de succès ? D'un dément peut-être, qui aurait dû être enfermé ? Et allais-je transcrire fidèlement les propos du père lorsqu'il dirait sans détour que Sorel n'était qu'un gribouilleur, car s'il ne l'était pas, il aurait bien vendu ses romans ? Martin ne pouvait concevoir que je sois si pénétré d'admiration pour Antoine que depuis plusieurs mois je le lisais et le relisais. J'avais pris mes quartiers dans sa ville natale, je me proposais de recueillir le plus de témoignages possible à son sujet et je me sentais comme investi d'une mission : celle d'écrire sur lui de manière à ce que, créateur de personnages inoubliables, il devienne à son tour le protagoniste d'un livre assez surprenant pour éveiller la curiosité. J'avais hâte d'entendre même ceux aux yeux de qui il n'était qu'un hurluberlu, hâte d'entendre même son vieux ronchon de père, d'après qui ses ouvrages ne valaient assurément rien, puisqu'ils ne lui avaient pas rapporté de quoi vivre décemment. Seuls des détraqués y trouvaient leur bonheur, les gens sains d'esprit ne voulaient pas de cette nourriture-là. Qu'espérais-je de lui, Martin ? Il était bien le père d'Antoine, mais il y avait un monde entre eux deux. Il aurait été stupéfait si on lui avait dit qu'un journaliste viendrait un jour enquêter sur ce fils qu'il avait renié depuis des lustres. Il aurait été encore plus stupéfait si on lui avait dit que pour moi ce fils n'aurait pu être ce qu'il avait été sans défier son père en étant un humaniste dressé contre la stricte observance des codes sociaux et le suivisme des frileux, tourmentés à la fois par l'envie de se faire une place parmi les grosses pointures et la crainte de ne pas être acceptés. Sorel s'était formé en s'opposant à son père et, s'il n'avait eu soin de ne pas lui emboîter le pas, il n'aurait peut-être pas été aussi virulent. Ce n'était pas une lutte œdipienne, mais c'en était quand même une où il était question de vie et de mort. La littérature avait été l'arme avec laquelle il s'était défendu pour ne pas être happé par le père, pour n'être ni un fils réglant ses comptes ni une gale crachant sur ses semblables. Et dans cette lutte, le fils avait perdu, puisqu'un soir il s'était tué.

Martin Tran pensait-il au suicide d'Antoine en cette matinée de juillet où il me recevait ? Cela faisait seulement cinq mois que Sorel s'était défenestré. Un père, quand bien même il aurait un cœur de bronze, ne pouvait que se poser des questions. Martin n'avait pas l'air de s'en poser, et c'était avec un air ricaneur qu'il avait dit « mon scribouillard de fils ». Il donnait l'impression de regarder la triste fin d'Antoine comme un événement dont il fallait minimiser l'importance, de se contreficher de ce qui se rapportait à son aîné et de maugréer *in petto* contre tout visiteur. Je n'étais pas très à l'aise face à lui. Il m'avait presque arraché des mains le magazine que je lui avais apporté, y avait jeté un œil en reniflant et en tordant la bouche, comme si tous ces articles à propos des élections qui se préparaient le débectaient.

Il me brossa un tableau noir de l'état de la France, livrée à des concussionnaires, affaiblie parce qu'elle n'avait plus ses colonies (il était de cette génération qui se souvenait encore de la guerre d'Indochine et des faits d'armes de Bigeard, que certains journaux appelaient le centurion et à qui lui-même décernait le titre de « valeureux patriote anticommuniste », calomnié par des renégats qui l'accusaient d'avoir pratiqué la torture), une France affaiblie aussi parce qu'il était bien révolu, le temps où la civilisation française rayonnait de par le monde : la France n'était plus une puissance à laquelle on était fier d'appartenir, elle s'était trop laissé envahir par des « venus d'on ne savait où », dit-il en fronçant le nez et en reprenant l'expression de sa grand-mère. Est-ce que son scribouillard de fils parlait de ça, dans ses livres, de cette France où il ne resterait bientôt plus grand-chose de ce qui avait fait jadis sa suprématie, où la situation économique se dégradait de jour en jour, et où les gouvernants se contentaient de rafistolages, qui ne résolvaient pas quoi que ce soit ?

Martin Tran monologuait comme si, tout en ne pouvant pas m'encaisser, il n'attendait que ma visite pour se soulager, maintenant qu'il n'avait plus d'auditeurs, puisque sa femme était morte et que son dernier fils n'était qu'à moitié là quand il venait. Bien calé dans son fauteuil, il marmonnait sur le ton d'un vieux râleur que tout excédait : Dieu soit loué, Le Havre n'était plus une ville rouge. C'était grâce à la nouvelle municipalité, de droite, que ce port avait été inscrit au patrimoine mondial de l'humanité et qu'il était devenu une station balnéaire pleine d'attraits pour les touristes. Mais des quartiers comme Caucriauville n'avaient pas été réhabilités (« Vous avez vu les façades non ravalées, les boîtes aux lettres défoncées, les tags dans les couloirs, les vitres brisées, les ordures balancées par les fenêtres ? »). Il n'y avait rien qui ne soit pas saccagé, les incendies de voitures s'y multipliaient au réveillon du jour de l'An, les deux tiers des habitants de ces cités étaient au chômage et ceux qui avaient un peu d'argent pour se divertir ne trouvaient même pas un cinéma à proximité (à dire vrai, de toute sa vie il n'était pas entré plus de cinq fois dans une salle obscure, et de toute façon il n'aimait que les comédies avec Louis de Funès ou des films du genre *Mission impossible*, les drames des cinéastes engagés, qui racontaient les malheurs des indigents, non merci ! La vie n'était déjà pas du gâteau, inutile d'en rajouter). Il y avait bien, comme distraction, les visites des missionnaires mormons en costume noir, cravate noire et chemise blanche, mais leur film sur Jésus, quelle barbe !

Caucriauville était à l'image d'une certaine France, qui s'appauvrissait de jour en jour et était tombée sous la loi des vendeurs de drogues, des Beurs bien décidés à se révolter contre la société et à foutre la pagaille. Il faudrait un Reagan ou un Bush pour sauver ce pays et y mettre de l'ordre. Les élus de droite comme de gauche ne tenaient aucune de leurs promesses. Le centre-ville avait été modernisé, mais le reste de l'agglomération était toujours dans un état d'abandon et de ruine. Il n'avait comme voisins que des Noirs qu'il ne pouvait pas voir, des musulmanes qu'il pouvait encore moins supporter, des chômeurs qui jouaient au poker ou picolaient dès huit heures du matin.

Avant, avec sa femme, il allait au marché le samedi et passait du temps à la cuisine. Ils achetaient des légumes qui n'étaient plus très frais et ils les faisaient mijoter dans une cocotte jusqu'à ce qu'ils aient une ratatouille. Conservée au frigo, elle leur tenait lieu de déjeuner pendant une semaine. Ou bien il emmenait Louise à la plage en été. Ils mangeaient un cornet de frites et faisaient trempette dans l'eau. Elle avait mal vieilli, elle était toute courbée, elle avait les cheveux clairsemés, le visage tout ridé, le dos endolori dès qu'elle soulevait un sac de pommes de terre. Elle et lui n'avaient plus de sujet de conversation, il ne faisait pas l'effort d'en chercher, elle disait toujours la même chose, sur ce qu'il y avait à faire à la maison et qui lui prenait de plus en plus de temps, sur la cherté de la vie, sur les magasins du Havre qu'elle fréquentait parce qu'ils étaient les moins chers et qui maintenant ne proposaient plus que de la camelote, sur les tours de Caucriauville où elle n'aurait pas aimé habiter, car il aurait suffi que l'ascenseur soit en panne pour qu'elle ne puisse plus descendre acheter du pain, sur les potins des voisines, sur la mauvaise tenue des nouvelles chanteuses qui passaient à la télévision, sur les émissions où elle pouvait glaner des connaissances… Elle radotait tellement que cela le mettait à bout, mais au moins en ce temps-là il ne dînait pas seul et elle lui trouvait des occupations, un robinet à réparer, un clou à fixer, le papier peint du salon à recoller, la peinture de l'entrée à refaire, des formulaires à remplir pour obtenir une HLM plus près du centre, de vieilles photos à classer (ils n'en avaient pas beaucoup, il n'avait pas souvent photographié ses enfants). Maintenant, lorsqu'il avait fini ses courses au supermarché, il ne savait plus comment meubler ses journées. Quand il était resté trop longtemps cloîtré, il faisait un saut jusqu'à la médiathèque du quartier, pour se dérouiller les jambes et y emprunter des magazines. Son plaisir, c'était d'aller de temps à autre manger une cassolette de fruits de mer au *Grignot*, près du Volcan, de suivre les émissions de téléréalité et de lire les faits divers dans les journaux.

À l'enterrement de sa femme, il n'y avait que lui et leurs fils (Claude et Jean seulement, Antoine n'était pas venu, et c'était mieux comme ça, car il n'aurait pas été dans le ton, il serait peut-être venu avec un de ces clochards qu'il aurait ramassés en route, il aurait peut-être pleuré comme un veau, lui qui avait donné tant de chagrin à la pauvre Louise). Elle n'avait pas été portée en terre par son père et sa mère, qui étaient pourtant encore de ce monde au moment de sa mise en bière. Ils étaient bien âgés et ils devaient mourir tous deux de vieillesse, sa mère précédant de peu son père dans le grand voyage. En se mariant, Louise s'était brouillée avec ses parents, qui voulaient qu'elle épouse un de leurs voisins, de vingt ans son aîné. C'était l'unique fois où elle s'était montrée désobéissante, mais cela avait suffi pour faire d'elle le vilain petit canard de la famille. Ses deux sœurs avaient des maris bien normands. Sans être très aisés, ils étaient propriétaires d'une maison et d'un terrain. Martin n'avait jamais vu ses beaux-parents. Ils avaient survécu presque deux ans à leur fille, mais depuis bien longtemps déjà, ils ne s'étaient plus préoccupés de son sort. Louise n'était jamais retournée à Bréauté-Beuzeville. Dès lors qu'elle était devenue mère, elle ne vivait qu'en essayant de compléter les revenus de Martin pour que ses fils ne soient pas privés de tout. Les années avaient passé, elle avait vieilli en n'ayant pas beaucoup de joies, mais elle trouvait déjà bien d'avoir trois repas par jour, un appartement pas trop délabré, deux fils qui avaient un salaire convenable et l'aidaient à oublier qu'elle ne comprenait rien à ce qui comptait pour l'aîné. À soixante ans, elle était comme une petite souris grise, elle trottait dans les rues de Caucriauville les jours où elle n'allait pas au marché avec Martin et où elle avait bien briqué le sol de leur deux pièces. Elle veillait toujours à ce que leur appartement soit propre : pas une miette par terre, pas un grain de poussière sur les meubles. Mais les dernières années, parfois, après avoir fait le ménage, elle restait assise près du radiateur et elle déraisonnait. Tout en tricotant des pulls pour ses fils, de petits pulls pour des bambins, alors qu'ils étaient de grands gaillards, elle disait qu'Antoine avait toujours dix ans, qu'elle devait lui préparer de la purée. Elle avait gardé les dessins qu'il avait faits, enfant, et lorsqu'elle n'avait plus eu de nouvelles de lui, elle les avait ressortis pour les punaiser les uns à côté des autres à un des murs de l'entrée, bien que Martin lui ait aussitôt demandé de les ôter de sa vue. Antoine dessinait beaucoup quand il était petit. Il reproduisait les lavis de Victor Hugo, il dessinait des gouffres, des tempêtes, des océans déchaînés. C'était noir, noir, mais surtout c'était du gaspillage de papier : même à la fête des mères, il était incapable d'offrir à la sienne quelque chose de coloré, quelque chose qui ne soit pas effrayant, dit Martin. Qu'est-ce qui se passait dans sa tête pour que, à huit ans déjà, il ait une vision aussi funèbre de tout ? Sa mère s'en inquiétait vivement. Et quand il avait quitté la maison, que de larmes elle avait versées ! Au bout de six mois, elle avait cherché à le voir et elle lui avait envoyé de l'argent, le peu d'argent qu'elle avait reçu en cousant des robes pour ses jeunes voisines qui lui apportaient des modèles à copier. Comme Martin, elle aurait tellement voulu que son aîné soit un fonctionnaire, le mari d'une Havraise pas trop pimbêche et le père de petits Normands bien élevés. Elle trouvait dommage que, avec son intelligence, il n'ait pas grimpé jusqu'aux sommets de la société, mais soit resté un rêvasseur dans la dèche. Les livres ne lui avaient pas porté chance, disait-elle. À force de les lire, il était devenu à demi fou. Si seulement il s'était borné à les lire, mais il s'était mis à en écrire. Elle qui ne lisait même pas les journaux, elle ne pouvait se figurer qu'on puisse vouer sa vie à la littérature. Comment se faisait-il qu'Antoine n'ait pas un métier comme en avaient ses connaissances ? Elle rougissait jusqu'au blanc des yeux lorsqu'on l'interrogeait sur lui. Et quand ses premiers romans étaient parus, quelques-uns lui avaient dit que « son » Antoine aurait bien du mal à faire « comme les Parisiens ». Elle n'avait même pas reçu ces romans, elle ne les aurait pas lus de toute manière, car elle désapprouvait qu'il se lance dans une carrière aussi risquée, la plupart des écrivains n'étant pour elle que des travailleurs précaires. Il aurait pu lui faire parvenir ces livres, histoire de donner de ses nouvelles, puisqu'il était parti vivre elle ne savait où. Mais non. Elle ne l'avait revu qu'à son mariage, parce que la mariée avait insisté pour que Martin et elle soient invités. Elle avait cru alors qu'il était tiré d'affaire et qu'il aurait la même vie que tout le monde. Mais au bout de trois ans, à la grande affliction de ses parents, il avait divorcé sans avoir eu d'enfant.

Louise était plus satisfaite de Claude et Jean, dit Martin. Au moins, ils gagnaient de quoi mener une existence où ils ne manquaient pas du nécessaire. Antoine, lui, était souvent à ce point désargenté qu'à trente-cinq ans encore il devait accepter de petits boulots peu rémunérateurs. Sa mère répétait qu'elle aimait ses trois fils sans avoir de préférence pour l'un ou pour l'autre, mais que l'aîné ne lui avait causé que des déceptions. Il s'était enfui loin de sa famille à dix-huit ans, et pour quoi ? Pour vivre moins bien qu'un romanichel. Il n'avait jamais eu un appartement habitable (si elle mettait à part les trois années où il avait vécu avec Isabelle), et Claude et Jean devaient sans arrêt l'aider à se remettre à flot. Pendant longtemps, elle s'était fait un sang d'encre à son sujet, au point que ses cheveux avaient blanchi prématurément. Elle lui en voulait d'avoir choisi de se faire écrivain, car d'un côté elle trouvait, comme son mari, que ce n'était pas un métier, et de l'autre cela la complexait vis-à-vis de lui : ceux qui avaient quelque chose à voir avec les livres étaient à ses yeux des êtres supérieurs, elle ne savait pas bien en quoi ils l'étaient, mais elle avait le sentiment, quand il était question d'eux, d'être minable et arriérée, infichue de faire une phrase correcte et de conjuguer le verbe avoir à tous les temps. Même son mari, qui ne lisait que la presse locale, lui paraissait beaucoup plus instruit qu'elle. Alors, quand elle avait appris qu'Antoine venait de publier un roman, elle en avait eu le cerveau tout retourné. Elle était encore plus tourneboulée lorsque des commères, lui rapportant qu'au lendemain de la parution d'un de ses livres, elles avaient vu Antoine sortir d'un bistrot avec des poivrots, compatissaient à ce qui était pour elles une véritable malchance : être la mère d'un *timbré*, qui offrait le spectacle d'une grande déchéance. S'il n'était pas en compagnie d'ivrognes, il traînassait ici et là, habillé n'importe comment. Martin se rappelait avec répugnance l'avoir aperçu une fois à la plage, près des friteries. Il avait une barbe de trois jours, des chaussures qui bâillaient et un T-shirt tout sali. Il venait de publier son troisième livre. On se serait attendu à ce qu'il fasse un peu attention à sa tenue, mais non, même ça, il s'en contrebalançait. Pas étonnant, dit Martin, qu'il n'ait jamais été auréolé de prestige, du moins aux yeux du lecteur ordinaire. Le père avait une certaine idée de ce que devait être un écrivain : un livre était un moyen comme un autre de se faire de l'argent et une place dans la société – pour cela, il ne fallait pas trop choquer le bourgeois. Le bourgeois, selon lui, était le pilier de la société, un guide qui traçait le chemin et montrait à chacun comment il devait se conduire afin d'être respecté. Le bourgeois, selon lui, était à imiter si l'on ne voulait pas finir dans les bas-fonds. Il n'avait pu en être un, c'est pourquoi il aurait tout donné pour que ses trois fils soient bien en cour même auprès de ceux qui, n'étant pas assez pourvus, n'appartenaient qu'à la moyenne bourgeoisie. Il aurait tout donné pour que ses trois fils, en occupant une position en vue, le dédommagent des affronts qui lui avaient été infligés. Ce n'était pas avec Antoine qu'il aurait eu sa revanche telle qu'il la concevait. Son scribouillard de fils, comme il disait, avait vécu en marge et tout ce qu'il écrivait était le contre-pied des partis pris de ceux qui, selon lui, contribuaient à perpétuer les iniquités en renforçant les barrières sociales, ceux qui, bouffis d'idées reçues, voudraient trouver en leurs prochains des clones d'eux-mêmes, se conformant comme eux aux règles les plus mutilantes, sans avoir conscience qu'ainsi ils n'avaient plus rien d'humain, qu'ils n'étaient plus que des automates, mis en branle par le seul esprit grégaire. Tout ce qu'il écrivait tendait à nous réveiller de cette léthargie hypnotique. Ils n'étaient cependant pas bien nombreux à chercher un contrepoison à leur passivité dans ses œuvres. Et Martin y voyait la preuve qu'elles n'avaient aucune valeur.

« Si encore ses livres s'étaient arrachés, mais ils étaient invendables », dit le vieux Tran, avant d'allumer une cigarette et de poursuivre : « Comme écrivain, il n'était connu que d'un tout petit cercle parisien. Au Havre, il n'était personne. Il aurait été bien vu s'il était resté marié à Isabelle. C'était une gentille fille. Je l'aimais bien. Elle m'appelait "Papa" et venait nous voir, Louise et moi, en disant qu'Antoine était inexcusable d'avoir rompu avec nous. À nos anniversaires, elle nous apportait du chocolat de chez un grand maître chocolatier et de gros bouquets de fleurs. Certains dimanches, elle passait nous prendre en voiture et nous emmenait manger du homard à Fécamp. Elle offrait à Louise de très beaux tissus, pour qu'elle puisse se coudre de jolies robes sur sa machine Singer. Comme ça ma femme était un peu mieux sapée que d'habitude. Tous les trois on ne parlait pas d'Antoine. Louise aurait bien voulu savoir s'il buvait moins, s'il accepterait d'avoir des enfants, mais je lui interdisais de cuisiner notre belle-fille. Pendant trois ans, Isabelle est venue régulièrement nous rendre visite. Elle ne faisait pas de commentaire sur ce quartier de banlieue éloigné de tout, sur notre HLM où il n'y avait que des métèques. Elle venait d'une famille honorable, mais elle n'était pas bêcheuse, contrairement à sa mère. Aux noces, la vieille avait à peine daigné m'adresser la parole, à moi, un petit facteur de rien du tout, alors qu'elle portait une robe de haute couture et un triple collier de perles. Elle m'avait juste demandé mon signe astrologique et, quand je lui avais dit que j'étais Scorpion, elle avait froncé les sourcils, comme si elle pensait que les gens nés sous ce signe étaient infréquentables. C'était la seule fois où j'avais dîné à la même table que des notabilités. La petite Isabelle nous avait placés, ma femme et moi, près d'elle, et son père répétait à tout le monde qu'il était un homme simple, malgré ses millions. Il avait l'air de dire à la compagnie : Antoine n'est qu'un écrivain inconnu et ses livres ne se vendent pas, et alors ? Isabelle n'a pas besoin d'avoir un mari dans les finances. Antoine est le fils d'un facteur, et alors ? Isabelle a de l'argent pour deux. »

Ils étaient quelques-uns à prédire que ce mariage ne durerait pas. Martin lui-même pressentait qu'Antoine allait tout saboter. Il aurait pu, en épousant une femme riche, changer de vie et renoncer à ses chimères, mais non, il continuait à publier des romans qui étaient de la foutralade, dit Martin. Oui, oui, les romans d'Antoine, c'était de la foutralade. Et moi, pensai-je aussitôt en l'écoutant, je n'étais certainement pour lui qu'un type qui cherchait à se mettre en valeur en projetant de se faire le portraitiste d'un suicidé. Que je vienne de Paris le prévenait contre moi. Sa grand-mère lui avait assez dit que les Parisiens, ce n'était qu'esbroufe. Que je sois un journaliste ne le prédisposait pas en ma faveur, bien qu'il lise quotidiennement la presse, et une presse qui n'était pas ce qui se faisait de plus subtil. Mais c'était cette presse-là, avec sa rubrique des chiens écrasés, ses nouvelles du corso fleuri, des fêtes à la mairie et de l'élection de Miss Normandie, qui le divertissait le mieux quand il ne regardait pas la télévision. Au moins, il ne risquait pas, en ouvrant un de ces journaux, de tomber sur une critique d'un livre de Sorel.

Je me demandais comment Claude et Jean Tran avaient pu rester aussi longtemps rue Édouard-Vaillant (presque sept ans de plus que leur frère aîné) sans se sentir asphyxiés. Antoine avait fait le bon choix en partant dès qu'il en avait eu la possibilité, même si sa vie, ensuite, avait été très difficile, mais beaucoup moins que s'il avait continué à dépendre de son père, car celui-ci lui aurait défendu de se mêler d'écrire des romans et l'aurait forcé à étouffer dans l'œuf toute impulsion créatrice en prenant un travail qui aurait fait de lui un simple exécutant. « Il m'aurait rendu heureux si seulement il avait vécu comme les gens normaux », dit Martin avant d'ajouter : « Et il ne serait pas mort à l'heure qu'il est, parce qu'il aurait été chargé de famille, il aurait eu des responsabilités de père. Il aurait su ce que c'est que d'élever des enfants. Moi, avec trois garçons à entretenir, je n'ai rien eu de mirobolant. Toujours les mêmes dimanches passés à faire et à refaire des calculs pour s'apercevoir que rien n'est à la portée de sa bourse, qu'on n'a pas les moyens de s'offrir quelque chose qui ne soit pas du toc. Mais on doit quand même s'accrocher. On essaie de ne pas se rappeler qu'on est souvent traité pire qu'un chien, qu'on a des voisins qui sont des rebuts de la société, une femme qui a tout le temps un air pitoyable et des fils qui sont l'effronterie même. On essaie de ne pas se rappeler qu'on hait l'humanité entière et que, si on ne se contrôlait pas, on prendrait un fusil à pompe pour aller tirer dans la foule. Je ne l'ai pas fait, parce que je ne suis pas dingo et que je ne voulais pas finir en taule, ça aurait été trop bête de me retrouver en taule à cause de ces viandes soûles qui braillaient sous mes fenêtres ou de ces vauriens qui me narguaient avec leurs mobylettes pétaradantes. »

Après avoir ainsi soliloqué d'une voix lasse, Martin se leva et disparut dans la cuisine. Il en revint avec une bouteille de prune, disant qu'il était encore tôt, mais qu'il avait bien envie de s'en jeter un. L'eau-de-vie, ça ne pouvait pas faire de mal si on n'en abusait pas. Sa femme lui en achetait une à chacun de ses anniversaires. Il avait pris l'habitude d'en boire un peu quand il lui fallait un remontant. Et aujourd'hui n'était pas un jour comme les autres, ça faisait une éternité qu'il n'avait pas parlé d'Antoine à un étranger. Il s'en serait bien passé. Les déboutonnages, très peu son genre. Que m'avait dit Jean pour que je vienne demander au père de se confier ? Avoir un fils qui avait été la fable du voisinage en se clochardisant, puis en se défenestrant, était déjà dur à avaler, il n'allait pas en plus tout déballer à un journaliste !

Il avait bu à petites gorgées deux verres de prune en faisant claquer sa langue et en déblatérant contre les métèques. Je me disais qu'il faudrait lui poser une question, détourner la conversation, faire en sorte qu'il cesse de vitupérer les *basanés*, chose qui devait lui être si habituelle que cela relevait presque du réflexe machinal dès qu'il discutait avec quelqu'un. Son fils Jean m'avait averti : il rejetait à ce point son père, cet étranger exploité, comme il se devait, puisqu'il était « né esclave » et ne pouvait échapper à sa condition, il avait tellement peur d'être assimilé à ceux-là dont les parents n'étaient à ses yeux que des crève-la-faim venus des pays lointains avec l'espoir de se faire une place en Europe, qu'il vivait dans la haine des migrants et surtout dans la hantise de ne pas être mieux considéré qu'eux. Je savais qu'il ne pensait pas grand bien de ma personne, mais il tenait manifestement à ce que j'enregistre ses propos les moins amènes – est-ce que son gribouilleur de fils traitait de ça dans ses livres, des Français qui avaient l'impression d'être colonisés par des bronzés ? Évidemment non. À l'école on lui avait appris qu'il n'y avait pas de différence entre un petit blond aux yeux clairs et un moricaud. Lui, Martin, avait enseigné autre chose à ses trois fils, mais ce n'était pas entré dans leur petite tête. Voilà pourquoi l'aîné avait mal tourné, il fréquentait trop les basanés, il s'était même fait embaucher par un Marocain pour avoir la possibilité de s'en aller de l'appartement familial.

Martin avait viré violet en parlant du départ d'Antoine. Même maintenant, il ne décolérait pas quand il se souvenait qu'un de ses fils lui avait fait l'injure de quitter, encore adolescent, la maison où en père despote il opprimait toute la famille. Plus de vingt-cinq ans après, c'était avec aigreur qu'il racontait comment Antoine avait préparé en catimini sa fuite. Heureusement, les deux autres, Claude et Jean, n'avaient pas suivi son exemple et bien leur en avait pris, car, dit-il d'une voix aiguë, sans être en pole position, ils n'avaient pas non plus été blackboulés, tandis qu'Antoine avait ramassé gamelle sur gamelle. Qui, à part quelques ratiocineurs de mon espèce, le considérait comme un écrivain important ? Ses livres n'étaient rien d'autre que du chinois pour ceux qui ne donnaient pas dans la masturbation cérébrale. Seul son grand-père, qui lui aussi avait raté sa vie, l'aurait peut-être applaudi quand il s'était fait imprimer.

Martin alluma une autre cigarette et reprit une prune, comme si l'évocation de tout cela lui mettait le moral à zéro et qu'il lui fallait quelque chose de revigorant. Dehors, le tonnerre grondait, des nuages noirs laissaient présager un violent orage. Un groupe de jeunes, passant devant l'immeuble, hurla une chanson rap dont je n'entendis pas bien les paroles. Martin, l'air encore plus grognon qu'à mon arrivée, se leva pour fermer les fenêtres, puis il disparut un moment dans la cuisine et revint avec une assiette de saucisson. Il pensa enfin à me proposer un café, tout en me demandant sur un ton sec si je comptais rester encore longtemps, car il devait aller à la médiathèque rendre des magazines. Je ne savais plus que dire. J'aurais voulu qu'il me parle de l'enfance d'Antoine, ou peut-être qu'il me montre les cahiers d'écolier et les vieux carnets de notes de son aîné, mais j'étais à peu près sûr qu'il ne les avait pas conservés. Dans son deux pièces, il n'y avait aucune trace du passé, aucune trace de la vie qu'il avait menée quand il élevait ses fils. Il n'y avait même pas de photos d'eux. L'appartement paraissait d'autant moins accueillant que Martin semblait y être en transit, ayant, me dit-il, enlevé tous les bibelots que sa femme avait mis çà et là pour égayer le salon. Le papier peint à fleurs rose pâle avait été posé par les précédents locataires. Ce n'était pas nécessaire de le changer. Les meubles dataient du temps où ils habitaient encore avec Claude et Jean. Le tissu du canapé était tout râpé, la table basse était pleine de rayures, mais il n'avait pas le premier centime pour acheter autre chose. De toute manière c'était de l'argent gaspillé que de revoir la décoration de son intérieur, puisqu'il ne recevait jamais personne. Mais si modeste soit-il, son deux pièces était toujours mieux que les bouges où avait vécu Antoine. Sa femme avait entendu dire qu'il avait même partagé vingt-deux mètres carrés avec un Magrébin très religieux, très strict sur les horaires de prière et sur les jeûnes. « Il avait de mauvaises fréquentations, lança Martin. Sans ça, il n'aurait pas commencé à dégringoler déjà à vingt ans. Les profs lui avaient dit de croire en l'amitié entre les peuples. Alors il y avait cru. Les profs lui avaient bousillé la cervelle. Il s'imaginait que ceux qui venaient de loin avaient quelque chose à lui apprendre… »

Le déluge qui se déversa sur la ville interrompit Martin. Il tourna la tête vers la fenêtre en disant qu'il en avait sa claque des étés pluvieux du Havre. Une demi-journée de beau temps et voilà qu'il tombait des cordes. Il ne pourrait même pas sortir faire une balade. Il avait prévu de passer à la médiathèque, puis de prendre le bus pour aller aux Jardins suspendus voir les serres. Il y allait souvent, c'était délassant de flâner parmi les lauriers roses et les palmiers. Lorsque sa femme était encore en vie, elle avait planté aux fenêtres des œillets d'Inde et des jonquilles. Mais une fois qu'il s'était retrouvé veuf, il ne s'était pas du tout occupé des jardinières et les fleurs avaient dépéri peu à peu. Il ne s'était plus occupé de rien dans l'appartement. Le matin, en se levant, il ne faisait pas son lit. Il laissait la vaisselle s'accumuler dans l'évier de la cuisine. Parfois, pendant des semaines, il ne rangeait même pas le salon. À quoi bon ? Personne ne venait, à part Jean, qui ces derniers temps espaçait ses visites. « Je suis seul et je n'attends plus que la mort », dit Martin d'une voix sourde et en lissant un pli de son pantalon qui aurait eu bien besoin d'être lavé. Mais il ne semblait pas remarquer qu'il se négligeait. « Je me fais beau juste quand je descends en ville manger ma cassolette de fruits de mer », dit-il encore, comme s'il ne voulait pas que je le compare à Antoine, du temps où celui-ci ne soignait plus son apparence. Il se remit à dire qu'il aurait pu aider son fils à devenir *quelqu'un de respectable*, à oublier qu'il avait un grand-père vietnamien. J'allais rétorquer que même si, peut-être, Antoine ne savait presque rien du pays de Diet Tran, une part de lui restait le petit-fils d'un « venu d'on ne savait où », une part de lui restait étrangère au nationalisme étroit. Mais cela n'aurait sans doute servi à rien de soulever la question, car Martin aurait refusé d'entendre la moindre allusion à la terre natale de son père. Dans ses rêves, le monde idéal était un monde où les Blancs régneraient en maîtres. Il avait souffert toute son adolescence d'être un métis, en vieillissant il continuait à souffrir de ne pas avoir un nom bien d'ici. Voilà pourquoi sa xénophobie s'était accrue avec les ans : en chaque migrant il voyait son père, qui d'après lui était une nullité et aurait dû mourir bien plus tôt. Enfant, il aurait tant aimé être un orphelin pour ne pas être contraint de reconnaître qu'il avait un père venu de ce tiers-monde dont sa grand-mère ne manquait jamais de lui rappeler que c'était un dépotoir.

Je me disais que j'avais frappé à la mauvaise porte : Martin s'était tellement desséché à force de ressasser ses rancœurs qu'il ne ferait que pester contre son père et contre son fils, tous deux coupables de lui renvoyer une image de lui-même qui lui déplaisait viscéralement. Je devinais, à ses sourires en coin, quand je lui posais des questions sur les jeunes années d'Antoine, que mon projet était à ses yeux une plaisanterie. Il semblait penser que seul un glandeur s'entêtait à mener ce genre d'enquête. Son attitude me poussa à le provoquer en chantant les louanges de Sorel à tout bout de champ. Cela le crispa encore davantage. Il me dit qu'il n'avait rien à ajouter au sujet d'un fils qui n'avait été que la cause de ses exaspérations – il n'avait eu qu'une heureuse inspiration, celle de prendre un pseudonyme. Ainsi au moins, certains au Havre ignoraient que ce Sorel était en fait l'aîné des Tran. Martin avait été hors de lui lorsqu'un journal local avait consacré un article à Antoine, précisant au passage qu'il avait habité Caucriauville. Ses voisins en avaient fait des gorges chaudes, disant combien ils étaient surpris d'apprendre qu'ils avaient vécu à côté d'un écrivain en herbe, disant encore qu'ils n'auraient jamais imaginé qu'Antoine, avec son air de SDF, publierait un jour un roman à Paris. Le vieux Tran aurait voulu rentrer sous terre quand on lui avait rapporté qu'Antoine était serveur dans un café tenu par un Marocain, ou qu'il avait été aperçu en compagnie de pochards. Pendant vingt-cinq ans, il avait fait jaser. C'était bien la peine d'écrire des livres si on n'était pas foutu de protéger sa réputation. C'était bien la peine de se trouver un éditeur à Paris si, pour ses voisins, on était toujours un branleur. Martin dit ces mots d'un air si irrité que je me préparais à être congédié. À cause de moi, toutes les vieilles rancunes qu'il avait nourries contre Antoine réapparaissaient. Il s'était figuré que personne ne viendrait mettre son nez dans ses affaires de famille après le suicide de son fils. Et voilà que je me pointais avec mon magnétophone. Je le pressais de questions, je l'invitais à fouiller dans ses souvenirs, je laissais entendre que son aîné était un écrivain de grande race et qu'il était fautif de ne pas s'en être avisé, je laissais aussi entendre que son fils avait veillé à être son exact opposé. Oui, j'étais un importun. Martin était le premier à me le faire sentir depuis que j'avais commencé à interroger ceux qui avaient connu Sorel. Et il avait fallu que ce soit le père de mon écrivain. Mais moi qui avais bien lu Sorel n'en étais pas très surpris.

Je me demandais ce que je parviendrais encore à tirer de Martin Tran. Il était allé ranger sa bouteille de prune et m'avait rapporté de la cuisine des spéculoos pour accompagner mon nescafé, où il avait mis trop d'eau. La pluie qui tombait en abondance l'empêchait de faire un tour à la médiathèque, redit-il en s'éventant avec un dépliant et en se tournant face au ventilateur, tant la chaleur était moite. Il allait devoir rester là, planté devant la télévision, à regarder des jeux idiots. Jean avait promis de passer ce soir pour l'emmener dîner dans une pizzeria de Saint-François, mais avec ces averses ils ne pourraient pas s'asseoir à la terrasse du restaurant. Et son fils prendrait prétexte de ce mauvais temps pour se décommander. Non qu'il ait beaucoup de choses à dire à Jean – tous les deux étaient très silencieux lorsqu'ils se voyaient, ou ils ne parlaient que du mauvais temps et du réchauffement climatique dont lui, Martin, était persuadé qu'il aurait comme conséquence une récession économique. Ils évitaient les sujets qui donnaient lieu à des disputes, le nom d'Antoine n'était jamais prononcé, ils citaient plutôt celui de Claude, car Martin avait toujours trouvé qu'il était bien méritant, il s'était débrouillé pour être à son compte. S'il n'était pas mort si jeune, il aurait peut-être eu deux garages, l'un au Havre et l'autre à Pont-Audemer, il se serait peut-être marié et aurait eu des enfants. Il sortait avec une infirmière, Lena, dont la famille venait d'ailleurs, de Pont-Audemer. Ils envisageaient de vivre ensemble, ils formaient un beau couple. Chaque fois que Louise les invitait à déjeuner à la maison le dimanche, Lena apportait un gros gâteau normand aux pommes qu'elle avait fait dans la matinée. Elle n'était pas comme la femme de Jean, une pécore qui se croyait trop bien pour lui et qui avait d'ailleurs fini par le plaquer. Quand elle venait rue Édouard-Vaillant, c'était tout juste si elle ne se pinçait pas le nez. Rien ne lui convenait. Elle se donnait des airs de princesse, alors qu'elle aussi avait grandi dans une HLM, du côté de la Mare-Rouge.

Après avoir vidé l'assiette de saucisson, Martin avait entamé un sachet de biscuits apéritifs. Il s'approcha de la fenêtre et dit, en regardant le ciel zébré d'éclairs, qu'il faisait un temps à traîner au lit, avec des canettes de bière à portée de la main. C'est quand il pleuvait aussi fort qu'il se rendait compte à quel point Caucriauville était un quartier pourri, loin de tout, plein d'immeubles qui paraissaient vraiment laids lorsque les nuages masquaient le soleil. Il n'avait connu que ça pendant plus de quarante ans. Et il mourrait probablement en ne connaissant rien d'autre. Maintenant qu'il avait enterré sa femme, la solitude lui pesait de plus en plus. Personne à qui dire bonjour quand il se réveillait le matin. Personne pour allumer les lumières avant qu'il ne rentre le soir. Ce n'était pas qu'il aimait Louise à la folie, mais il s'était habitué à elle, même si elle n'était pas d'une grande gaieté. Ils avaient élevé ensemble trois enfants. Il s'y était peut-être mal pris, il les avait éduqués de façon à ce qu'ils soient de bons petits Français, mais l'aîné ne l'avait pas été, il suivait sa pente, qui était d'être un internationaliste.

Martin se rembrunit en disant cela, comme si « internationaliste » était un mot qui lui écorchait les oreilles. Dehors, les grondements du tonnerre redoublaient et le ciel s'était tellement assombri qu'on se serait cru au crépuscule. Il était peut-être temps pour moi de partir, puisque le vieux Tran n'allait pas se livrer davantage, il ne s'était du reste pas livré, mais avait âprement critiqué son fils et montré avec force qu'il n'attachait aucun prix aux publications de celui-ci. Il n'avait fait que récriminer, se fichant bien d'apparaître comme un horrible bonhomme, sans cœur et vindicatif, dans mon livre, si jamais j'étais assez persévérant pour le mener à son terme. Je commençais à mettre en doute le bien-fondé de mes investigations, alors que je n'avais parlé qu'à trois proches de Sorel, qui ne l'étaient pas vraiment : Barbet, bien que lecteur admiratif, n'était plus un de ses amis depuis des années, Martin grillerait en enfer plutôt que de manifester un peu d'indulgence en l'évoquant. Seul Jean, tout en admettant que son frère était parfois pour lui un personnage incompréhensible et qu'ils n'habitaient pas la même planète, avait continué à le voir. Sinon Sorel n'avait plus de relations qu'avec des compagnons de beuverie, qui presque tous ignoraient même qu'il écrivait.

Martin avait fini les biscuits apéritifs et il me fixait des yeux, l'air d'attendre que je me décide enfin à m'en aller. Il regarda sa montre, bâilla en ouvrant largement la bouche, croisa et décroisa ses jambes, pianota de la main gauche sur l'accoudoir de son fauteuil, bref, donna tous les signes d'une impatience grandissante, comme s'il était très occupé et avait mieux à faire. J'aurais dû éteindre mon magnétophone, me lever et prendre congé, mais je me disais que peut-être il se produirait quelque chose : Martin reconnaîtrait subitement que son fils, c'était *quelqu'un*, et il aurait de bonnes paroles qui révéleraient combien il se repentait d'avoir condamné Antoine. En quoi je me trompais, car il n'était pas près de réviser son jugement. Son opinion touchant son aîné était faite depuis longtemps et il faudrait un discoureur plus que persuasif pour l'amener à penser différemment. Ce discoureur n'était pas moi, à supposer même que je me mette à disserter pendant des heures sur les livres de Sorel : d'après Martin Tran, ils n'étaient au mieux que les divagations d'un fou. Le suicide de leur auteur le poussait encore plus à penser qu'ils étaient *du n'importe quoi*. Ces choses-là ne l'époustouflaient pas. Si encore, comme il disait, ces romans avaient permis à Antoine de vivre somptueusement, il aurait regardé d'un autre œil cet amour immodéré pour la littérature, mais non, cette passion avait précipité sa chute et, après avoir mené une vie misérable, il n'avait plus eu qu'à se jeter par la fenêtre. Martin s'était bien douté que tout ça finirait mal. Il aurait parié à cinq contre un que son fils courrait à l'échec et qu'il mourrait jeune, sans avoir rien fait d'autre que désespérer ses lecteurs en leur montrant deux réalités : ils n'étaient qu'artifice, ils avaient beau enfler leurs conceptions, ils n'enfantaient que des atomes. Martin ne disait pas tout cela en ces termes. C'était moi qui reformulais ses paroles, empruntant au passage à Pascal ce qui me paraissait traduire le mieux la pensée de Sorel. Si avant moi un lecteur avisé avait assuré à Martin que son aîné avait plus que du talent, il n'en aurait rien cru, il se serait dit que personne ne lui ferait gober ça et que, quand bien même Antoine aurait été un sujet d'élite, il n'avait pas su *se faire de la thune*.

Une petite fenêtre du salon, restée entrebâillée, s'ouvrit avec fracas sous l'effet d'un coup de vent. Martin se leva en grommelant pour bien la fermer. Comme l'appartement était plongé dans un demi-jour qui le rendait encore plus triste, il alluma la petite lampe posée sur le meuble de la télévision, mais l'ampoule grilla. Il la dévissa, la jeta sur le canapé en criant « Saloperie ! » et renonça à mettre de la lumière dans la pièce. Il retourna s'asseoir et, les bras croisés, me dévisagea en soupirant, comme s'il était vraiment pressé de me voir m'en aller. Je n'en étais que plus prêt à m'attarder chez lui, faisant tourner mon magnétophone même quand il ne parlait pas d'Antoine, même quand ses propos de vieux réactionnaire me hérissaient. Malgré ce que m'avait dit Jean, j'avais peut-être, au fond de moi, escompté extorquer à Martin un *mea culpa*. Je serais reparti du Havre triomphant s'il avait laissé entendre que la mort d'Antoine l'avait obligé à réfléchir. Mais non, le suicide de son fils ne lui faisait ni chaud ni froid.

Il sortit une clope du paquet qui traînait sur la table basse, puis il tira de sa poche un briquet, joua un long moment avec, comme s'il trouvait qu'il avait déjà trop fumé. J'allumai une de mes cigarettes russes et lui demandai si Antoine était allé à l'enterrement de Claude lorsque ce dernier était mort dans son garage. « Il aurait mieux fait de ne pas venir », fut la réponse. « Il avait l'air d'un bohémien, et il avait dit sur la tombe quelques mots sans que personne y comprenne quoi que ce soit, parce que sa voix tremblait. C'est la dernière fois que je l'ai vu. Et vous pouvez me croire, je mourais de honte. Il paraît que la mort de Claude avait porté un rude coup à son moral. Ils étaient proches. Ils avaient même partagé un petit appartement pendant six mois quand Antoine avait divorcé et qu'il s'était retrouvé à la rue. Claude avait toujours été un jobard, il se faisait avoir facilement, et surtout par son frère. Il l'aidait en lui donnant souvent du fric. Antoine ne fichait rien, il prenait de temps en temps un boulot qui lui rapportait juste de quoi se péter la gueule. Ses frères lui faisaient des courses et payaient ses factures. C'était un parasite de première. Mes deux autres fils, eux au moins, avaient un vrai métier, une maison qui ressemblait à quelque chose. Ils avaient un avenir, tandis qu'Antoine ne pouvait pas se dire qu'un jour ou l'autre le soleil se lèverait aussi pour lui. »

J'allais répondre par une phrase cinglante quand mon portable vibra. C'était Ludivine qui m'appelait, je ne répondis pas. Elle raccrocha, puis aussitôt après m'envoya un SMS, me proposant de la retrouver le soir même au *Café de la Mairie* si j'étais à Paris et si je voulais prendre un verre avec elle. Martin, remarquant mon trouble, en profita pour se lever, ouvrir en grand les fenêtres, maintenant que l'orage avait diminué d'intensité, et faire comme s'il n'avait pas une minute de plus à m'accorder. Mais je ne bougeai pas de mon siège. J'attendais de Martin une parole qui témoigne d'un peu d'empathie à l'endroit de son fils. C'était trop lui demander. Il se serait plutôt fait clouer en croix que de dire combien il regrettait de ne s'être jamais intéressé à ce qui était essentiel pour Antoine. Une expression de profond ennui passait sur son visage chaque fois que je prononçais le mot *littérature*. Il ne tentait même pas de me dissimuler que les livres en général, et ceux de Sorel en particulier, il s'en souciait comme d'une guigne.

Le gros de l'orage était passé, mais la pluie tombait toujours sur Le Havre. La sonnerie de l'interphone retentit plusieurs fois. Martin alla voir à la fenêtre si c'était quelqu'un de sa connaissance et jura en apercevant des gamins en short qui se carapataient après avoir sonné chez lui. Il revint s'asseoir en me disant qu'il avait mal à la tête, à cause de la prune, ou de la chaleur. Il faisait rarement aussi chaud en Normandie. Les averses n'avaient même pas rafraîchi l'atmosphère. Quand il était jeune, il rêvait de partir vivre face à la baie des Anges, mais plus il vieillissait, moins il supportait les températures élevées. Il s'était fait au climat havrais, à la grisaille de la ville et aux incessantes trombes d'eau en automne. Le pire, c'étaient les tornades qui, l'hiver, soufflaient sans répit. Lorsqu'il distribuait encore le courrier, se réveiller tôt le matin et affronter la bise hivernale, cela lui coûtait tellement que certains jours il aurait tout envoyé promener s'il avait pu. Ses fils ne lui avaient jamais été reconnaissants de ce qu'il avait fait pour eux. S'il ne s'était pas marié et n'avait pas été père, peut-être son sort aurait-il été meilleur, peut-être aurait-il mis de l'argent de côté afin de finir ses jours sur la Côte d'Azur. Mais voilà, il avait eu une femme et il avait bien fallu l'entretenir, il avait eu des enfants et il avait bien fallu les nourrir, les vêtir, leur payer ceci et cela. Et qu'avait-il eu en retour ? Rien que de l'ingratitude. Adolescents, ils avaient bravé son autorité. Plus tard, ils s'étaient comportés comme s'ils valaient infiniment mieux que lui. Antoine, en prenant la poudre d'escampette à dix-huit ans, avait donné le mauvais exemple. Les deux autres n'étaient pas partis trop vite, mais ils n'avaient aucun respect filial. Et maintenant, des trois, il ne restait que Jean.

Tout en allumant une nouvelle cigarette, Martin me répéta qu'il avait vraiment la migraine et qu'il n'avait plus grand-chose à me dire. Il n'aurait jamais dû m'ouvrir sa porte, il n'aimait pas les Parisiens, encore moins les journalistes, surtout ceux qui se prétendaient des amateurs des arts. Il plissa les yeux en me regardant, l'air de me trouver de plus en plus antipathique à mesure que le temps passait. Il me demanda si j'allais utiliser dans mon livre tout ce qu'il m'avait confié, même quand il avait dézingué Antoine. Il fallait bien que quelqu'un dise les choses comme elles étaient, car il était certain que les autres ne feraient qu'embellir leurs souvenirs.

Sur ce, Martin vida le cendrier, donna un coup de torchon sur la table basse, poussa du pied les piles de journaux jusqu'à ce qu'elles soient bien alignées sous le meuble de la télévision, bref s'activa comme si je n'étais pas là. Il grognait en allant et venant dans la pièce, d'évidence très remonté contre moi, car je lui faisais perdre son temps. Il me le dit sans ambages. J'arrêtai le magnétophone. Je n'obtiendrais rien de plus de ce père pour qui son aîné était devenu depuis vingt-cinq ans un étranger. Je m'étais un peu attendu à n'entendre que des paroles acerbes, mais j'espérais qu'en apprenant qu'Antoine avait de vrais partisans, Martin changerait d'avis sur son scribouillard de fils. Mais non, c'était un mur. Je n'avais plus qu'à partir, en n'ayant enregistré que des propos fielleux. Ma visite ne m'avait apporté que de nouvelles interrogations. Je me demandais si je devrais, dans mon livre, réserver une place au père d'Antoine, tant ce qu'il m'avait dit me révulsait. Mais sans le vieux Tran et ses positions ultraréactionnaires, Sorel n'aurait pas été celui qu'il avait été, puisqu'il avait en tout des idées qui indignaient son géniteur. Je me demandais aussi comment serait mon livre, à supposer que je parvienne à écrire quelque chose d'intéressant en ne m'accordant aucun moment de relâche avant de voir plus clair dans ce qui requérait de ma part beaucoup de ténacité, une certaine capacité d'analyse et une bonne intuition des gens rencontrés. Je n'avais pas une seule de ces qualités, me disais-je. Et ce n'était pas avec des personnages tels que Martin Tran que j'apprendrais la patience tout en faisant preuve de perspicacité. Je l'avais écouté comme si je lui donnais raison, ou du moins comme si je ne trouvais pas d'argument à lui opposer, mais intérieurement chacune de ses paroles me faisait bouillir. Il s'était rendu compte que je le jugeais infect et cela ne faisait que le braquer encore davantage contre moi. Jean Tran m'avait bien dit que son père, depuis longtemps déjà, considérait Antoine comme mort. Il n'allait pas aider un journaliste à le faire revivre, surtout quand ce journaliste paraissait être un de ces progressistes prêts à défendre l'horrifiante idée d'une France qui gagnerait à être le creuset des races. L'entrevue qu'il avait eue avec moi n'avait fait que l'affermir dans sa résolution de rayer son aîné de sa mémoire. Les dernières années de son séjour sur la planète Terre, il ne les gâcherait pas en pleurant un suicidé. S'il avait été un fils obéissant, Antoine n'en aurait pas été réduit à se donner la mort après avoir vécu comme un chien. Ces mots lancés d'une voix stridente, Martin se dirigea vers le couloir d'entrée et, pendant que je me levais lentement de mon siège, me souhaita bien du plaisir, à moi qui aurais fort à faire si je désirais mener à sa conclusion un livre sur Sorel. C'était loin d'être gagné. Personne ne voudrait d'un bouquin sur un écrivain qui n'avait jamais tenu des foules en haleine, un écrivain dont les livres, à en croire les quelques journalistes qui les avaient survolés, étaient d'une telle noirceur qu'il fallait être masochiste pour les lire. Je ne répondis rien à cela, je ramassai le carnet où je n'avais pris aucune note, rangeai le magnétophone dans mon sac à dos et me mis en devoir de quitter cet appartement tellement maussade que j'allais en sortir encore plus morose que je ne l'avais été déjà en y entrant. Martin me regarda d'un œil torve, il paraissait pressé de se retrouver seul et de ne plus entendre le nom d'Antoine. Je lui rendis son regard, son accueil m'avait refroidi, mais jusqu'alors, je m'étais efforcé de me montrer, autant que possible, civil. Il baissa la tête et se remit à soupirer d'un air las, comme si les quelques heures passées avec moi l'avaient vraiment ennuyé. J'étais certain qu'il se reprochait de m'avoir reçu et que, si dans les prochains jours j'avais d'autres questions sur son fils à lui poser, il m'enverrait aux cinq cents diables.

Il ouvrit la porte de l'appartement et me dit de l'oublier. Il n'aurait jamais dû accepter de me parler, parce qu'il n'avait pas envie de revenir sur le passé et que, depuis plus de vingt ans, il n'avait plus pensé à Antoine comme à un fils. S'il lui restait une ou deux décennies à vivre, il n'allait sûrement pas les employer à ruminer des « Pourquoi ? », car il ne saurait pas pourquoi Antoine s'était tué, ou plutôt il ne le savait que trop bien : il avait fait son propre malheur en ne voulant pas vivre la vie de tout le monde. Autrement, il aurait eu une vie meilleure, sa mère aurait peut-être été fière de lui, elle ne serait pas morte en se disant que, quelque part dans Le Havre, son aîné traînait avec des pochtrons et des Arabes.

Un chat noir, qui errait dans les couloirs, s'approcha de Martin en voyant la porte ouverte. Celui-ci lui donna un coup de pied qui le fit détaler sur-le-champ. La pauvre bête alla se réfugier sous l'escalier et fit entendre des miaulements déchirants. « Saleté ! » cria Martin, puis il se tourna vers moi pour me répéter qu'il ne fallait plus revenir rue Édouard-Vaillant. Je pouvais faire ce que je voulais de ce qu'il m'avait confié, mais que je me garde bien de le déranger ! Je lui tendis la main, il ne la prit pas, mais m'invita d'un geste à partir au plus vite. Je quittai l'appartement, remontai dans ma voiture. En démarrant, je mis en marche la radio, où passait une composition de John Zorn, *The Gnostic Preludes*. Cette musique calma mes nerfs, très à vif. Je retournai à mon hôtel en me demandant ce que j'écrirais sur le père de Sorel, si jamais j'en venais à le mettre en scène dans le livre que je projetais. J'étais si recru après ce rendez-vous qu'à peine rentré au *Richelieu*, je m'affalai sur le lit et m'endormis aussitôt, en faisant des rêves bizarres, où je sauvais Sorel d'une meute de loups à tête humaine. Lorsque je me réveillai, il était presque dix heures du soir. J'allai me doucher, puis m'assis sur le lit pour écouter ce que j'avais enregistré chez Martin Tran, mais dès les premiers mots que j'entendis, je fus saisi par un sentiment d'accablement. J'éteignis le magnétophone.

J'avais pris soin de bien ouvrir les fenêtres avant de me coucher, car, malgré l'orage, la chaleur restait lourde. Ludivine m'avait rappelé deux fois et, constatant que je ne répondais pas, avait raccroché sans laisser de message. Toute mon aventure avec elle n'était plus qu'un lointain souvenir. C'étaient des enfantillages. Il me semblait que j'avais vieilli en quelques mois, depuis que j'avais pris pied dans l'univers de Sorel. Ses livres me hantaient à un point tel que rien d'autre n'avait d'importance. Et même s'ils n'étaient pas situés au Havre, ses romans me semblaient ne faire qu'un avec ce port où je séjournais. Sorel n'aurait probablement pas existé sans lui : qu'il l'ait aimé ou haï, il y avait écrit une douzaine d'ouvrages qui comptaient parmi les plus importants dans ma vie de lecteur.

J'hésitais à descendre prendre un verre au *News*, qui était à deux pas de l'hôtel, quand mon téléphone vibra. C'était mon père. Il venait de dévorer plusieurs livres de Sorel et s'avouait vivement impressionné. Il me dit regretter de ne pas être avec moi au Havre, dans la ville qui avait vu naître des œuvres aussi sidérantes, du moins à ses yeux. Il allait lire toutes les publications de Sorel, en étant sûr qu'elles lui apporteraient plus qu'un simple plaisir de lecture : cela faisait longtemps qu'il n'avait pas été aussi secoué en écoutant la voix d'un romancier de son temps. Parmi ces livres, il y en avait un où Sorel se faisait l'apologiste d'un peintre imaginaire, et mon père l'avait lu en pensant que je procéderais peut-être de la même manière pour redonner vie au suicidé. Il m'incita à m'engager résolument dans ce que j'avais mis en route, quand bien même je me heurterais à des obstacles. Parler avec lui, ne serait-ce que quelques minutes au téléphone, me ragaillardit, moi qui ne me rappelais pas ma visite au père de Sorel sans une certaine tristesse. J'avais la chance d'avoir des parents qui m'approuvaient et me soutenaient. Le plus désolant, dans cette visite à Martin Tran, était de l'entendre répéter qu'il avait honte de son fils et de l'entendre dénigrer les livres de celui-ci, qu'il n'avait même pas lus.

Je tournais et retournais dans ma tête les rosseries du vieux Tran en allant prendre une tequila au *News*, dont la salle était vide jusqu'à ce qu'un groupe d'amis vienne faire du chambard. Je restai un moment à boire et à écouter les disques de reggae qui passaient. Après quelques verres j'étais déjà mûr. Le patron du *News* me demanda si mon séjour m'avait plu. Je me lançai dans un éloge du Havre, ville qui ne correspondait en rien aux clichés des Parisiens sur elle. L'alcool faisant son effet, je devins lyrique et dis combien ce port méritait d'être appelé Le Havre-de-Grâce… Le groupe d'amis poussa un « Oh oui ! » et m'offrit une autre tequila pour me récompenser de ces bons mots.

Il y avait dans cette bande de jeunes gens une blonde qui avait, comme Veronica Lake, une mèche de cheveux couvrant l'œil droit. Elle s'assit sur un tabouret et lut, en détachant les syllabes, un extrait des *Lettristes sont irrécupérables jusqu'à la société de l'éternité concrète, paradisiaque* d'Isidore Isou : « Accuser mes camarades et moi, ayant la culture la plus profonde et la plus progressiste de notre époque, d'être des "réactionnaires" ou des "fascistes" – alors que je suis apatride par désinvolture, antiraciste et internationaliste par conviction… » Cette lecture, dont la fin se perdit dans le brouhaha, reçut une ovation de la part des fêtards, qui levèrent leur verre en l'honneur de celui qui mettait la volonté de créer avant l'instinct de survie, puis me proposèrent de rejoindre leur groupe pour raconter ce que j'avais fait ces jours-ci dans leur ville. Je refusai d'un hochement de tête et restai dans mon coin, à boire plus que de raison. Je faisais le bilan de mes deux semaines : j'avais quand même réussi à obtenir des informations sur Sorel, et Le Havre n'était plus à mes yeux un centre urbain sans âme, même s'il semblait y être du dernier chic, dans certains quartiers, de copier les stations balnéaires les plus à la mode et d'ouvrir des *lounge bars* au mobilier design. Je n'étais pas beaucoup allé à la plage, mais j'avais passé du temps dans de vieux bistrots, écoutant les Havrais parler de leurs enfants qui ne venaient plus les voir ou des politiciens qui les prenaient pour des crétins. J'avais aussi traîné dans des boîtes dont la clientèle était jeune, et j'avais lié connaissance avec des étudiants en leur demandant si le nom d'Antoine Sorel leur disait quelque chose. Le résultat de mon sondage express était que mon écrivain n'était guère connu dans le milieu estudiantin. Certes, ceux que j'avais interrogés étaient des licenciés en droit ou des élèves d'écoles de commerce, et non des étudiants en lettres modernes, mais tout de même, j'avais la confirmation que Sorel était un auteur encore à découvrir. Il m'appartenait de lui donner la place qui lui revenait de droit. Je me disais que je ne flancherais pas devant ce qui requérait une certaine opiniâtreté. Ce soir-là, au *News*, j'avais la rage. Alors que mes investigations ne faisaient que commencer, je me voyais déjà publiant un livre qui ne laisserait pas les lecteurs de glace. J'étais assez jeune pour me monter la tête et assez vieux pour peser chaque chose à la balance de la sagesse. C'était une bien étrange entreprise que d'élever un tombeau à la mémoire de celui qui avait brusqué le dénouement en ne souhaitant probablement pas que, après sa mort, quelqu'un épouse ainsi sa cause. Il aurait peut-être, avec le temps et sans moi, une notoriété posthume. Sous prétexte de faire de lui mon héros, je risquais de verser dans la grandiloquence, tant j'étais exalté.

L'admiratrice d'Isidore Isou descendit du tabouret et vint se coller à moi en faisant mine d'être au bord de l'évanouissement. Ses amis me crièrent de ne pas me laisser prendre à son jeu. Elle éclata de rire et, pivotant sur ses talons, se déchaussa, lança ses sandales loin d'elle pour esquisser pieds nus quelques pas de danse. Je redemandai une tequila, bien que j'aie déjà la tête très lourde. La bande de jeunes, entraînant la danseuse aux pieds nus, partit en chantant en chœur *L'Internationale*. Les deux clients qui restaient étaient des quadragénaires à la mine soucieuse. Ils avaient ensemble une conversation animée et ne semblaient pas d'accord. Je tendis l'oreille pour essayer de saisir des bribes de leur discussion mais seuls quelques mots me parvinrent. Ils étaient apparemment associés dans une affaire et sur le point de faire banqueroute. Je finis ma tequila, me préparant à lever le camp. Je me répétais que ces deux semaines havraises n'avaient pas été perdues, puisque j'avais des témoignages dont je saurais me servir de façon pertinente. Comment m'y prendrais-je ? Je n'en avais pas la moindre idée, mais je me promettais de ne pas me laisser arrêter par les difficultés. En rentrant à mon hôtel, je repassai dans mon esprit ce que m'avait dit Martin Tran. Allais-je réserver une place dans mon livre à des propos aussi consternants ? Mon enquête ne devrait-elle pas ne concerner que ceux pour qui Sorel était un personnage d'envergure ? Ceux qui avaient été touchés par ses écrits ? Je n'avais pas encore trouvé de témoin réellement subjugué par sa prose. Peut-être Isabelle, mais elle avait ces dernières années tourné casaque et, après avoir adulé Sorel au début de leur vie commune, était devenue sa première dépréciatrice. J'espérais que, dans les semaines à venir, d'autres personnes qui l'avaient approché se mettraient en rapport avec moi et auraient à cœur de m'aider à mieux le connaître.

Il n'y avait pas âme qui vive dans la rue de Paris quand je retournai au *Richelieu*. Nous étions au début de la semaine et les jeunes habitués à faire la noce presque chaque soir s'étaient apparemment couchés tôt ce soir-là. Arrivé dans ma chambre, je m'accoudai à la fenêtre et respirai à pleins poumons l'air de la nuit. Une impression de grande solitude m'envahit brusquement, j'étais tenté d'appeler Ludivine, mais je n'en fis rien : elle dormait sûrement, couchée près de son mari. J'ouvris le dernier roman de Sorel, espérant qu'il m'aiderait à chasser ce sentiment de solitude. J'avais déjà lu trois fois ce livre, mais à chaque reprise, j'y découvrais quelque chose qui m'avait échappé auparavant. Il y avait là-dedans une tension qui me tonifiait. Quelques phrases de Sorel suffisaient pour me donner le sentiment de me voir révéler un monde insolite.

Je me couchai peu après, mais dormis très mal. Je rêvai que je devais prendre la parole en public et que, à peine avais-je bredouillé trois phrases, tout le monde riait de moi. Je me réveillai une heure plus tard, trempé de sueur, pour me rendormir presque tout de suite et rêver de Sorel que j'essayais de retenir juste au moment où il allait sauter d'un pont. Je l'attrapais par le pan de sa chemise, mais il se dégageait d'un geste, enjambait le parapet et se précipitait dans le vide. Lorsque j'ouvris un œil, le soleil était revenu sur Le Havre. Je me levai lentement, ramassai mes affaires éparpillées un peu partout autour du lit et commençai à faire mon sac. Il était temps de regagner Paris. Je ne savais pas quel serait mon emploi du temps là-bas, je vivais depuis plusieurs mois en ne pensant qu'au livre projeté, je n'avais plus qu'une idée fixe : rendre hommage à celui qui, d'après moi, était un chercheur d'absolu.

Je fis un détour par la plage avant de quitter Le Havre. Les chaises longues des cafés étaient toutes prises. Des groupes de jeunes, casquette vissée sur le crâne, dansaient du hip-hop en mettant leur radio à fond. Des couples se baladaient le long de la grande promenade. Des baigneurs, sortant de l'eau, se frottaient vigoureusement avec une serviette avant de s'allonger au soleil. Des vendeurs de babioles allaient et venaient, proposant leurs marchandises aux familles réunies sous un parasol. Je me demandai si je ne verrais pas Martin Tran assis quelque part près des cabanes blanches, mais il n'avait pas dû bouger de chez lui, et de toute façon je l'aurais évité s'il avait été là. Après les orages de la veille, il n'y avait pas un nuage dans le ciel. Je restai un long moment tout au bout de la plage, à écouter le bruit des vagues.

Je partis à quatre heures de l'après-midi. Je faillis m'arrêter à Rouen, finalement je décidai que je n'avais rien à y faire (sauf si je voulais visiter le magasin d'ameublement du père d'Isabelle) et que le mieux était de rentrer rapidement à Paris afin de mettre au net mes notes. Je ne fis une halte qu'à Mantes-la-Jolie, où je lus les journaux en buvant une bière dans un bistrot. Sitôt arrivé chez moi, je me dépêchai de mettre en marche mon magnétophone, et la voix de Barbet emplit ma chambre. J'ouvris mon ordinateur pour commencer à transcrire ce que j'entendais. Mais je fus soudain gagné par un terrible engourdissement. Je n'avais pas tapé deux paragraphes que déjà je bâillais et étais aussi somnolent que si j'avais pris un sédatif. Je refermai mon Mac, rangeai mon magnétophone et me couchai en me disant que j'aurais bien le temps de m'atteler à la tâche le lendemain. Le père de Sorel m'avait épuisé, tant je m'étais appliqué à ne pas l'indisposer. À peine avais-je posé ma tête sur l'oreiller que je tombai dans un profond sommeil. Je ne me réveillai qu'après avoir dormi pendant presque vingt-quatre heures. Je ne me sentais pas reposé pour autant. Une inexplicable fatigue persistait, j'avais les membres tout ankylosés et des douleurs au dos, que je soignai en avalant trois aspirines. Sur mon répondeur il y avait un message de Barbet. Il me donnait le numéro de téléphone d'un autre ami de Sorel, un certain Damien Léger, qui n'habitait plus Le Havre depuis longtemps et s'était installé à Paris, à deux pas de la rue de la Roquette. Ce Damien Léger et Sorel auraient été très liés durant les trois années où ils avaient été ensemble au lycée. Cette nouvelle piste était ce qu'il me fallait pour venir à bout de mon avachissement. Je n'appelai pas Damien Léger tout de suite, voulant attendre d'avoir les idées plus claires. Je descendis au café du coin de ma rue et commandai un double scotch que je vidai d'un trait. Requinqué, je dînai au comptoir d'un snack voisin et retournai lire chez moi. Les livres de Sorel m'attendaient, je n'avais qu'à piocher dans la pile et à me gorger de ses mots. J'étais un peu moins sous le coup de ma rencontre avec Martin Tran. J'avais la certitude que je n'aurais aucun mal à le portraiturer.

Je veillai ce soir-là jusqu'à trois heures du matin. J'aurais même pu ne pas dormir du tout, puisque je venais à peine de me lever et que j'aimais lire la nuit. Les livres de Sorel devaient d'ailleurs, selon moi, être lus la nuit, quand tout est enveloppé de silence et qu'on a l'impression d'être seul au monde. Depuis plusieurs mois je ne lisais que lui, lorsque je partais en promenade, je repassais dans mon esprit ce que je me rappelais de certains passages de ses œuvres. Et plus je m'imprégnais de sa prose, moins j'avais de propension à m'aligner sur ce qui était pour tout le monde *le must*. Je n'étais pas un admirateur qui manquerait de distance et n'attendrait que de pouvoir dire, en des termes ampoulés, combien il vénérait Sorel. Je voulais tout savoir sur ce qu'avait été sa vie. On me reprocherait de confondre l'homme et l'œuvre, et de courir le risque de ne pas m'élever au-dessus de l'anecdote. Je n'en étais pas moins résolu à faire parler les proches de Sorel. En éliminant ce qui était purement accessoire et en ne gardant que ce qui se révélait significatif, je parviendrais peut-être à ébaucher un texte pas trop insatisfaisant. Le matériau dont je disposais au bout de deux semaines était déjà assez riche. Et j'étais sûr que d'autres témoins se manifesteraient. Leurs récits, mis bout à bout, formeraient un portrait kaléidoscopique de celui qui ne s'était jamais laissé cataloguer.

J'avais trouvé au courrier un mot d'un ami lointain à qui je n'avais même pas téléphoné depuis des mois. Il me demandait de lui recommander un livre dont la lecture le sauverait d'un abattement chaque jour plus dévastateur. J'hésitais à lui conseiller de se plonger dans un roman de Sorel. Je le connaissais peu, suffisamment cependant pour craindre qu'il ne soit insensible à ce que cette sorte de littérature avait de corrosif et de vivifiant. Je lui fis d'abord une réponse brève, lui assurant qu'aucun livre ne serait un bon remède tant qu'il ne serait pas en paix avec lui-même. Je déchirai aussitôt ce que j'avais écrit – c'était creux et inamical. Je choisis le livre de Sorel que les critiques s'accordaient à juger le moins funeste, le glissai dans une grande enveloppe et y joignis une carte où je disais à mon correspondant que mon remède ne le guérirait peut-être pas, mais au moins lui redonnerait du punch. Retrouverait-il son punch grâce à la prose de Sorel ? En tout cas j'espérais bien savoir très vite quels effets la découverte des écrits de Sorel produisait sur un individu qui broyait du noir.

Je me réveillai le lendemain assez tôt. Jusqu'à midi, je bus du café en fumant et en consultant les notes gribouillées dans un carnet tout au long de mon séjour havrais. Je n'étais plus aussi fatigué que la veille, les quelques heures de sommeil avaient été bénéfiques. Le mois d'août était proche, mais je ne comptais pas du tout partir en vacances. J'étais en pleine griserie à la seule idée que mon hommage à Sorel serait le fruit d'une patiente enquête et que je rassemblerais petit à petit les pièces d'un puzzle en apprenant à écouter ce que chaque témoin avait à me confier et à être attentif aux détails. Je n'en étais encore qu'au début de ce qui allait me demander beaucoup d'efforts, mais je ne reculerais pas devant la masse de travail, même si pendant des mois je ne devais rien faire d'autre que retrouver la trace de ceux, peu nombreux, qui avaient côtoyé Sorel.

Avant de me rendre chez Martin Tran, j'avais passé une soirée dans un de ces vieux cafés du Havre, *Au Bon Retour*, près du port de plaisance. Un client à la voix forte et au faux air de capitaine Haddock y racontait un trek au nord du Vietnam près de la frontière chinoise, où certaines ethnies habitaient des maisons sur pilotis, et une traversée de la baie d'Halong sur un sampan. Il disait que ces paysages étaient d'une grande beauté – il fallait visiter ces régions tant qu'elles étaient encore préservées, tant que les constructions en béton, de plus en plus nombreuses, ne les avaient pas tout à fait enlaidies. Je me demandai si Sorel était allé au Vietnam, le pays de son grand-père, et quelles impressions il en avait retirées. J'aurais dû poser la question à Jean Tran, mais je désirais savoir tellement de choses au sujet de son frère que j'en avais oublié la moitié lors de mon entretien avec lui. Sorel se considérait-il comme un étranger, puisque ses aïeux étaient des paysans du Nord-Vietnam ? Ses livres laissaient entendre qu'il n'avait aucun sentiment d'appartenance. Martin Tran avait essayé de lui apprendre à mépriser cette part en lui qui n'oubliait pas qu'il avait un peu de sang vietnamien. D'avoir un grand-père requis par la France coloniale, arraché à sa famille et à sa terre, parqué avec le bétail à fond de cale dans un bateau, transporté jusqu'au sud de l'Hexagone, où il avait été enfermé dans un baraquement et forcé de suer comme un bœuf de labour, faisait de Sorel un écrivain qui avait quand même dû se poser de nombreuses questions sur ses origines – il ne se sentait pas français à part entière, il ne pouvait pas non plus se dire asiatique.

Ce jour-là je ne savais pas si je serais capable de me mettre à l'ouvrage chaque matin, mais j'avais une furieuse envie d'écrire. Je ne savais pas non plus à quoi ressemblerait le livre que j'avais en projet, mais j'étais déterminé à aller de l'avant. J'avais déjà en ma possession quatre témoignages. À moi de ne pas en faire mauvais usage. Le séjour au Havre m'avait conduit sur plusieurs pistes, ce qui était encore brumeux un mois auparavant commençait à prendre tournure. Je ne me disais pas, comme un jeune journaliste hors de lui d'excitation : « Je tiens *mon* sujet ! » Il me fallait garder la tête froide pour m'attaquer à mon projet, car c'était une gageure, pour moi si enclin à perdre courage aussi vite que je m'étais emballé, de me discipliner. Arriverais-je à parler de Sorel de façon à appâter les lecteurs qui ne lisaient pas les auteurs marginaux ni les auteurs jugés abscons parce que leur littérature n'était pas une littérature du grand déballage ?

J'appelai mon père pour lui annoncer que j'étais revenu à Paris, mais que j'allais me barricader chez moi les prochains jours afin d'écouter mes enregistrements. Je mettrais à profit mon temps libre pour voir quelle forme je donnerais à mon livre. Tiendrais-je mon pari, qui était de ressusciter Sorel en consignant ce que des témoins disaient de lui ? J'étais d'humeur à travailler sans désemparer. Ce soudain excès de confiance contrastait avec le flottement dans lequel j'avais été à la fin de mon séjour au Havre. Je reprenais possession de moi-même et j'étais certain d'atteindre mon but – rendre fameux le nom de Sorel. Je fis part à mon père de mon intention de me consacrer entièrement à mon livre durant les prochains mois. Jusqu'alors mes textes ne dépassaient pas dix feuillets et, sans la lecture des œuvres de Sorel, je n'aurais pas été prêt à entreprendre une œuvre au long cours, la première de ma vie d'homme. Je me disais, de façon un peu solennelle, que mon livre sur lui était mon acte de naissance – j'avais changé depuis que j'avais découvert ses écrits. Le lire m'avait rendu plus mature, quand les choses ne se passaient pas comme je le souhaitais, je réagissais moins en gosse qui se voyait privé de ce qui lui était dû. Le plus difficile était à venir, le plus difficile était d'écrire quelque chose de vivant, révélant au curieux l'existence d'un romancier qui m'était si proche. Il n'avait pas besoin d'un laudateur aux phrases ronflantes, ni d'un commentateur qui décortiquerait sa prose. Je pensais à lui comme à un frère, ce frère aîné que je n'avais pas eu et dont le legs spirituel m'était précieux. Ce matin-là, ma tâche me paraissait malaisée, mais d'autant plus exaltante. Je ne doutais pas que je saurais aller au-delà de mes limites. Je serais plus qu'un enquêteur anxieux d'attirer l'attention sur un écrivain de l'ombre, je ne m'arrêterais pas avant de lui avoir rendu justice dans des pages où j'aurais activé le feu de mon imagination.

Je passai de longues journées à relire Sorel et à travailler. Je ne sortais de chez moi que pour m'acheter à manger, et je ne mangeais que des œufs durs et du thon en boîte. Matin et soir je laissais les volets de ma chambre fermés, je n'ouvrais les fenêtres que la nuit, quand tout dans ma rue était silencieux. J'avais éteint mon téléphone, je ne consultais mon répondeur que tous les deux, trois jours – il n'y avait pas de message urgent. Mes amis étaient en vacances et me croyaient à Uzès, où un cousin de mon père m'accueillait dans sa maison chaque mois d'août. Seule Ludivine, qui était sur la côte basque, semblait impatiente d'avoir de mes nouvelles. Elle m'envoyait par SMS des citations du *Cantique des cantiques* (« J'ai cherché dans mon lit, durant les nuits, celui qui aime mon âme ; je l'ai cherché, et je ne l'ai point trouvé »), elle me demandait pourquoi je faisais le mort et regrettait de n'obtenir aucune réponse de moi. Elle aurait dû comprendre depuis longtemps que notre histoire était à mes yeux bel et bien finie. Je n'allais pas retourner le poignard dans la plaie en lui donnant des explications ou en accourant dès qu'elle me faisait signe. Je me souvenais qu'elle m'avait dit n'être pas faite pour des amours tumultueuses, mais pour une paisible vie de couple. Je la laissais donc à son mari, qui lui apporterait ce qu'elle désirait.

Les enregistrements que j'avais s'avéraient exploitables. Je commençai plusieurs chapitres à la fois, sans trop savoir comment les terminer. Je pris des notes sur Le Havre, je me familiarisai avec le nom de ses quartiers, je regardai les quelques photos que j'avais prises de certains d'entre eux, je choisis dans les romans de Sorel des passages auxquels j'envisageais de faire allusion. Rivé à mon ordinateur, j'écrivis et réécrivis les premières pages de mon livre, mais je finis par tout supprimer. J'avais du mal à trouver des phrases qui ne soient pas empesées. Comparé au style de Sorel, le mien me paraissait guindé. Je tâchais pourtant de ne pas être comme un débutant pétrifié devant ce qui lui incombait. Pendant de longues journées, j'écoutai et transcrivis les premiers témoignages. Lorsque je me mis à rédiger, je m'aperçus que les mots me faisaient faux bond et que j'avais beau me creuser la tête, il n'en jaillissait rien, ou alors seulement des bouts de phrases qui dénotaient une révérence mêlée d'embarras. Je devais m'y prendre autrement si je voulais éviter les boursouflures de style… mais je ne voyais pas encore bien comment parler de Sorel en des termes justes. Tous les matins je m'installais à mon bureau et je tapais sur le clavier de mon ordinateur, mais au bout d'une quinzaine je n'avais toujours pas écrit une ligne qui me satisfasse.

Il faisait un temps caniculaire à Paris cet été-là, je me levais très tôt et, après avoir pris une douche froide, je travaillais à moitié nu. Le chat de ma voisine, entré par la fenêtre ouverte, venait se lover à mes pieds. Je mettais des disques de Hindemith, pensant que sa musique agirait comme un aiguillon. Il n'en fut rien. J'étais, à cause de la chaleur, dans une espèce de torpeur que je n'arrivais pas à vaincre. Mes cahiers étaient remplis de notes, certaines tout à fait illisibles. Le début de mon livre me semblait manquer de nerf. En le relisant, je me disais un jour que c'était un fatras, le lendemain que ce pourrait être pas trop mal si j'étais assez exigeant avec moi-même en mettant en forme l'ensemble. De toute la journée, je ne bougeais pas de mon bureau. Je déjeunais et dînais rapidement pour retourner plus vite à mon texte. Je voulais avoir déjà écrit une trentaine de pages, en m'appuyant sur les confidences recueillies. Mais ce que j'écrivais était loin de valoir quelque chose, me disais-je encore lorsque j'avais dû retoucher plusieurs fois un même paragraphe. Je passais des heures à fignoler mes phrases, comme un greffier maniaque, j'avais le sentiment de ne pas avancer mais de piétiner : les mots m'échappaient et j'étais d'autant plus lent que je procédais en m'arrêtant souvent afin de me relire et, paradoxalement, en prenant bien garde à ne pas trop fignoler pour ne pas verser dans la préciosité.

Sitôt que je fus parvenu à finir un chapitre pas trop honteux, j'appelai Damien Léger, car j'étais resté longtemps sans voir personne. Le mois de septembre s'annonçait presque aussi chaud que le mois d'août. J'avais de la peine à dormir la nuit, de sorte que le jour j'avais le cerveau embrumé. Le soir où je téléphonai à Damien Léger, je me réveillais d'une sieste avec une violente migraine. Je composai son numéro machinalement et mis quelques secondes à trouver mes mots quand il décrocha. Je me présentai le plus succinctement possible, évitant d'avouer que j'avais commencé un livre sur Sorel. Il me répondit aussitôt qu'il était au courant de mes investigations et qu'il m'aiderait du mieux qu'il pourrait. Il me proposa de prendre un verre le lendemain au *Rouquet*, à l'angle du boulevard Saint-Germain et de la rue des Saints-Pères. Depuis qu'il était à Paris, et bien qu'il habite le onzième arrondissement, non loin de la place Léon-Blum, il allait souvent dans ce café, car Paul Celan l'avait fréquenté en son temps. Paul Celan, comme Georg Trakl, faisait partie de la constellation que Sorel et lui plaçaient plus haut que tout.

Damien Léger, très svelte, le visage émacié, avait encore l'air d'un jeune homme. Il arriva au rendez-vous avec le dernier numéro de *La Planche de vivre*, revue qu'il animait avec quelques passionnés de littérature. Elle était hélas très confidentielle mais existait depuis plus de vingt ans et elle devait son titre à un recueil de poèmes traduits par René Char qui, en préambule, définissait la poésie comme « la plus onirique prêteuse qui soit ». Léger y avait fait paraître les textes de jeunesse de Sorel, quoique celui-ci l'en ait dissuadé, lui disant qu'ils n'étaient pas aboutis. Maintenant, Léger s'enorgueillissait d'avoir cru très tôt en un écrivain qui correspondait à l'emblème de la revue, la salamandre, et dont le mot d'ordre aurait pu être qu'il faut « vivre dans le feu ». La semaine qui suivit le suicide de Sorel, ils étaient quelques-uns à envoyer à *La Planche de vivre* des variations sur la fin d'un irréductible. Léger les avait bien entendu publiées, mais sa revue était très peu lue et ce florilège n'avait eu guère d'écho. Il en était désolé, car la mort de son ami de lycée lui avait causé un grand chagrin – les dernières années, il n'entretenait avec lui que des relations épisodiques, mais il l'admirait tellement que, quand il le voyait, il se sentait tout petit, dit-il en me regardant droit dans les yeux.

Ils s'étaient liés d'amitié au lycée Claude-Monet du Havre, moins connu que celui où Jean-Paul Sartre avait enseigné dans les années trente. Damien venait d'une famille aisée qui avait toujours vécu à Sainte-Adresse. Son père possédait une grande agence immobilière. Il la dirigeait avec sa femme et y faisait d'excellentes affaires. Très jeune déjà, Damien, fils unique, s'était dressé contre ses parents, qui ne parlaient que d'investissements fructueux et voulaient que, plus tard, il leur succède à la tête de l'agence. Il s'arrangea pour leur filer entre les doigts et s'enfuir à Paris dès qu'il eut dix-huit ans. Il passa trois années à la fac de lettres grâce à Aude, une tante excentrique, lectrice des surréalistes, qui lui donnait de quoi subsister, ayant hérité une fortune assez considérable de son troisième mari (elle devait en avoir six en tout). Ce fut elle aussi qui finança la mise en orbite de la revue, payant son impression et rémunérant les contributeurs. Jusqu'à ce qu'il entre, à vingt-sept ans, dans une maison d'édition comme lecteur, Damien n'aurait pu vivre à Paris sans le soutien de cette femme, assez fine pour comprendre ce qu'il avait en vue et ne pas se mêler de ce qu'il faisait, sous prétexte qu'elle lui avait signé des chèques et donc avait un droit de regard sur ses projets. Elle lui avait loué un appartement et avait, tous les mois, approvisionné son compte en banque. Elle n'attendait de lui aucun remerciement, elle lui disait qu'elle serait largement récompensée de ses efforts quand elle lirait les belles pages de sa revue, ou quand elle pourrait confier à ses connaissances que son neveu découvrait de jeunes talents. Elle avait été l'une des premières à porter aux nues les écrits de Sorel. Damien avait alors organisé une rencontre entre son vieil ami et elle – Sorel ne prononça pas plus de cinq phrases en présence de cette riche mécène, qui elle-même se prétendait trop intimidée pour le questionner. Le premier rendez-vous avait eu lieu dans un café de la place du Châtelet. Aude arrivait d'Enghien où elle vivait avec son quatrième mari. Sorel, qui venait de publier deux livres, était de passage à Paris. Bien qu'ils ne se soient presque rien dit, ils paraissaient s'être mutuellement appréciés. Elle était intriguée par lui, parce qu'il parlait peu et la fixait de ses grands yeux bruns. Il l'aima tout de suite telle qu'elle était : naturelle, franche, rieuse. Jusqu'à la mort de cette tante, quatre ans avant celle de Sorel, tous trois s'étaient vus de temps à autre. Elle se cachait parfois derrière des lunettes noires, avait un long fume-cigarette et apportait à Damien et Sorel aussi bien de bonnes bouteilles de vin que des livres sur vélin. Quand elle fut foudroyée par une crise cardiaque, Damien proposa à Sorel de lire quelque chose à la cérémonie funèbre. Celui-ci choisit une page de René Daumal, « Brève révélation sur la mort et le chaos » : « Toi qui t'es oublié dans ce tombeau mouvant, / c'est à moi que je parle et mon double me tue, dans l'air statue de sel et dans l'eau bulle, / lorsque le ciel sera mêlé à l'océan, / le sel dans l'eau partout sans membres distingués / et sans cœur et sans nom, étendu – est-ce moi ? / est-ce toi, la bulle à l'air rendue / sans sa peau d'argent ? / Une voix dernière, la nôtre, / pour vider toutes les larmes d'un seul coup, / et ni moi ni toi, attention : / LA BOUCHE AURA MANGÉ L'OREILLE, LA VOIX VERRA. »

Damien se rappelait qu'Antoine était assez ému. Aude avait voulu plusieurs fois lui envoyer de l'argent, lorsqu'il était à sec, mais il refusait toute aide. Elle en était désolée, d'autant plus qu'elle avait été très flattée en lisant le cinquième livre de Sorel, où elle apparaissait brièvement sous les traits d'une habituée des salles de jeux qui perd tout sur le tapis vert et se serait noyée si son chemin n'avait croisé celui d'un vieux fou complètement ruiné, qu'elle sauve d'un mauvais pas.

La veille de sa mort, Aude avait entraîné son neveu et Sorel aux courses hippiques (« Antoine et moi, dit Damien, on l'avait suivie, sans grande envie, on ne s'intéressait pas beaucoup aux chevaux, ni même aux pur-sang »), puis au bord de la Marne, où ils avaient dîné dans un restaurant désert. Toute la journée, elle avait semblé surexcitée, comme si elle se dépêchait de vivre les dernières heures qui lui étaient accordées. Surtout, elle ne cessait d'interroger Sorel, lui demandant quels livres il lisait, s'il travaillait à un roman, si son dernier éditeur lui avait donné un à-valoir correct… Il répondait du bout des lèvres, étonné d'être ainsi assailli de questions. Le lendemain, quand Damien lui téléphona pour lui annoncer qu'Aude était morte d'un infarctus, Sorel ne dit pas un mot, mais son ami sentit qu'il avait beaucoup de peine. Il avait peut-être même plus de peine que lorsque sa mère avait été enterrée, dit Damien. Louise et lui n'avaient pas été proches, il ne se rappelait pas qu'elle se soit jamais montrée affectueuse à son égard – dans sa famille, on n'était ni démonstratif ni cajoleur. Et devant son mari, elle ne s'était jamais avisée d'avoir avec ses enfants des gestes tendres.

Quand ils étaient ensemble au lycée Claude-Monet, Léger et Sorel se racontaient souvent leurs difficiles relations avec leurs parents. Au moins, se disait Damien, son camarade Antoine n'était pas fils unique comme lui, il avait des frères à qui il pouvait se confier lorsqu'il était en révolte contre son père, des frères peut-être tout aussi résolus que lui à ne pas se laisser rogner les ailes. Au lycée, ils avaient reporté la déférence qu'ils auraient dû avoir pour leur père sur leur professeur d'histoire et de géographie, qui était le fils de Maurice Thorez et donnait l'impression de considérer l'enseignement comme sa plus haute mission, rien ne lui important davantage, disait-il, que de transmettre à ses jeunes élèves le peu de savoir qu'il avait. Damien et Antoine rivalisaient pour rendre les meilleurs devoirs sur la Commune ou sur le New Deal. Et quand, en première, ils n'eurent plus ce professeur, ils ne récoltèrent plus que des notes médiocres. L'année de la première, Damien s'en souvenait bien, parce qu'un nouvel élève était arrivé au lycée alors que le deuxième trimestre venait de commencer. Il s'appelait Mathis Guérin, c'était un grand blond au physique de rugbyman. D'emblée, Sorel se prit de sympathie pour ce nouveau venu, qui était l'opposé de lui : costaud, toujours gai, pas très ferré sur les questions philosophiques mais connaissant bien les groupes de rock, il séduisait tout le monde. Le trio que formaient Antoine, Damien et Mathis ne manquait pas de susciter des commentaires, tant ce dernier différait des deux autres, plus prêts à se lancer dans des logomachies qu'à se concerter pour décider quelle était la meilleure méthode de drague. Mathis écoutait Bob Dylan et grattait de la guitare quand il invitait chez lui de jolies camarades. Elles étaient nombreuses à ne pas lui dire non toutes les fois où il leur proposait de passer une après-midi en sa compagnie. Son ascendant en imposait à Antoine, qui pourtant ne paraissait pas s'intéresser aux filles. Non qu'il n'ait aucun des émois adolescents, mais il était trop timide pour savoir traîner les cœurs après lui, alors il feignait de ne pas vouloir jouer les séducteurs. L'amitié entre les trois garçons excitait l'envie, mais donnait lieu aussi à des railleries. Une des élèves de leur classe avait ainsi résumé ce que pensait la majorité : Damien est amoureux d'Antoine, Antoine amoureux de Mathis et Mathis amoureux de lui-même. La remarque fit le tour du lycée, même les pions s'en amusaient. « Il est vrai, dit Damien, qu'à cette époque déjà Antoine était à mes yeux un être totalement à part. J'étais fier de constater qu'il se sentait des affinités avec moi. Je n'étais plus seul. J'étais comme lui déterminé à ne pas marcher sur les traces de parents qui étaient bornés et d'un conformisme despotique. »

Mathis, lui, avait d'après Damien des parents d'esprit plus ouvert. Son père, dessinateur industriel, militait au sein d'associations qui aidaient les migrants. Il avait entraîné sa femme dans ses engagements. Mathis et ses deux sœurs avaient appris d'eux à être curieux de tout ce qui venait de loin. Antoine avait souvent été reçu dans leur maison les jours où il y avait un événement à fêter, il était chaque fois tout heureux de rendre visite à son ami, qu'il enviait beaucoup d'avoir grandi dans une famille unie et hospitalière. Lors des joyeux déjeuners chez Mathis, Antoine et Damien, princièrement traités, même si leurs hôtes étaient loin de rouler sur l'or, ne manquaient jamais de faire la comparaison entre l'atmosphère chaleureuse de ces réunions et celle, tout à fait sinistre, de leurs repas avec leurs pères, tristes sires qui, malgré leur différence de fortune, étaient pareillement pétris d'*a priori* et pressés de condamner la conduite d'autrui, toujours jugé sévèrement.

Mathis avait hérité de ses parents une tendance à l'insouciance. Il ne s'en faisait pas du tout quand il n'avait que de mauvaises notes. Tant qu'il pouvait jouer de la guitare, lire les policiers que son père achetait par dizaines, paresser à la plage, il était content. Avec ses sœurs, il allait nager dans la mer même lorsque l'eau était glaciale. Il incitait Antoine à l'imiter, mais ce dernier, à dix-sept ans, détestait autant qu'à onze ans se mettre en maillot. D'autant plus que, à côté de Mathis, musclé, le teint hâlé, il semblait vraiment trop décharné et trop blafard. Il refusait de se dévêtir devant les sœurs de son camarade, tant il redoutait qu'elles ne le trouvent laid. L'aînée des deux, Mélody, faisait tout pour qu'il soit moins gêné, mais comme elle n'hésitait pas à laisser entendre qu'il l'intéressait, il la fuyait, tout comme il fuyait la cadette, parce qu'elle était taquine et se moquait de lui quand, à la plage, en été, il restait tout habillé alors qu'il faisait trente degrés, ou quand il s'empourprait et bégayait en parlant avec Mélody : il avait beaucoup de mal à rester flegmatique en sa présence. « Je crois, dit Damien, que les filles le terrifiaient. À dix-sept ans, il les voyait comme Bruno Schulz les a mises en scène dans ses dessins : énigmatiques, cruelles, régnant sur les hommes qu'elles mènent selon leur bon plaisir. Il tenait à distance les gamines délurées, il y en avait quelques-unes dans notre classe. Il les regardait avec une sorte d'effroi et il les évitait autant que possible. Seules les filles qui n'avaient pas trop l'air confiantes en elles l'attiraient. En fait il en pinçait pour une certaine Anna, une brunette aux yeux verts, qui n'avait pas d'amies et empruntait des tonnes de bouquins à la bibliothèque du lycée. Il ne s'était jamais déclaré, il n'avait même jamais osé aller s'asseoir à côté d'elle à la cantine. Lorsqu'il la croisait dans la rue, il se détournait et changeait de trottoir. Elle devait s'imaginer qu'il ne pouvait pas l'encadrer. »

L'amitié entre Mathis et Antoine ne devait durer qu'à peine deux années, car le premier, après le bac, suivit ses parents à Mayotte, où ils avaient pris la décision de s'installer. Antoine n'avait plus que Damien avec qui discuter des livres lus et aimés. Mais pendant les quinze mois qu'il avait passés au lycée Claude-Monet, Mathis avait été pour Antoine un camarade d'autant plus apprécié qu'il était son antipode. Ils allaient ensemble voir la mer les jours de bourrasque, à la bibliothèque de la rue Jules-Lecesne chercher de la documentation quand ils avaient des exposés à préparer, au square Saint-Roch quand, au printemps, l'air était plus doux, ils allaient aussi au *Bistrot*, avenue René-Coty, quand Mathis avait un peu d'argent, ils allaient traîner du côté du Pain de Sucre, là où il y avait des ruelles tranquilles, en échangeant leurs impressions sur les romans qui les avaient marqués, ou bien ils allaient fureter dans la *Bouquinerie* d'André Baly, cours de la République, d'où Mathis rapportait des polars, tandis qu'Antoine, toujours désargenté, ne pouvait rien s'offrir, ou alors juste un classique en poche lorsque sa mère lui avait donné trois sous. Damien était un peu jaloux lorsque ses deux amis se retrouvaient entre eux, il avait le sentiment qu'Antoine lui préférait Mathis et qu'il avait plus de choses à lui dire – à l'époque déjà, il ne parlait pas beaucoup, il écoutait plutôt, posant des questions qui montraient combien il était soucieux de connaître ce qui captivait ses amis. « C'était, dit Damien, amusant de les observer, Antoine et Mathis. Ils étaient si dissemblables qu'on se demandait comment ils pouvaient s'entendre. Antoine paraissait constamment dans ses petits souliers. Mathis parlait pour deux et tournait tout en plaisanterie. Il était exubérant, très souriant, et donc très populaire au lycée. Il s'était vite fait des copains dans plusieurs classes, alors que presque tous les élèves tenaient Antoine pour un garçon pas drôle. Il avait perpétuellement l'air de se sentir étranger à ce qui leur plaisait, il lisait des livres qui leur paraissaient arides et il avait, derrière ses épaisses lunettes de myope, un regard qui décourageait les familiarités. »

Damien avait prononcé la dernière phrase d'une voix très basse, à tel point que c'était presque inaudible. Il y avait cette après-midi-là au *Rouquet* une bande d'étudiants qui s'interpellaient et avaient des discussions très vives. En les regardant, je me disais que très certainement aucun d'entre eux ne connaissait l'œuvre de Sorel. Et pourtant sa littérature devrait toucher la jeunesse, en tout cas la jeunesse qui ne pliait pas l'échine et gardait son indépendance d'esprit. À en croire Damien, au lycée Claude-Monet déjà, son ami se singularisait par son sérieux et sa façon de se tenir toujours en retrait, comme s'il ne voulait appartenir à aucun groupe et qu'il se savait rétif à ce qui faisait l'unanimité chez les jeunes gens. Mais d'un autre côté, les êtres sociables que presque tout le monde trouvait formidables, avaient pour lui un je-ne-sais-quoi de magnétique. Mathis était de ceux-là, il tenait ses interlocuteurs sous le charme. L'amitié qu'Antoine avait pour lui était peut-être un peu ambiguë. Je ne livrerais pas d'interprétations hasardeuses sur la part d'homosexualité dans les sentiments qu'il éprouvait.

Damien lui-même m'avait dit de ne pas jouer les psychanalystes à la petite semaine. Ils étaient l'antithèse l'un de l'autre, mais ils étaient liés par quelque chose de fraternel. Mathis n'était entiché que de littérature policière, Antoine n'avait pu l'intéresser aux auteurs qu'il admirait, et pourtant, ils avaient toujours des sujets de discussion, entre deux cours ils bavardaient en fumant des Gauloises, c'était Mathis qui avait poussé Antoine à se mettre au tabac, c'était Mathis aussi qui était le plus prêt à goûter à des plats qu'il ne connaissait pas quand il était en fond et pouvait entraîner son camarade chez des traiteurs au lieu de manger à la cantine. C'était encore Mathis qui obtenait de Martin Tran la permission d'emmener Antoine au bowling le samedi. Non que ce dernier raffole de ce jeu, mais c'était pour lui une occasion de s'échapper de la maison. Martin Tran aimait bien Mathis, parce qu'il était blond et avait les yeux bleus. Lorsque Antoine invitait Mathis à la maison, Martin disait toujours à sa femme de préparer des beignets aux pommes, il fallait bien traiter ce garçon qui venait d'une famille solidement enracinée en Normandie, même si ses parents, disait Martin, commettaient l'erreur de prôner « l'union des peuples, par-delà les frontières », cette grande farce des humanitaristes. « Mathis était mieux accueilli que moi, dit Damien. Le vieux Tran ne m'avait pas à la bonne. Mon teint trop mat ne lui plaisait pas. Et il savait que, du côté de ma mère, j'avais un grand-père arménien. Je n'étais pas un vrai Blanc d'après lui. Et j'apportais toujours des livres à Antoine. Des livres achetés chez les bouquinistes de la région, ils sentaient le moisi, certains étaient tout cornés parce que j'avais marqué les pages les plus frappantes. Si je n'avais pas eu un père plutôt à son aise, le vieux Tran m'aurait défendu sa porte. Il disait haut et fort, en me fixant, qu'il ne pouvait pas piffer les petits prétentieux. Parce que j'avais toujours des livres dans mon sac et que je les prêtais à Antoine, je passais auprès de lui pour un de ces intellectuels qu'il avait en abomination. »

En transcrivant les propos de Damien, je les avais fluidifiés, car il s'interrompait souvent au milieu d'une phrase : les paroles ne venaient pas facilement. Cette manière de s'exprimer était en tout point semblable à celle qu'avait Sorel de répondre aux interviewers. Damien s'identifiait-il tellement à son ami qu'il ne s'apercevait pas de ce mimétisme ? Même sa façon de croiser les bras en se renversant en arrière était pareille à celle de Sorel – dans l'unique émission de télévision à laquelle il avait participé, il se tenait ainsi, l'air d'être sur la défensive. C'était troublant pour moi de m'entretenir avec cet alter ego de mon écrivain. On eût dit que Sorel se réincarnait en Damien. Ce dernier ne lui ressemblait pas physiquement, il n'était pas aussi ravagé, mais sa gestuelle et son regard intense me rappelaient Sorel. J'avais vu et revu l'émission littéraire dont celui-ci était l'un des invités, et j'avais été frappé autant par son regard que par son laconisme. En ce jour où j'étais assis au *Rouquet* avec Damien, j'avais l'impression que lui aussi avait vu et revu l'émission et que, sans qu'il s'en rende compte, il avait la même manière d'être qu'Antoine, bien qu'il soit un peu moins renfermé. Avant d'entrer dans le café, il était resté sur le trottoir à fumer – j'avais remarqué qu'il fumait des Gauloises, les cigarettes préférées de Sorel. De plus, malgré la douceur de la température, il était vêtu d'un de ces pulls à col camionneur qu'affectionnait son ami de lycée.

Comme s'il avait lu dans mes pensées, Damien me dit que, dans son adolescence déjà, ses camarades de classe lui trouvaient beaucoup de points de ressemblance avec Antoine. Les plus cultivés les appelaient Oreste et Pylade, les autres simplement *les inséparables*. Ils n'appartenaient à aucun groupe et, quand Mathis n'était pas avec eux, ils faisaient bande à part au lieu de se joindre aux petits cercles qui se formaient à la fin des cours. Ils étaient suspectés d'avoir une trop haute idée d'eux-mêmes pour se commettre avec des lycéens qui n'avaient rien à faire des poètes du Grand Jeu, et pinçaient le bec lorsque le nom de Trakl était cité. Ces soupçons ne les affectaient pas. Ils avaient très nettement le sentiment que, parfois, ils ne comprenaient ni les garçons de leur âge ni leurs aînés. Les premiers croyaient qu'être jeunes leur donnait tous les droits, « y compris celui d'être uniformément flasques et indifférents à tout », dit Damien, les seconds, qu'être chargés d'ans impliquait qu'ils avaient toujours raison, surtout lorsqu'ils voulaient faire de leurs rejetons de fidèles reproductions d'eux-mêmes. Damien se souvenait des années passées à Claude-Monet comme d'une période où Antoine et lui auraient été bien isolés si Mathis, d'un tempérament liant, ne s'était entremis entre eux et les autres élèves. Ils n'avaient pas été davantage admis, certains de leurs condisciples les jugeant trop différents d'eux, surtout Antoine, qui ne faisait rien pour être accepté et restait volontiers à l'écart. Lui et Damien avaient leurs secrets, le mieux gardé n'étant pas le désir, chez le premier, d'écrire des romans, chez le second, de lancer une revue littéraire. Cela les rendait opaques aux yeux des adolescents à qui leurs parents avaient dit qu'il fallait se chercher un métier solide. Même les plus rebelles se voyaient plutôt partir sur les routes ou aller vivre dans des îles tropicales. Leurs seules lectures étaient des lectures obligatoires, et c'était de mauvais gré qu'ils lisaient jusqu'au bout les livres au programme du bac (« En quoi je les comprenais, dit Damien, car rien n'est plus rébarbatif que de lire des livres uniquement en vue des examens de fin d'année »).

À cette époque, Mathis, oubliant un peu ses polars, s'était pris de passion pour un Genevois qui aurait voulu faire œuvre mais avait passé sa vie à tergiverser, tenant pendant de longues années un journal intime où il revenait continuellement sur son impuissance à fonder un foyer et à être un véritable créateur. Un volume réunissant des fragments de ses confessions était paru à la fin des années vingt. Le père de Mathis l'avait rapporté d'une virée chez un bouquiniste parisien. Le livre avait pris la poussière sur une étagère de la bibliothèque familiale, coincé entre un guide de la Corse et une encyclopédie des plantes, jusqu'au jour où Mathis tomba dessus par hasard. Il le feuilleta, se demandant qui pouvait bien être cet original, il parcourut une vingtaine de pages et se dit aussitôt que ce ressasseur ne manquerait pas d'hypnotiser son ami Antoine s'il le lisait. C'est ainsi que grâce à Mathis, Sorel eut connaissance des carnets d'Henri-Frédéric Amiel (le nom d'Amiel lui était cher, car c'était aussi celui que Stendhal avait au départ donné à l'une de ses héroïnes, la jeune Lamiel). D'après moi, dans l'univers d'Amiel, monotone et fermé par d'étroites limites, il avait vu la préfiguration de la vie qui aurait été la sienne s'il s'était laissé dominer par son père. Il aurait couché sur le papier ses regrets de ne pouvoir avoir la même existence que tout le monde, de n'avoir pas un fils et de n'être pas assez volontaire pour mener à son accomplissement un livre qui n'aurait pas été un livre *faute de mieux*. Chef-d'œuvre du ressassement inutile, le Journal d'Amiel avait, comme l'avait prévu Mathis, exercé une sorte d'attrait hypnotique sur Sorel lorsqu'il avait dix-huit ans. Il s'en était fallu de peu que la fréquentation de cet obsessionnel inhibé par toutes sortes de craintes ne le dissuade d'entreprendre quoi que ce soit, et surtout de mettre sur l'enclume son premier roman. Il avait été à deux doigts de se dire qu'il n'avait pas la persévérance nécessaire pour bâtir une œuvre et que de toute manière rien ne valait la peine. Il avait commencé à écrire en pastichant Amiel le grand douteur. Mais très vite il s'était libéré de tout cela. Et quand il fit paraître son premier récit, il n'y avait plus nulle trace de son engouement pour le diariste, professeur d'esthétique, qu'admirait tant Tolstoï.

« Moi-même, avoua Damien, je me déclarais *amiélien*. J'aimais ce qu'aimait Antoine. Et Antoine aimait Amiel aussi parce que c'était Mathis qui le lui avait fait découvrir. » Tous trois se passaient les carnets de ce sceptique, Mathis étant le premier à ne plus y trouver que des lamentations et à penser que le monde dans lequel évoluait Amiel était trop étriqué. S'ensuivaient de longues discussions où Damien tendait à approuver Mathis, tandis qu'Antoine défendait l'ermite genevois, maître de l'introspection dont de nombreux écrivains du XXe siècle avaient loué la sagacité. En ces temps-là, il lisait beaucoup de Journaux intimes, comme s'il cherchait, chez les auteurs qui se penchaient sur leur vie intérieure, une boussole l'aidant à s'orienter.

« N'allez pas croire qu'on était des jeunes gens d'un autre âge, qui ne juraient que par des écrivains inconnus de leurs camarades, dit Damien en observant les étudiants assis à la table d'à côté. On adorait aussi Corto Maltese, on rêvait parfois d'aventures ou on espérait qu'un jour on irait à la conquête de Paris, moi surtout, car à mon avis ça n'intéressait pas Antoine d'être, boulevard Saint-Germain, un écrivain qui tiendrait le haut du pavé. Ce qu'il appréciait chez Amiel, c'était son absence d'ambition mondaine. Ce qu'il appréciait encore plus chez lui, c'était son austérité. Amiel ne se donnait pas pour ce qu'il n'était pas. Il avait souvent le fort sentiment de ne pas comprendre ce dont ses prochains faisaient grand cas. »

Damien se rappelait que, l'année de la terminale, Sorel lisait et relisait si souvent les journaux d'Amiel qu'aucun autre livre ne semblait plus instructif à ses yeux. Plus tard, il devait dire que c'était plutôt une lecture dans laquelle on se lançait à la fin de sa vie, quand on avait tourné le dos à ce qui vous avait fait courir, jeune.

Avant que Mathis ne s'envole pour Mayotte, ils s'étaient retrouvés tous les trois à la plage, et pendant une soirée entière, ils avaient fumé et bu de la bière. C'était la première fois qu'Antoine en buvait, il ne savait pas encore qu'il n'allait plus s'en passer et qu'il n'écrirait pas sans en avoir une bonne provision. Il y avait aussi du vin, les parents de Damien lui ayant permis de prendre quelques bouteilles entreposées dans la cave de leur maison. Mathis avait apporté sa guitare et il s'amusait à chanter des chansons en changeant les paroles. Damien, déjà ivre après avoir bu quelques gobelets de bourgogne, faisait le pitre, tandis qu'Antoine s'apercevait qu'il tenait bien l'alcool et, s'il était légèrement gris, n'avait pas vraiment le vin gai, mais se laissait quand même gagner par l'humeur joyeuse des deux autres. Ils venaient d'obtenir le bac. Damien n'avait qu'une idée en tête – aller vivre à Paris. Mathis était sur le point de s'expatrier avec sa famille. Antoine ne pensait qu'à se tirer des pattes de son père. Ils se demandaient s'ils resteraient en contact ou si leurs routes se séparaient à partir de ce jour-là. Damien se rappelait qu'ils s'étaient promis de tout faire pour ne pas se perdre de vue, mais lui et Antoine se doutaient que Mathis leur enverrait de brèves lettres seulement au début de son exil : avec le temps il finirait par les oublier, il se ferait de nouveaux amis à Mayotte. Les petits mots de Mathis devaient même se raréfier au bout de quatre mois déjà, d'autant plus que Damien, installé à Paris, et Antoine, parti de chez lui, avaient laissé sans réponse certaines de ses cartes postales. Il ne restait de leur amitié qu'une photo d'eux trois prise sur la plage par un passant le soir des adieux. « C'est moi qui ai gardé le Polaroid », dit Damien en me le montrant. Mathis y arborait un sourire charmeur, Damien fixait l'objectif, la main posée sur l'épaule d'Antoine, qui regardait au loin, l'air soucieux. « C'était le temps du un pour tous, tous pour un », dit encore Léger en rangeant vite le Polaroid dans son portefeuille, comme s'il avait peur que je ne veuille m'en emparer.

Sur ce, après plusieurs cafés, il commanda de l'alcool et me proposa d'aller nous asseoir en terrasse. La lumière de l'été finissant nimbait d'une couleur chaude le feuillage des arbres du boulevard Saint-Germain. Damien enleva son pull, retroussa les manches de sa chemise et sortit ses Gauloises de la poche de son pantalon. Il en fuma trois à la suite, tirant de longues bouffées avec un plaisir manifeste. « Oui, oui, un pour tous,

tous pour un, reprit Damien. Je crois que, par la suite, Antoine n'a jamais eu de vrais amis. En vieillissant, il ne fréquentait plus que des clochards. Il ne me faisait pas toujours signe quand il venait à Paris. Il n'avait envie de voir personne. Lorsqu'il s'est séparé d'Isabelle (on vous a parlé d'elle ?), il a disparu pendant plus de six mois. Il logeait je ne savais où, sûrement dans une turne sordide. Avant qu'il ne termine son premier roman, j'avais publié dans *La Planche de vivre* des textes qu'il avait griffonnés dans un carnet. Il les trouvait très imparfaits et ne voulait pas qu'ils paraissent. J'ai dû beaucoup insister. Pour moi c'étaient des merveilles. Il consignait des choses vues, il croquait des personnages qui semblaient de prime abord insignifiants, il avait un ton pince-sans-rire et l'art de mettre en valeur de petits riens. Ma revue n'était pas lue par grand-monde, surtout en ces années-là où elle n'était connue que de quelques centaines d'abonnés, mais je veillais à publier des proses qui ne soient pas de l'eau tiède. Et ce qu'Antoine écrivait à cette époque était déjà saisissant, même s'il en était rarement satisfait. Il n'était pas de ceux qui se croient dotés d'un immense talent et se comportent en conséquence. Quand je lui parlais de ses textes, il avait toujours l'air de les considérer comme des broutilles. C'était moi qui guettais les recensions de ses livres. C'était moi qui me rengorgeais lorsqu'elles étaient élogieuses. C'était moi aussi qui me fichais en rogne lorsque, au moment de la publication d'un de ses derniers livres, un critique, d'un journal plutôt conservateur, prétendait qu'il était tombé dans un système, qu'il écrivait toujours le même livre et n'avait pas su se renouveler. C'était d'autant plus rageant que le même jour, dans un journal plutôt de gauche, un autre critique exprimait ses réserves et concluait son papier en disant : “Le dernier opus de Sorel déroute. Il a changé de manière et on ne peut que le déplorer.” Antoine se contentait de hausser les épaules chaque fois que je me mettais en colère à la lecture de ces articles. Ça ne le perturbait pas le moins du monde. Il en aurait fallu plus pour qu'il sorte de son mutisme. Avec l'âge, il était de moins en moins loquace. »

Damien se rappelait avoir vu Antoine pour la dernière fois six mois avant son suicide. Il lui avait dit qu'il avait retrouvé Mathis grâce aux réseaux sociaux, mais Antoine semblait n'avoir aucun désir de savoir quelle vie menait son ancien ami de lycée, d'autant moins qu'elle s'avérait totalement différente de la sienne : il était prof à Mayotte, s'était marié assez jeune, avait eu des amourettes qui n'avaient pas mis en péril son mariage, s'était acheté une maison, qu'il avait passé des années à rénover, et où avaient grandi ses trois enfants, tous promis à une carrière dans l'enseignement et bien déterminés à s'assurer, comme leur père, une existence protégée. Mathis lisait toujours des polars et jouait de la guitare certains soirs, lorsqu'il réunissait ses voisins dans le jardin de sa maison. Il avait entendu parler des livres de Sorel, en avait acheté trois ou quatre mais n'en avait lu qu'un, non sans difficulté et en le trouvant trop *flippant*, de sorte qu'il en était resté là. Il n'avait pas été très surpris d'apprendre qu'Antoine était devenu écrivain, et un écrivain qui, sans être un prophète du pire, ne chantait pas la joie de vivre. Comment pouvait-on avoir une vision du monde aussi noire ? avait demandé Mathis en envoyant un message à Damien. Il se rappelait qu'autrefois, au lycée Claude-Monet, il surnommait Antoine « le Chevalier à la Triste Figure »

– il n'était pas un éteignoir, mais il avait un air de gravité qui ne correspondait pas à son âge. « Heureusement que j'étais là pour le dérider », avait écrit Mathis dans un mail. Il s'attribuait le mérite d'avoir rendu moins morne l'adolescence d'Antoine. Et il était certain que, s'il n'avait pas quitté Le Havre, il aurait continué à avoir une influence bienfaisante sur son ami, qui n'aurait pas écrit des livres aussi sombres. Damien lui répondit que ce n'étaient pas des livres sombres pour qui ne se berçait pas d'illusions et n'évitait pas de voir la vérité en face, mais Mathis croyait fermement qu'il aurait changé Antoine, qu'il lui aurait donné le goût des bonnes choses de la vie et l'aurait incité à jouir des plaisirs terrestres.

« Je pensais, dit Damien, qu'Antoine serait heureux d'avoir des nouvelles de Mathis. On avait connu tous les trois, à dix-sept ans, des moments de grande complicité. Ça ne s'oublie pas. Mais quand j'avais retrouvé Mathis, Antoine ne voyait déjà presque plus personne, sauf ses frères, moi de loin en loin, et des pochtrons. Une fois qu'il avait divorcé et qu'Isabelle n'avait plus été là pour faire le lien entre lui et les quelques connaissances qu'ils avaient, il avait rompu toutes les attaches. Je n'aimais pas Isabelle. Je trouvais son intérêt pour l'art un peu trop artificiel. Pendant les trois années où Antoine était marié avec elle, je n'étais jamais allé chez eux. Les soirées d'Isabelle, je m'en passais bien. Je ne pouvais pas gober ses amis. Antoine n'était d'après eux qu'un *pauvre type*. Parmi les amis d'Isabelle, il y en avait quelques-uns qui se piquaient de littérature, mais ceux-là étaient encore pires que les autres, ils posaient pour la galerie. Isabelle m'avait invité au début, chaque fois que je rentrais au

Havre, puis comme je ne venais pas, et que je l'évitais même lorsqu'elle était à Paris, elle avait décidé que j'étais un mufle, à rayer de ses listes. Elle disait à tout le monde le plus grand mal de moi. J'étais selon elle un intrigant, qui se servait de son amitié avec Antoine pour s'insinuer partout. »

Le nom de Sorel commençait alors à circuler dans certains cercles. Sans toujours les lire, on citait souvent ses deux premiers romans. Certes, ils n'étaient pas bien nombreux à considérer Sorel comme un écrivain de valeur, mais son entrée dans le monde littéraire, si discrète soit-elle, n'était pas passée inaperçue. On le tenait pour un auteur *inclassable*, comme disent les maniaques de la classification. *Inclassable*, il l'était du moins aux yeux de quelques critiques avertis, mais guère influents. Damien faisait, en vain, campagne pour que d'autres critiques, plus écoutés, s'intéressent aux livres d'Antoine, pas tant parce qu'il désirait que son ami soit un romancier à succès que par une sorte de prosélytisme : sorélien enthousiaste, il faisait tout pour ne plus être seul à porter haut les couleurs d'un créateur jugé incomparable. Isabelle, elle, même si elle s'en cachait, aurait tellement aimé qu'Antoine soit un vrai romancier à succès. Ses soirées auraient eu plus d'éclat si son mari avait traîné derrière lui une cohorte d'admiratrices. Elle prétendait ne pas souhaiter qu'il soit une de ces célébrités sans cesse traquées par les journalistes et donnant des interviews à longueur de journée, mais Damien l'avait entendue faire grief à Antoine de ne rien tenter pour plaire davantage au plus grand nombre. D'autres fois, elle disait que, de toute manière, le genre de livre qu'il écrivait n'était pas destiné à la *populace*, et c'était tant mieux, car elle n'aurait pas voulu être la femme d'un écrivain constamment sollicité par des suivistes, lecteurs des seules œuvres qui avaient été plébiscitées. D'autres fois encore, elle répétait que si elle n'avait pas été là, il serait mort de faim ou aurait été si isolé qu'il serait devenu fou, elle disait aussi qu'elle aurait pu l'aider à être une personnalité très recherchée – pour cela, il aurait fallu qu'il accepte d'aller vivre à Paris et d'être moins autiste, mais les années passant, il était toujours aussi peu prêt à se lier avec les gens qui comptaient. Elle avait très rapidement renoncé à lui suggérer de se montrer plus civilisé. Elle accusait Damien de l'inciter à se replier sur lui-même et à ne pas prêter l'oreille à ce qu'elle lui conseillait, quitte à mettre en danger leur vie conjugale. S'ils avaient eu un fils, elle se serait résignée au peu qu'il lui offrait, et qui n'était pas reluisant, disait-elle à la fin des trois années de mariage, tout en se félicitant de n'avoir pas fait d'enfants : ils auraient sûrement été à l'image de leur père, elle n'aurait eu que des déboires avec eux, ou alors ils auraient été bien malheureux car leurs parents ne se seraient entendus sur rien et seraient restés ensemble en se haïssant parce que chacun n'aurait pas pardonné à l'autre d'être ce qu'il était. Elle ne manquait jamais une occasion de rappeler qu'elle avait essayé de sauver son couple, mais qu'Antoine n'était pas capable de construire quoi que ce soit : il cédait au vertige de l'autodestruction.

Damien se souvenait qu'Antoine lui avait dit s'être lourdement trompé en se mariant. Il avait cru être à ce point amoureux qu'il serait un mari acceptable, mais au bout de quatre mois il s'en voulait déjà de n'être pas resté célibataire, tant la vie commune, avec ses règles et les renoncements qu'elle impliquait, lui pesait. Ce n'était pas la faute d'Isabelle, elle faisait ce qu'elle pouvait pour qu'il ne regrette rien. Elle s'imaginait qu'en n'ayant plus à se soucier du lendemain, il penserait avoir eu raison de l'épouser. Elle s'imaginait aussi que, si elle manœuvrait adroitement, il ne refuserait plus d'avoir des enfants, et alors leur vie changerait du tout au tout. Quelle désillusion quand elle s'était aperçue qu'Antoine ne consentirait jamais à être père ! Elle avait pleuré des nuits entières, la tête dans l'oreiller, pendant que, rivé à son bureau, il remaniait un manuscrit qu'il devait jeter à la poubelle. Elle avait vu dans ce geste un reproche muet à son endroit : en vivant avec elle, il avait abdiqué son indépendance et sa rage d'écrire était allée en diminuant. Avant de devenir la femme de Sorel, disait-elle, elle ne savait pas ce que cela signifiait d'avoir une rivale, elle s'en était vite découvert une qui avait nom *littérature*, et qui était redoutablement puissante. Ce n'était pas vraiment parce qu'il s'enfermait tous les jours pour travailler et qu'elle se sentait délaissée, mais parce qu'il ne voulait rien de ce dont elle rêvait et paraissait toujours se mordre les doigts d'avoir dit adieu à sa chère solitude. Si encore il l'avait associée à ce qu'il faisait, mais il ne lui parlait jamais de ses textes, « comme si elle était trop idiote pour y comprendre quelque chose », avait-elle dit à Damien un jour où elle était à Paris et où, étonnamment, elle l'avait appelé pour lui proposer de prendre un café avec elle. À peine arrivée au bistrot, elle lui avait annoncé que Sorel venait de mettre à la poubelle un manuscrit qui lui avait demandé deux ans d'effort, il était parti de la maison, et voilà plus d'une semaine qu'il n'était pas réapparu. Elle avait cherché à le retenir lorsqu'il s'était sauvé, mais il lui avait crié qu'il avait besoin d'être loin un certain temps. Ce n'était pas la première fois, depuis leur mariage, qu'il se sauvait ainsi de la maison, mais c'était la première fois qu'il disparaissait aussi longtemps. Elle se demandait si Damien l'avait vu. Elle s'inquiétait vivement à son sujet. Elle craignait qu'il ne fasse une *bêtise*, comme de se jeter sous le métro. Elle suppliait Damien de le retrouver. Celui-ci tâcha de la rassurer : Sorel avait probablement juste envie d'être seul quelques jours. Il n'y avait pas à se mettre martel en tête. Elle répondit qu'elle était à la torture. Et qu'allait-elle dire le lendemain, au grand dîner prévu de longue date dans un restaurant du Havre, où elle avait invité une vingtaine de personnes pour fêter son anniversaire ? Comment justifierait-elle l'absence de son mari ? Pourquoi s'était-il volatilisé ainsi, alors qu'il y avait déjà tant de cancans sur leur couple ?

Isabelle, si fière au début de se ficher du qu'en-dira-t-on, était de moins en moins indifférente à ce qui se murmurait à propos d'elle et de son mari. Ses amies, protestant de leur affection pour elle, lui rapportaient les ragots colportés au sujet d'Antoine. « Le Havre n'est pas une si grande ville. Tout finit par se savoir », disait Isabelle à Damien en lui confiant que Sorel avait souvent l'air d'un fou échappé d'un hôpital psychiatrique ou d'un sans-logis qui n'avait que des loques à se mettre. Elle n'aurait jamais dû l'épouser. Elle était si certaine qu'elle pourrait le changer, qu'ils mèneraient tous deux une vie agréable : elle aurait organisé des voyages qui leur auraient permis de ne rester au Havre que six mois par an, elle aurait donné des réceptions où il aurait brillé, elle l'aurait poussé à rencontrer des intellectuels avec qui elle aurait pris soin de correspondre, des journalistes à qui elle aurait vanté ses livres… Bien qu'elle ait lu ce que son mari écrivait, elle continuait à espérer qu'il y avait deux Sorel, d'un côté, celui qui s'exprimait dans ses romans et était presque misanthrope, de l'autre, celui qui s'était marié avec elle et ne refuserait pas de jouer le jeu social. Elle s'était vite rendu compte qu'il ne serait pas tel qu'elle le voulait. Et surtout, qu'il la supportait de moins en moins. Il ne lui était pas reconnaissant de ce qu'elle faisait pour qu'il soit apprécié des *gens bien*. Elle déchantait et recevait encore plus souvent des amis à dîner, pendant qu'il vadrouillait en compagnie de poivrots. Ceux qui venaient à ces soirées disaient entre eux qu'il déclinait chaque jour un peu plus. Il s'en trouvait qui plaignaient ouvertement Isabelle, pendant qu'elle jouait la parfaite maîtresse de maison, si bien qu'elle en était toute démontée et, prise en flagrant délit de mensonge, semblait tout près d'éclater en sanglots, du moins était-ce ce qu'on avait raconté à Damien. « Antoine s'était lié avec un Praguois qui avait été peintre à Budapest et dormait sur les trottoirs du Havre. Ce Praguois ne fréquentait que des stripteaseuses, il les présentait à Antoine, qui emmenait tout ce joli monde se soûler dans les bistrots de Saint-François dès qu'il avait touché un peu d'argent. Isabelle venait l'y chercher, sous le regard moqueur des amies du Praguois. Antoine ne refusait pas de rentrer, mais à peine sa femme l'avait-elle ramené chez eux qu'il s'échappait et disparaissait de nouveau. »

Damien n'avait pas grand souvenir des beuveries qu'il avait eues avec Sorel, parce qu'il ne supportait pas bien l'alcool : dès qu'il avait avalé trois ou quatre verres, la tête lui tournait et il était dans le cirage. Quand ils étaient encore jeunes, chaque fois qu'Antoine venait à Paris, ils allaient tous les deux dans un café de Saint-Sulpice, *Chez Georges*, et ils y restaient toute la soirée, parfois sans presque se parler. Damien apportait à Sorel des Gauloises et le dernier numéro de sa revue, en échange, il recevait un texte que son ami avait écrit sur un bout de table. En ce temps-là, il écrivait très vite, n'importe où, dans un bistrot, dans un parc, dans la salle d'attente d'une gare, mais plus tard, ce devait devenir plus difficile, surtout lorsqu'il changea de braquet et se mit à attaquer violemment ses contemporains.

Avant d'être poursuivi par Isabelle, qui ne l'avait pas lâché tant qu'il n'avait pas accepté de la voir tous les jours pendant la quinzaine où elle était au Havre, puis de se marier avec elle, il avait retrouvé par le plus grand des hasards la prof de musique qu'il avait eue en classe de cinquième. Elle s'appelait Judith Altmann et elle avait vingt-sept ans de plus que lui mais, d'après ce que savait Damien, ils avaient vécu ensemble une histoire passionnelle, qui avait duré un peu plus d'un an. Sorel n'avait que la vingtaine. Il n'avait pas encore publié. Il était seul, dans une assez grande détresse. Il avait rencontré Judith en allant prendre le funiculaire. Elle se rendait chez sa mère adoptive, qui avait une maison à Sanvic. Judith était née à Saint-Germain-en-Laye. Elle n'avait pas cinq ans lorsque, en 1944, ses parents, dénoncés à la Gestapo, avaient été déportés et gazés à Birkenau. Elle avait été sauvée par une voisine qui l'avait cachée et, à la fin de la guerre, l'avait adoptée. Cette femme avait de la famille au Havre, si bien que, dans les années cinquante, elle s'y était installée avec Judith. Elle y avait épousé un instituteur, mais celui-ci était mort assez jeune.

Damien savait seulement de la liaison de Judith et d'Antoine qu'elle avait apporté beaucoup de choses à ce dernier, à un moment où il avait quitté depuis quatre ou cinq ans le domicile familial, était sans argent, commençait à boire tous les soirs, travaillait à son premier roman mais, même s'il écrivait alors avec une certaine facilité, se demandait s'il arriverait à le terminer, tant il doutait de lui. À près de cinquante ans, Judith était toujours une belle femme, peut-être plus belle encore que quand elle enseignait au collège d'Antoine. Elle avait des cheveux très noirs et elle portait souvent des pulls du même bleu que ses yeux. Lorsqu'elle et Antoine s'étaient croisés à l'entrée du funiculaire, elle ne l'avait pas reconnu, c'était lui qui, surmontant sa timidité, s'était approché d'elle d'un air emprunté pour se présenter. Quand il lui eut dit qui il était, lui rappelant qu'il avait été l'un de ses plus mauvais élèves, celui qui avait tellement de mal à apprendre le solfège, elle lui sourit d'un air si doux qu'il n'eut qu'une envie : nouer des relations avec elle et la revoir aussi souvent que possible. Au début, ils ne faisaient que se promener ensemble de temps en temps, ils allaient le long de l'avenue Foch jusqu'à la plage. Puis ils s'étaient retrouvés chaque fin d'après-midi chez elle, rue de Paris. Elle lui jouait du piano, il lui lisait des écrivains d'Europe de l'Est qu'il avait découverts grâce au Praguois. Il n'avait dit à personne qu'il avait ces rendez-vous avec elle. Et Damien, croyant qu'elle était trop âgée pour qu'il y ait un flirt entre eux, n'avait pas deviné que son ami était tombé amoureux de Judith.

D'après Damien, Sorel ne se cherchait pas une mère en se faisant aimer de Judith. Il devait plutôt avoir une certaine pente à la protéger, comme si c'était lui, l'aîné.

Judith l'avait repoussé au début, quand il ne lui avait plus dissimulé ses sentiments. Mais il était loin de lui être indifférent. Elle venait de divorcer. Sa fille, qui avait l'âge d'Antoine, était partie vivre dans le Sud. Elle s'était retrouvée sans personne près d'elle. Puis Antoine était entré dans sa vie. Elle ne s'accrochait pas à lui comme une vieille maîtresse certaine qu'elle serait abandonnée si elle ne se l'attachait pas par tous les moyens. À cette époque, il était de moins en moins sûr qu'il parviendrait à écrire un livre de quelque valeur. Il avait toujours autant d'ennuis d'argent et les cachait à Judith. Il n'aurait pas accepté qu'elle l'invite chaque fois qu'ils dînaient au restaurant, il n'acceptait déjà pas que Damien lui offre tout le temps des cafés. Ses frères ne gagnaient pas encore leur vie et n'étaient donc pas en mesure de l'aider. C'était plutôt lui qui leur prêtait de petites sommes lorsqu'ils en avaient besoin.

« J'ignore quand son histoire avec Judith a commencé », dit Damien. Il n'allait se douter de ce qui s'était passé que lorsque tout serait fini entre eux. Antoine avait gardé une photo d'elle et de lui, prise un matin d'été sur la plage par un serveur d'un des restaurants saisonniers. Elle avait glissé d'un livre qu'il portait sous le bras un jour où il était chez Damien. C'est ainsi que celui-ci en vint à soupçonner la vérité, à savoir que Judith avait été pour Antoine bien plus qu'une prof de musique retrouvée des années après et avec qui il était juste allé de temps à autre se balader au bord de la mer. Il était secret, il ne dit pas un mot sur cette passion pendant qu'il la vivait. Il ne devait se confier à Damien que plus tard, et de façon pudique, si bien que ce dernier, réduit aux suppositions, se perdait en hypothèses, mais d'après lui Antoine était plus amoureux qu'il ne devait jamais l'être au cours de son existence. Et il avait été désespéré lorsque Judith avait mis fin à tout cela, lui conseillant de fréquenter plutôt les jeunes filles de son âge. Elle était très libre, elle refusait tout net de répondre quand il la questionnait sur son emploi du temps, sur les hommes qu'elle voyait. Il était d'une jalousie maladive, il aurait voulu qu'elle soit tout occupée de lui, qu'elle n'ait aucun ami. Il était même jaloux de son passé, du mari qu'elle avait eu, des amants qui ne l'avaient pas oubliée. « Je crois, dit Damien, qu'il lui avait rendu la vie impossible. Il s'en est repenti une fois qu'ils ont rompu, mais tant qu'ils étaient ensemble, il ne pouvait s'empêcher de lui faire des scènes. »

Damien, commandant un autre verre d'alcool, m'assura qu'il n'en savait pas plus sur les amours d'Antoine et de Judith. Seule cette dernière pourrait tout me raconter dans le moindre détail. Elle avait soixante-douze ans maintenant et s'était retirée à Étretat. Peut-être accepterait-elle de me recevoir si je ne me montrais pas trop pressant. À moins qu'elle ne refuse d'évoquer Antoine. Selon certains, elle était restée tout à fait seule après la rupture. Selon d'autres, mauvaises langues, si elle était restée seule, c'était parce qu'Antoine lui en avait fait trop voir et qu'il l'avait dégoûtée des histoires passionnelles. Damien se demandait comment ceux-là étaient au courant, alors que lui-même, ami proche d'Antoine, n'avait appris que tardivement qu'il y avait eu quelque chose entre elle et lui. « Oui, dit Damien, les gens que j'interrogeais sur Judith étaient tous d'accord pour charger Antoine, qui aurait été épouvantablement possessif. » Damien hésitait à leur donner raison. Faute d'avoir eu des confidences d'Antoine, il n'était pas en mesure de juger. Le peu qu'il savait des amours d'Antoine et de Judith, il n'était pas sûr que ce soit vrai. Elle seule pourrait confirmer ou infirmer les dires des indiscrets qui prétendaient avoir été mis dans le secret.

Judith était devenue un des personnages d'un livre de Sorel, une musicienne dont les parents ont été raflés presque à la fin de la Seconde Guerre. Décrite comme une femme fantasque, amoureuse de l'amour et toujours prête à s'éprendre des hommes qui apportent un vent de nouveauté, elle est prénommée Rachel et, d'après Damien, jamais peut-être Sorel n'avait ainsi porté au pinacle une de ses héroïnes. Judith avait-elle lu ce roman et s'était-elle reconnue dans le portrait de Rachel ? Lorsque le livre était sorti, cela faisait déjà des années que Sorel et elle ne s'étaient plus vus, des années qu'Isabelle l'avait quitté, des années qu'il n'y avait pas de femme dans sa vie, des années qu'il se dégradait, était souvent mal en point, de plus en plus alcoolique, de plus en plus insociable, si bien que l'écriture de ce récit lui avait offert une sorte de rémission. « C'est l'un des rares romans de lui qui soit un peu lumineux, comme si Judith lui avait communiqué son énergie vitale et lui avait permis de reprendre le dessus le temps d'un livre », dit Damien qui, écrasant sa cigarette dans le cendrier que le serveur venait de poser sur la table, me rappela qu'il ne fallait cependant pas chercher des ressemblances entre les personnages de Sorel et des personnes ayant réellement existé. Il y avait dans chacune de ses œuvres transmutation, de sorte que tout prenait une autre dimension. Je le rassurai : je n'allais pas écrire un bouquin où je chercherais ces ressemblances. D'ailleurs, quel genre de bouquin serait le mien ? Je n'en savais fichtre rien. Ce dont j'étais certain, c'était que mon enquête me passionnait et que j'étais bien résolu à la mener jusqu'au bout, car je ne m'étais jusqu'à présent pas encore emballé pour un projet au point de m'y consacrer jour et nuit. D'aucuns feraient remarquer que j'étais sur un terrain glissant et que je risquais d'embaumer Sorel avec un panégyrique. Mais moi, je ne doutais pas que j'éviterais tous les écueils. Je ne doutais pas non plus que j'arriverais à faire parler les témoins rencontrés, de façon à brosser un portrait de Sorel qui resterait dans les mémoires. J'étais convaincu que j'irais de découverte en découverte, et que, après quelques moments d'incertitude, je dominerais si bien mon sujet que travailler à mon livre serait une partie de plaisir. J'avais fait le pari de réparer ce qui m'apparaissait comme une injustice – le relatif insuccès qu'avait connu Antoine Sorel de son vivant – en écrivant sur lui de telle manière que ceux qui ne l'avaient pas lu se reprocheraient leur incuriosité et que ceux qui avaient méjugé de lui battraient leur coulpe.

Pendant que Damien Léger, fumant beaucoup, essayait de se souvenir de quelques faits qui pourraient me servir quand je m'attellerais vraiment à la tâche, un de ses amis, passant devant le *Rouquet*, le vit et s'arrêta pour lui serrer la main. Damien me le présenta comme l'un des plus fervents lecteurs de Sorel. Je pris immédiatement en grippe ce type qui avait un nom à rallonge et tout l'air de me prendre pour un *péquenot*. Il était beaucoup plus jeune que Damien, et même un peu plus jeune que moi. Mais il avait l'attitude de quelqu'un qui semblait vous dire en vous regardant droit dans les yeux : « Je ne suis pas le premier venu. » Il avait avec lui trois ou quatre journaux et un essai récemment paru. C'était à l'évidence un littérateur. Et j'étais contrarié d'apprendre qu'il faisait partie des inconditionnels d'Antoine Sorel. Je n'avais encore rien écrit de sensé sur ce dernier que déjà je me réservais exclusivement le privilège d'être un authentique sorélien, alors que tous les autres ne faisaient référence à ses œuvres que parce qu'ils trouvaient chic de les citer.

Comme j'étais exaspéré par ce jeune type qui s'était assis à notre table sans y avoir été invité et que Damien n'avait plus grand-chose à me révéler, je me levai et me préparai à partir. Le jeune type me dit : « J'espère que je ne vous fais pas fuir. » Je ne répondis rien, pris mon magnétophone et décampai. En descendant le boulevard Saint-Germain, je me répétai que je ferais tout pour obtenir l'adresse de Judith Altmann, me rendre chez elle et enregistrer ce qu'elle aurait à dire sur Sorel. J'en étais là dans mes réflexions lorsque mon téléphone vibra. C'était mon père, qui me demandait quand je passerais le voir pour lui faire part des résultats de mon enquête. Je répondis que je me proposais justement de l'appeler et, s'il ne dormait pas encore, d'aller chez lui. Il me dit qu'il n'irait se coucher que très tard, et qu'il m'attendrait en buvant un cognac. Je courus pour attraper le bus 96 qui menait rue de Jouy, à deux pas de l'appartement de mes parents.

L'immeuble qu'habitait Judith Altmann à Étretat se trouvait au bout d'un sentier broussailleux. C'était une construction datant des années trente et qui comptait trois étages, dont le premier et le rez-de-chaussée paraissaient inoccupés. En gravissant le sentier, j'avais cru apercevoir un visage derrière les stores en tissu rouge du dernier étage. Au deuxième, où vivait Judith, il y avait aux fenêtres ce qui ressemblait à des bambous. Nous étions en décembre, mais la lumière ce jour-là était radieuse. C'était Damien Léger qui, après quelques recherches, m'avait procuré l'adresse de Judith. Je lui avais écrit presque aussitôt, elle ne m'avait répondu qu'au bout de cinq longues semaines en me disant de passer la voir, car elle sortait très peu de chez elle depuis qu'elle était devenue presque aveugle. Elle ne m'avait pas demandé pourquoi j'essayais d'entrer en relation avec ceux qui avaient connu Sorel.

Avant de partir pour Étretat, je m'étais aperçu que les deux chapitres déjà écrits ne tenaient pas la route. J'avais encore beaucoup d'efforts à fournir si je voulais mener à bonne fin un bouquin à peu près passable. Peut-être, me disais-je, valait-il mieux ne rien écrire avant que ne soient terminées mes investigations, au point mort pendant les cinq semaines où j'attendais la réponse de Judith. Comme je n'avais pas non plus trop d'articles à rendre, j'avais pris le train pour aller ici et là, lisant Sorel dans des chambres d'hôtel où je ne faisais qu'écouter de la musique, fumer et boire un whisky japonais que j'avais acheté à Paris. Barbet et Léger m'envoyaient de temps en temps des SMS pour s'enquérir des progrès de mon enquête. Je recevais aussi des mails de Jean Tran chaque fois que lui revenait une chose dont il avait oublié de me parler. C'est ainsi qu'il m'apprit que Sorel était allé au Vietnam, quatre ou cinq années avant sa mort – il n'avait pas grand-chose à me révéler au sujet de ce voyage, car son frère s'était obstinément tu à son retour, et comme leur mère était morte à ce moment-là, puis que lui-même se séparait de sa femme, il avait bien trop de préoccupations en tête pour questionner Antoine, mais il me dit qu'il essaierait de voir s'il y avait dans les papiers laissés par le mort quelque chose qui se rapportait à ce séjour. Je répondais à tous ces gens en restant dans le vague, et j'avais de plus en plus peur de décevoir tous ceux-là qui espéraient bien que, grâce à moi, les livres de Sorel connaîtraient une seconde vie.

Dans son appartement sobrement meublé, Judith avait pour seule compagnie un chat tigré, qui bondissait partout et griffait la couverture de ses livres. Elle jouait du piano quand je sonnai chez elle. Je me dis qu'elle devait souvent faire de la musique, maintenant qu'elle ne pouvait plus beaucoup lire. C'était une vieille dame très élégante aux cheveux gris coupés à la garçonne qui m'ouvrit la porte. Judith portait une robe blanche, serrée à la taille par une large ceinture bleu nuit, un gilet, blanc aussi, et des escarpins à talons hauts. Elle avait mis un léger fond de teint sur ses joues et du rouge sur ses lèvres. Elle me sourit, bien que, dit-elle, elle ne voie de moi qu'un contour flou, et me pria d'entrer en s'excusant du désordre causé par le chat qui faisait tomber les livres et dérangeait tout car il sautait sans cesse d'un meuble à l'autre. Débarrassant le canapé de ses coussins et des piles de partitions pour que je puisse m'asseoir, elle me dit qu'elle ne recevait presque jamais personne, mais que la vie sociale ne lui manquait pas, elle n'allait guère que chez un ami qu'elle s'était fait depuis son installation dans cette ville. C'était un professeur de musique qui avait pris sa retraite avant elle. Il lui préparait des plats du Sud-Ouest (il venait de Saint-Jean-de-Luz), qu'ils dégustaient en écoutant Glenn Gould jouer Bach. Avant de poursuivre, elle me demanda si je désirais un thé et comme je dis oui, elle disparut un très long moment dans la cuisine et revint avec une théière et des tasses japonaises posées sur un plateau. Elle me servit en renversant presque tout le thé sur la table, sans s'en rendre du tout compte. Je pris ma tasse, qui n'était pas même à moitié remplie d'un liquide très amer, et la vidai d'un trait. Judith disparut de nouveau dans la cuisine et ne réapparut que longtemps après avec une assiette de madeleines. Elle s'assit en face de moi, sur le tabouret du piano et, grignotant une madeleine, m'assura qu'elle avait hésité pendant des jours et des jours avant de se décider à me donner rendez-vous. Cela faisait plus de vingt ans qu'elle avait des nouvelles de Sorel seulement en lisant la presse. Elle était toujours tout heureuse lorsqu'elle découvrait dans les journaux qu'il venait de publier un nouveau roman, mais depuis qu'ils s'étaient quittés, il ne lui avait ni écrit ni téléphoné, même quand elle habitait encore Le Havre. Il aurait pu lui envoyer son premier livre. Elle n'aurait pas saisi ce prétexte pour chercher à renouer (c'était d'ailleurs elle qui avait rompu), mais elle aurait été si contente de le féliciter et de se remémorer les moments qu'ils avaient vécus ensemble, alors qu'il n'était pas encore écrivain.

Elle n'oublierait jamais le jour où il l'avait abordée près du funiculaire du Havre. Il avait vingt-deux ans, elle presque cinquante. Il s'était approché d'elle et, rougissant, avait murmuré : « Vous vous souvenez de moi ? Je suis Antoine Tran, l'élève le plus désespérant que vous ayez eu. » Elle se rappela aussitôt que ce jeune homme aux yeux bruns avait été, une dizaine d'années plus tôt, le seul gamin de sa classe à ne pas chahuter en cours de solfège et à souffrir de sa surdité musicale, quand ses camarades, qui avaient la même infirmité, ne s'en faisaient pas. Elle venait d'acheter deux versions des *Leçons des ténèbres* de Couperin. Elle les lui offrit, lui disant qu'ainsi leurs retrouvailles seraient placées sous le signe de la musique. Il protesta, hésita à accepter, finalement il ne fit que lui emprunter les disques, lui assurant qu'il les lui rendrait dans quelques jours. Elle lui nota sur un bout de papier son numéro de téléphone et son adresse, puis s'en alla, en lui recommandant de bien écouter ces 33 tours, en lui rappelant la phrase qu'elle ne pouvait s'empêcher de répéter à tout le monde : « La vie sans la musique est une erreur, un calvaire, un exil », et en se demandant si elle le reverrait. Il l'appela une semaine plus tard et vint lui rapporter les œuvres de Couperin. Il ne fit aucun commentaire en les lui rendant. Par la suite, elle devait lui donner des dizaines de disques. Il ne lui parla que de ceux de Gesualdo et de Zimmermann.

Tous deux l'intéressaient pour des raisons étrangères à la musique, le premier parce qu'il avait été le meurtrier de sa femme, le second parce qu'il s'était suicidé après avoir composé un *Requiem pour un jeune poète*.

Leur histoire avait commencé un soir où ils étaient en balade. Un orage avait éclaté alors qu'ils marchaient le long de la grande promenade de la plage. Sorel avait enlevé sa veste et s'en était servi pour protéger Judith de la pluie. Tous deux s'étaient vite dirigés vers un abribus, ils étaient si trempés que leurs vêtements collaient à leur peau, ce qui les faisait rire aux éclats. Ils n'étaient pas encore arrivés à l'abribus que soudain Antoine s'était arrêté, avait pris Judith dans ses bras puis avait couvert son visage de baisers. Ils étaient restés ainsi, au milieu du trottoir, dégoulinants d'eau, à s'embrasser. « Je me sentais redevenir une adolescente », dit Judith. Ce n'était pas parce que Sorel était jeune mais parce qu'elle ne se serait jamais attendue à ce qu'il se passe quelque chose de cet ordre entre eux. Elle venait alors de divorcer, son mari et elle s'étaient quittés bons amis, comme on dit quand il ne reste plus rien des sentiments du début, et qu'on dissimule sa lassitude derrière une fausse camaraderie. Elle n'oubliait pas qu'elle avait une fille de l'âge de Sorel et les quelques fois où elle était allée avec lui dans un restaurant, les serveuses les avaient pris pour une mère et son fils, elle ne démentait pas, elle ne jouait pas celle qui ne faisait pas ses cinquante ans et se vexait lorsqu'on lui rappelait que sa jeunesse s'était enfuie.

« Antoine ne me considérait pas comme une femme qui était de la génération de ses parents », murmura Judith en caressant son chat tigré venu se blottir sur ses genoux. Sorel disait aimer chez elle sa douceur.

Peut-être aimait-il aussi ses silences. Elle ne parlait pas beaucoup quand ils se voyaient. Lui non plus n'était pas intarissable. Ils pouvaient passer toute une soirée ensemble sans échanger plus de trois paroles. Elle mettait un disque et il restait assis à l'écouter avec elle, l'air concentré, il tendait tous ses efforts pour accueillir la musique en lui. Quand elle jouait du piano, il s'asseyait par terre, près d'elle, et, la tête entre les mains, ne bougeait pas tant que le morceau n'était pas fini. L'appartement qu'elle habitait rue de Paris n'avait que deux petites pièces. Dans la première, presque tout l'espace était occupé par le piano, dans la seconde, il n'y avait, autour du lit, que des étagères ployant sous les livres. Elle s'était installée là après son divorce, avant elle vivait à Sanvic, non loin de la maison de sa mère adoptive. Sorel avait alors à Mont-Gaillard une piaule qui était une espèce de taudis sans chauffage, avec juste une douche, une installation très sommaire, dans un coin, près du lavabo. Elle lui avait proposé de l'aider à louer un studio plus confortable, mais il avait aussitôt refusé en entrant dans une grande fureur : il avait horreur qu'on le prenne en pitié. « Il était hypersensible, dit Judith, un rien le mettait hors de ses gonds. » Elle craignait toujours de commettre une bévue, de manquer de délicatesse ou de réserve. Il lui fallait sans cesse veiller à ne pas le blesser.

Il n'avait pas dit à Judith qu'il écrivait son premier livre, une sorte de superstition l'empêchait d'en faire état, il craignait, s'il vendait la mèche, d'abandonner la partie très rapidement. Mais elle avait deviné qu'il avait en projet quelque chose d'important, elle ne doutait pas que, s'il s'était enfui de chez lui, c'était pour être libre de préparer ce quelque chose d'important, qui surprendrait tous ceux qui l'avaient connu. « Antoine, dit Judith, ne ressemblait pas aux jeunes gens de son âge. Il avait un je-ne-sais-quoi d'enfantin, mais il était aussi très mûr déjà à vingt-deux ans. C'était sans doute parce qu'il avait dû se battre tout seul pour réaliser son rêve, qui était d'écrire, et d'écrire des livres d'un certain genre, des livres sans concession. Il se comportait avec moi parfois comme s'il avait constamment besoin d'être consolé, parfois comme s'il était l'aîné des deux et que son rôle était de me protéger. Grâce à lui, je m'étais sentie plus sûre de moi, alors que j'étais fragilisée par mon divorce. Grâce à lui, je n'avais pas été comme ces femmes de cinquante ans désespérées de ne plus être de la première jeunesse. Grâce à lui aussi, j'avais découvert des auteurs caustiques qui me permettaient de voir la vie différemment. Je me souviens que certains soirs lui et moi on restait jusque tard à parler des livres qu'il avait empruntés à la bibliothèque et qu'il apportait chez moi pour me les lire. De mon côté, j'essayais de faire son éducation musicale. Je n'y réussissais pas du tout, les concertos que je lui faisais écouter n'agissaient pas en lui. Ça le rendait triste, il se disait qu'il était sans finesse. Il me posait certes des questions sur les compositeurs, mais c'était plutôt sur des épisodes malheureux de leur vie. »

Judith paraissait très remuée en évoquant Antoine. Alors qu'elle avait vécu presque un demi-siècle au Havre, qu'elle y avait rencontré son mari et y avait élevé sa fille, le nom de cette ville restait avant tout lié dans son esprit à celui de Sorel. La bibliothèque municipale, les quais de la gare, l'église Saint-Joseph, les jardins publics, la chapelle de Notre-Dame-des-Flots, les restaurants saisonniers et la grande promenade de la plage : elle avait été dans tous ces endroits avec Antoine. En dehors de l'église Saint-Joseph et de Notre-Dame-des-Flots, ces lieux n'avaient rien de particulier, mais s'y attachaient des souvenirs qu'elle avait conservés de Sorel. Elle ne pouvait penser aux rues du Havre sans penser aussi aux balades qu'elle y avait faites avec lui, elle ne pouvait entendre parler de certains bistrots havrais sans se rappeler qu'elle et lui s'y étaient attardés de longues heures, se taisant ensemble. Ils ne se cachaient pas vraiment pour se voir, mais ils évitaient les cafés que fréquentaient les amis d'Antoine. Le Havre était une petite ville, où tout le monde était vite au fait de ce qui n'était pas censé s'ébruiter, heureusement Sorel avait peu d'amis, et il était parvenu à garder secrète son histoire avec Judith. Ce n'était pas à cause de leur différence d'âge, il répétait qu'il ne la sentait pas et que, quand bien même ses amis auraient été au courant et se seraient moqués de lui, en mal de mère, il ne les aurait pas écoutés.

« Si les parents d'Antoine, dit Judith, avaient su pour lui et moi, ils m'auraient accusée d'être une vieille sorcière en train de corrompre leur jeune fils, tombé sous ma griffe. Une fois, avenue René-Coty, alors que je marchais à côté d'Antoine, on avait vu au loin sa mère qui s'avançait dans notre direction, mais sans nous prêter attention. Il m'avait aussitôt saisie par le bras et m'avait entraînée dans un magasin avant qu'elle ne nous remarque. J'étais très troublée. Je me disais qu'elle était même plus jeune que moi, bien qu'elle paraisse très abîmée par la vie et que ses cheveux soient presque tout blancs. »

Judith dit ces mots en baissant la voix, comme si elle avait préféré que ce ne soit pas enregistré. Sa gêne était si visible que j'arrêtai le magnétophone un instant. Elle me sourit, reconnaissante de constater que je ne voulais pas la mettre dans l'embarras. Elle se leva pour aller faire chauffer de l'eau et en remplir la théière. Je l'entendis s'affairer dans la cuisine, puis elle revint avec la théière qu'elle posa délicatement sur la table devant moi. Elle s'excusa de n'avoir plus de Lapsang Souchong à m'offrir. C'était le meilleur thé selon elle. Elle prit entre ses doigts une madeleine, qu'elle émietta avant d'en porter un petit morceau à sa bouche. Elle me sourit de nouveau. J'avais cependant l'impression que ce n'était pas à moi qu'elle souriait. Elle voyait Sorel à ma place. Je n'étais certes plus aussi jeune qu'il l'était quand elle l'avait connu, mais comme je la faisais parler de lui, une confusion s'était installée dans son esprit et elle ne savait plus très bien qui elle avait en face d'elle.

« Maintenant que je suis une vieille dame presque aveugle, reprit-elle après m'avoir dit de remettre en marche mon magnétophone, je regarde souvent en arrière et il me semble que ce à quoi je tiens le plus, ce sont les images que j'ai gardées des moments passés avec Antoine. Il y a quelques années, alors que je m'étais déjà fixée à Étretat, chaque fois que je retournais au Havre, je ne pouvais prendre le funiculaire sans sentir mon cœur battre violemment lorsque j'apercevais un jeune homme qui ressemblait à Antoine quand il avait vingt-deux ans. »

Elle me dit encore qu'elle aimait par-dessus tout les livres de Sorel, parce que selon elle il les avait écrits avec son sang, elle les aimait aussi parce qu'il lui était impossible de les rapporter à quelque chose de connu. Quand elle avait appris par la presse qu'il avait mis fin à ses jours, cela faisait longtemps qu'elle n'avait pas été aussi bouleversée. La pensée que peut-être elle aurait pu l'aider, le revoir pour lui assurer qu'elle ne l'avait jamais oublié, ne la quittait pas. Elle avait relu les lettres qu'il lui avait envoyées pendant leur liaison. Elle s'était replongée dans les derniers romans qu'il avait publiés, y cherchant les indices d'une désespérance qui l'aurait annihilé. Elle était certaine que si quelqu'un avait été là au bon moment, si quelqu'un s'était douté qu'il était de plus en plus dépressif et de plus en plus porté à se haïr, il l'aurait empêché de se supprimer. Elle était certaine aussi que s'il avait continué à lui écrire ou à lui téléphoner, elle aurait su détecter les signes avant-coureurs de sa maladie mortelle, le dégoût de la vie, et elle aurait su y remédier. Mais peut-être n'aurait-elle rien pu faire. Une des premières choses qu'il lui avait dites à vingt-deux ans était que, depuis qu'il avait l'âge de raison, il se demandait pourquoi ses parents l'avaient procréé. Eux-mêmes auraient mieux vécu s'ils n'avaient pas eu d'enfants. Mais ils avaient voulu faire ce qui leur paraissait dans l'ordre naturel des choses et, pendant des années, ils s'étaient lamentés de devoir pourvoir à la subsistance de trois fils qui ne leur étaient pas reconnaissants de tout ce qu'ils avaient fait pour eux.

Judith prit dans une boîte posée sur le piano une cigarette très longue, très fine, qu'elle alluma après m'avoir dit qu'elle avait besoin de fumer, car cela l'aidait à retrouver ses souvenirs. Elle fuma deux cigarettes l'une après l'autre, le regard perdu dans le vide, puis elle se mit au piano et joua le début d'une sonate, avant de se tourner vers moi en me montrant un visage où se lisait la plus grande tristesse. Elle n'avait jamais parlé d'Antoine à personne, me dit-elle. Et maintenant qu'il était mort, elle n'aurait en aucun cas accepté de se confier à moi si Damien Léger ne l'avait prévenue que je préparais un livre destiné à susciter un intérêt durable autour des œuvres soréliennes. Elle n'avait pas peur d'être accusée de se répandre en bavardages alors qu'elle devrait rester discrète sur ses amours, mais elle craignait de ne pas trouver les mots justes pour décrire Antoine tel qu'il était dans sa mémoire.

« Je me rappelle, dit-elle, l'un de nos premiers voyages ensemble. C'était à Villers-sur-Mer. J'avais pris une chambre d'hôtel où il y avait un lit à baldaquin. La décoration de la pièce était un peu kitsch, mais cela plaisait quand même à Antoine, il disait que c'était dépaysant. Le premier jour, lui et moi, on était restés au lit jusqu'à trois heures de l'après-midi. Puis on était allés marcher le long de la plage. C'était le printemps et Antoine était tout joyeux. Il sifflotait, il me caressait les cheveux, il s'arrêtait tout le temps pour me serrer contre lui et m'embrasser. Contrairement à son habitude, il n'était pas silencieux, il me racontait comment il se débrouillait pour décrocher des boulots qui ne demandaient pas de qualification, comment il arrivait à vivre avec presque rien, comment il volait des livres à la bibliothèque, car très souvent il ne pouvait s'acheter les bouquins qu'il rêvait de posséder. Il racontait aussi comment étaient ses frères, enfants, comment ils jouaient tous les trois à des jeux que leur interdisait leur père. Il faisait un temps très doux. À huit heures du soir, on s'était assis à la terrasse d'un restaurant pour manger des huîtres. Antoine me donnait sans cesse des baisers, il me prenait la main, il répétait qu'il n'avait jamais été aussi heureux. Je me moquais du regard des autres, je voyais bien que certaines personnes nous dévisageaient et y allaient de leurs commentaires désobligeants, mais Antoine n'y faisait pas attention, et je trouvais qu'il avait raison de se ficher de ce que pensaient les mères d'un certain âge, qui me lançaient des coups d'œil réprobateurs, comme si elles se disaient que j'avais dévoyé un jeune fou et que nous n'avions même pas la décence de nous tenir en public. J'avais conscience que, pour beaucoup, je paraissais bien vieille à côté de lui, d'autant plus qu'il avait avec moi l'attitude d'un fils attentionné et qu'à cette époque il avait malgré tout un air de grande jeunesse. L'alcool n'exerçait pas encore ses ravages sur lui, le manque d'argent ne le minait pas encore au point de creuser ses joues. Il était maigre, mais cette maigreur n'était pas, comme ce devait être le cas plus tard, le signe de privations qui avaient causé dans son organisme un délabrement général. Dans ces années-là, il buvait déjà pas mal. Je ne le poussais pas à se soûler, mais l'un de nos plaisirs était de nous acheter du vin et de passer la soirée à vider une ou deux bouteilles en nous lisant des pages d'*Humain, trop humain*. À Villers-sur-Mer, il avait apporté dans son sac *Aurélia* et, après le dîner, il s'était lancé dans un discours sur la folie qui guette tous les créateurs. Il disait que lui-même, sans en être un, sentait qu'il n'était pas à l'abri. Depuis qu'il avait quitté la maison familiale, il avait parfois l'impression de dérailler, il s'échappait du réel, il se contrôlait comme il pouvait, mais sa tête lui jouait des tours, il était amené à croire qu'il était cerné par des ennemis ou qu'il mourrait très jeune, si bien qu'il devait se dépêcher de faire quelque chose de sa vie… »

La sonnerie du téléphone interrompit Judith. Elle alla répondre. C'était sa fille, Marie, qui prenait de ses nouvelles. Judith ne lui dit pas qu'elle avait un visiteur et écourta la conversation, puis raccrocha en soupirant : sa fille ne l'appelait que rarement, elle ne venait jamais à Étretat, elle vivait dans le Sud et elle avait passé des années à essayer d'avoir un enfant, mais toutes ses tentatives avaient échoué, et maintenant elle était mariée à un médecin de quinze ans son aîné qui avait déjà trois fils, elle s'occupait d'eux mieux que si elle avait été leur propre mère, au point que cela créait des tensions entre elle et son mari, qui lui reprochait d'en faire trop. « Marie ne m'a jamais aimée, murmura Judith. Quand elle avait vingt, vingt-deux ans, je n'étais qu'une étrangère pour elle. Elle savait que j'avais une histoire avec Antoine et ça la choquait. Je ne lui avais pourtant rien dit, évidemment, mais deux de ses amies m'avaient surprise un soir à la plage, en train de me promener en tenant Antoine par la main et elles lui avaient tout raconté. Elle m'avait fait une de ces scènes… et m'avait prévenue que si je ne mettais pas tout de suite un terme à cette liaison, qu'elle jugeait honteuse, je ne serais plus sa mère, elle irait s'installer à l'étranger pour me tourner définitivement le dos. C'était déjà le début de la fin entre Antoine et moi. Au bout de six mois ce n'était plus comme aux commencements. Antoine était de plus en plus d'une possessivité telle que je me sentais prisonnière. Je ne pouvais voir personne sans qu'il me demande des comptes. Il m'accusait de l'aimer moins qu'au premier jour et de regretter Christophe, mon mari. L'une de ses obsessions était que j'allais le quitter pour renouer avec Christophe, que sous la pression de ma fille j'allais rompre pour trouver quelqu'un de plus mûr que lui. Il était jaloux de Marie, parce qu'elle me crucifiait en me rejetant. Il supportait mal que j'avoue à quel point j'étais triste de ne rien partager avec elle. Il supportait mal aussi que je parle de mon divorce, qui m'avait séparée de ma fille et de certaines de mes connaissances. Il supportait encore plus mal que je fasse allusion à deux complices que j'avais, deux mélomanes qui m'emmenaient souvent à des concerts. Il refusait en général de m'y accompagner car selon lui, lorsque j'écoutais de la musique, j'étais transportée dans d'autres sphères, je ne lui appartenais plus. Quand je le retrouvais et que je semblais un peu ailleurs, il me suspectait aussitôt de lui cacher que quelqu'un me faisait rêver ou que je ne lui étais plus aussi attachée qu'auparavant. Il doutait tellement de lui qu'il était hanté par cette idée : j'avais plus vécu que lui, beaucoup d'hommes étaient entrés dans ma vie puis en étaient sortis, et il était arrivé trop tard car avec le temps je n'étais plus prête à me donner tout entière à quelqu'un. Il me demandait combien de fois j'avais trompé mon mari, en pensée et en acte. Il est vrai que je n'avais pas été d'une fidélité exemplaire pendant mes vingt-cinq années de mariage. J'avais commis l'erreur de le confesser à Antoine, qui en avait fait un drame. Je n'aurais pas imaginé qu'il puisse être à ce point mordant. Je mettais cela sur le compte de la jeunesse, mais tout de même… Il me tannait pour savoir qui m'avait, dans le passé, fait souffrir au point que j'avais failli devenir folle, pour qui j'avais été à deux doigts de quitter mon mari, à qui je pensais encore, bien que beaucoup de temps ait passé depuis que je lui avais fait mes adieux. Il m'interrogeait sur celui-ci ou celui-là et il semblait se dire que jamais je ne l'aimerais autant que j'avais aimé ces hommes. Il me répétait que j'en étais à mon énième histoire d'amour, tandis que lui, c'était la première fois qu'il idolâtrait ainsi une femme. Oui, oui, c'était bien le mot qu'il employait : *idolâtrer*. Il était toujours excessif. J'ai appris que quelques années après notre rupture il s'est marié avec une Rouennaise. Je me suis demandé si avec elle il s'est montré aussi invivable. Mais peut-être qu'en se mariant il est devenu moins possessif. Il se plaisait à me tourmenter pour m'avoir en son pouvoir, parce que je ne laissais personne exercer son emprise sur moi, lui moins que quiconque. Il débutait dans la vie, il n'avait pas à me dire comment l'aimer et à me donner des leçons de fidélité. Au bout de trois mois, c'était déjà très tendu entre nous. Je n'avais rien à cacher, mais je faisais la mystérieuse, je disparaissais parfois pendant plusieurs jours, sans explication, ça le rendait fou, il sonnait à ma porte et, comme il ne me trouvait pas, il attendait des nuits entières dans le hall de mon immeuble. Même quand je lui disais que j'étais chez ma mère adoptive, il était persuadé que je lui mentais et que je voyais en cachette un de mes anciens amants. Il fallait toujours que je me justifie ou que je le rassure. Mais, quoi que je dise, je n'arrivais pas à le délivrer de sa hantise de ne pas compter pour moi autant que je comptais pour lui. Il avait aussi peur que je ne me lasse, alors que c'était au contraire moi qui aurais dû craindre qu'il ne soit fatigué de moi, parce que j'étais trop vieille. »

Judith eut un petit rire en prononçant ces mots, comme si cela aurait pu passer pour de la coquetterie, tant elle était sûre qu'à cinquante ans elle ne faisait pas du tout son âge. Il y avait au mur, près du piano, une photo d'elle qui datait certainement de cette époque-là. Elle y était très belle et ressemblait à Jean Seberg. Je lui demandai si elle avait des photos où elle et Sorel figuraient ensemble. Elle me dit qu'il n'en existait qu'une, et c'était lui qui l'avait gardée. Il refusait de poser devant un objectif. D'une manière générale, il avait horreur des appareils photo et des gens qui mitraillaient tout. Elle se rappelait une photo qui le montrait sur un quai de la gare du Havre. Elle était parue dans la presse quand il avait publié son premier livre. Il y était vêtu d'un de ses éternels pulls à col camionneur et il donnait l'impression d'avoir hâte d'en finir avec cette séance où le photographe le mitraillait en tâchant de saisir une expression qui lui était particulière. Les photos de Sorel n'étaient pas bien nombreuses. Les dernières années avant sa mort, il s'était encore moins laissé photographier. J'avais examiné à la loupe toutes les photos de lui que j'avais pu trouver ici ou là, et il ne m'avait pas échappé qu'il ne se prêtait que de mauvaise grâce à cet exercice. Il avait cet air méfiant de qui était convaincu, comme les hommes de certaines peuplades, que se faire photographier, c'était se faire voler son âme.

La lumière avait décliné depuis plus d'une heure, l'appartement de Judith était dans la pénombre, mais elle ne s'en apercevait pas, elle fumait ses longues cigarettes en plissant les yeux, l'air perdue dans ses rêveries, puis lentement, très lentement, elle se leva et alla mettre un disque de Rachmaninov. « Parfois, dit-elle, je ne sors pas de chez moi de toute une semaine. Ma femme de ménage m'apporte des courses. Je reste assise des journées entières dans un fauteuil, à écouter de la musique russe. Avec l'âge, j'ai même beaucoup plus de plaisir à écouter de la musique, surtout celle de Rachmaninov et de Borodine, qu'à lire. Quand j'avais encore une bonne vue et que je relisais Flaubert tout en écoutant

Prokofiev, très vite j'abandonnais mon livre pour ne plus faire qu'écouter le disque. Si je n'étais pas presque aveugle, j'irais régulièrement au concert. Mais je ne peux plus conduire. Lorsque j'étais un peu plus jeune et que j'habitais Le Havre, chaque fois qu'un orchestre jouait dans une petite ville normande, j'y allais. Je ne dis pas que c'étaient toujours de bons concerts, il y en avait très souvent d'atroces, mais ça me plaisait de passer une soirée dans une église, par exemple, où une chorale chantait, même mal, le *Magnificat* de Vivaldi. J'avais emmené Antoine une ou deux fois, presque contre son gré, je savais que c'était une espèce de souffrance pour lui d'assister à un concert sans être ému par la musique mais, comme je vous l'ai dit, je mettais un point d'honneur à faire ce que j'appelais son éducation musicale. J'aurais tant aimé parler avec lui de *L'Île des morts* ou de *Don Giovanni*, mais *L'Île des morts* le faisait penser avant tout au tableau de Böcklin et *Don Giovanni* avant tout à la querelle entre les partisans de Molière et ceux de Corneille. Lui aussi attribuait la paternité de *Don Juan* à Corneille. Certains soirs, dans mon appartement de la rue de Paris, je mettais la radio parce qu'un concert était diffusé en direct de la salle Pleyel ou d'un quelconque festival. Il me disait que j'avais la chance d'avoir de l'oreille, une ouïe sensible et fine. Il me disait aussi qu'il m'enviait d'être à ce point absorbée par la musique que plus rien d'autre n'existait pour moi. Il me disait encore que la seule musique qu'il entendait, c'était celle des mots. Il ne me disait pas qu'il avait commencé à écrire un roman et qu'il veillait à ce que ses phrases aient un rythme obsédant. Lorsqu'il écrivait, il avait le sens du rythme. Il avait une *voix*, et cette voix semblait venir d'un ailleurs très lointain. Je m'en suis voulu, après notre séparation, de n'avoir pas pressenti qu'il allait se vouer à la littérature. Si j'avais été plus attentive, j'aurais remarqué que parfois il ne venait pas chez moi pendant toute une semaine et qu'en réapparaissant il avait l'air de quelqu'un qui mijotait un coup dans son coin. En fait, il travaillait à son roman, mais il n'en soufflait mot. J'aurais pu deviner qu'il se tramait quelque chose, mais Antoine était souvent si jaloux que j'étais presque soulagée de ne pas le voir un certain temps. J'avais l'impression de respirer un peu mieux pendant ces journées où il ne me téléphonait même pas. Je jouissais de ma liberté sans me demander ce qu'il faisait. »

Le chat tigré qui jusqu'alors s'était tenu tranquille, se réveilla brusquement et, se secouant, bondit sur la table basse, renversant la théière. Elle tomba par terre et roula à mes pieds, répandant tout le thé qui restait. Judith se leva et, à tâtons, chercha à attraper son chat, lequel se dérobait en miaulant. Je tendis les mains pour le saisir quand il passa près de moi, mais il me griffa et fila à l'autre bout de la pièce. Là, il tira vers lui un tissu qui recouvrait le fauteuil installé près de la fenêtre et s'enroula dedans. Judith, pestant contre lui, se rassit et lui jeta une petite pelote de laine pour qu'il puisse jouer et cesse de courir partout. Il sortit ses pattes de dessous le tissu, s'empara de la pelote et se mit en devoir de la déchiqueter. Judith me dit qu'il avait sûrement faim. Elle ne l'avait pas nourri le matin, il n'y avait plus ni lait ni croquettes. La femme de ménage, faisant les courses, avait oublié d'en acheter. Et il ne mangeait rien d'autre que des croquettes. Il portait mal son nom de Gargantua, qu'elle lui avait donné pour rire : il se nourrissait très peu, comme une starlette qui surveillerait sa ligne. Lorsqu'elle était encore avec Antoine, elle avait un autre chat, tout blanc, appelé Snow, et qui était au contraire très gourmand. Il adorait le foie de volaille. Antoine lui en apportait à chacune de ses visites, il jouait avec lui, il lui apprenait à danser, il ne cessait de l'attirer à lui et de le caresser. Quand Snow mourut, Antoine avait de la peine à retenir ses larmes et il était allé avec Judith chez sa mère adoptive enterrer le vieux chat dans un coin du jardin. Enfant, il avait souvent demandé à son père s'il pouvait avoir un chat, mais Martin Tran lui avait toujours défendu d'adopter un animal : pour lui, en avoir coûtait cher et les chiens et les chats étaient sales, pleins de puces. C'est dire si Antoine, la première fois qu'il était venu chez Judith, avait été heureux de découvrir un chat étendu sur le canapé. Avec la vie qu'il menait, il n'aurait pu en avoir. Aussi, il était plus que content de gâter Snow. Lorsqu'il jouait avec lui, il était aussi rayonnant qu'un gosse tout à la joie d'avoir un compagnon de jeu.

Gargantua, comme fâché d'entendre parler d'un de ses congénères, sortit ses griffes et en laboura la couverture d'un vieux magazine qui traînait sur la moquette. Judith chaussa ses lunettes mais, n'y voyant pas mieux, elle me demanda ce qu'il faisait. Quand je le lui eus dit, elle s'approcha de lui et voulut lui retirer le magazine, mais il s'allongea dessus et ne la laissa pas le lui prendre. Elle le gronda, lui donna une petite tape sur la tête puis retourna s'asseoir en face de moi. Elle me dit qu'après s'être séparée d'Antoine, elle n'avait révélé à personne qu'il y avait eu quelque chose entre eux. Si sa fille était au courant, c'était parce qu'elle l'avait espionnée les fois où elle rentrait du Sud et faisait pendant quelque temps un séjour au Havre. Et puis elle n'était pas restée suffisamment longtemps avec Antoine pour que des gens de sa connaissance en viennent à tout savoir. Elle se défendait d'avoir cherché à tout prix à séduire Sorel. Il n'y avait, dit-elle, rien de scandaleux dans sa conduite. Elle n'avait pas perverti un jeune naïf. Auprès de lui, elle avait goûté un bonheur simple durant quelques mois. « Du moins, dit-elle, avant qu'Antoine ne se mette à me soupçonner de moins l'aimer et à me demander sans cesse de lui raconter mes amours de jeunesse et ma vie conjugale. Il avait le don d'empoisonner nos plus beaux moments en étant continuellement suspicieux. Il me reprochait même de préférer écouter de la musique plutôt que de passer une après-midi en sa compagnie. Lorsque je portais une robe qui avait du chic, il me disait que ce n'était pas pour lui que je m'habillais avec élégance, mais pour tous ces hommes qui, dans la rue, se retournaient encore sur mon passage. J'avais beau lui répondre que je n'avais que faire du regard des passants, il me boudait et parfois s'en allait en me plantant là, au milieu du trottoir. »

Elle ne dirait pas que, depuis plus de vingt ans, elle n'avait vécu que dans le souvenir d'Antoine, mais son histoire avec lui, c'était la dernière qui lui ait procuré des sensations encore vives quand le passé revenait la visiter. Maintenant qu'elle avait quitté Le Havre, chaque fois qu'elle pensait à cette ville, elle ne pouvait que penser à Antoine. Lorsqu'elle avait lu ses premiers livres, elle s'était sentie si fière de l'avoir connu et aimé alors qu'il n'avait encore rien publié, alors qu'elle ignorait même qu'il écrivait. Elle avait continué à le lire tout au long des vingt dernières années, avec une admiration croissante, et elle avait parfois été tentée de lui envoyer une lettre pour lui dire combien ses romans la touchaient. Mais elle ne l'avait pas fait, par crainte de se montrer sentimentale en vieillissant, par crainte aussi de ne pas recevoir de réponse ou d'être rembarrée. Et puis elle se disait qu'elle devait faire partie, pour Antoine, d'un très lointain passé. Il était si jeune quand ils s'étaient aimés. Si elle n'avait pas été frappée par quelques ressemblances entre elle et un personnage d'un livre qu'il avait publié des années après leur séparation, elle aurait été certaine qu'il l'avait oubliée depuis longtemps. La dernière fois qu'elle avait séjourné au Havre, il y avait de cela deux ans, elle avait cru le voir qui attendait le bus près de l'Hôtel de Ville, mais sa vue était trop mauvaise pour qu'elle soit sûre que c'était bien lui. Tout de même, elle avait eu un pincement au cœur, elle avait hésité à aller vers lui, mais elle avait rebroussé chemin, pensant qu'il ne la reconnaîtrait peut-être pas, elle qui était maintenant une vieille femme. Mieux valait qu'il se souvienne d'elle telle qu'elle était lorsqu'ils s'étaient retrouvés : elle n'avait pas l'air d'avoir cinquante ans, elle était encore séduisante et quand elle entrait quelque part, le regard des hommes se fixait aussitôt sur elle.

Judith rit de nouveau doucement en disant ces mots, comme si elle s'excusait de se vanter. « Le Havre, poursuivit-elle, n'est pas une ville très étendue, et pourtant, après avoir rompu avec Antoine, je ne l'avais jamais croisé dans la rue. Je ne connaissais aucun de ses amis. Il n'en avait d'ailleurs pas beaucoup. Il y avait des gens avec qui il buvait les soirs où il avait de quoi s'offrir une cuite dans un bar. Mais ces gens ne savaient presque rien de lui, pas même qu'il écrivait, encore moins qu'il avait une amante qui avait été sa prof de musique. À mon avis, ce qu'il préférait, c'était être avec des types qui se soûlaient sans trop parler, des types dont il ignorait tout – où ils habitaient, quel métier ils faisaient, s'ils avaient une femme et des enfants. C'était l'alcool qui le rapprochait d'eux. Il passait une soirée en leur compagnie, mais le lendemain, il ne se rappelait même pas leur prénom. Il ne me disait presque rien sur sa famille, ses parents. Je me doutais bien qu'il ne s'entendait pas avec son père, autrement il ne serait pas parti de chez lui si tôt. Je me représentais son père comme quelqu'un de très dur. Plus tard je n'avais qu'à lire ses livres pour deviner qu'à quinze ans il aurait donné n'importe quoi pour être orphelin. Quant à sa mère, je ne l'avais aperçue de loin qu'une seule fois, comme je vous l'ai raconté, mais il m'avait semblé qu'elle était très terne, qu'elle était une de ces femmes qui n'osent pas attirer l'attention sur elles et en général ne font que subir. Antoine ne disait pas grand-chose à son sujet, seulement qu'elle n'avait pas eu une vie facile et qu'elle avait tellement peur de tout qu'invariablement elle se plaçait sous la protection de son mari. Elle redoutait le jugement d'autrui et se mettait dans tous ses états quand un de ses fils faisait quelque chose qui lui paraissait contrevenir à ce qu'avaient instauré les puissants. De ce point de vue, elle et moi, nous sommes à l'opposé l'une de l'autre. Je ne me suis jamais souciée du jugement de mes semblables, j'ai toujours été attirée par les transgresseurs, je suis sourde aux discours sur ce qui est convenable et ce qui ne l'est pas. Ce n'était pas la jeunesse d'Antoine qui m'avait séduite, mais ce qu'il y avait en lui de réfractaire à tout embrigadement. À vingt-deux ans déjà, il me répétait que la seule manière de vivre qui ne soit pas indigne était de vivre en ne suivant pas l'ornière commune. Il payait chèrement son cheminement solitaire, mais il ne s'était pas dédit de la promesse qu'il s'était faite de ne pas ressembler à ceux qui, comme ses parents, étaient respectueux de l'ordre établi. Mais voilà, au final, cet ordre l'a écrasé. Il reste ses livres, qui sont des cris de révolte. Ils n'ont pas vraiment été entendus de son vivant. Est-ce qu'ils le seront maintenant qu'il s'est tué ? »

Judith posa cette question comme si je n'étais plus là et qu'elle parlait toute seule. Elle avait les yeux humides et l'air très émue. Puis, après être restée un long moment silencieuse, elle sembla se rappeler brusquement que j'étais assis en face d'elle, en train d'enregistrer ses propos. D'un geste vif, elle s'essuya les yeux avec un mouchoir tiré de la poche de son gilet, se redressa sur son siège et me fit un sourire timide. « Vingt ans, dit-elle, ont passé depuis que je n'ai plus eu de nouvelles d'Antoine, mais j'ai l'impression que notre histoire date d'hier. Pendant ces vingt années, j'ai souvent pensé à lui, je me suis souvent demandé s'il se souvenait de m'avoir aimée d'une drôle de façon, en étant tyrannique et en exigeant sans cesse de moi des preuves d'amour. Chaque fois que je pense à lui, je ne peux pas oublier une certaine nuit, vers la fin de notre histoire. Je m'étais réveillée après avoir fait un mauvais rêve, j'avais téléphoné à Antoine. Comme il ne répondait pas, j'étais allée chez lui et je l'avais découvert presque inanimé. Il avait avalé des psychotropes et s'était tailladé les poignets. La dose de psychotropes n'était pas mortelle et les blessures aux poignets n'étaient pas profondes, il n'avait été hospitalisé que peu de temps mais j'ai eu une grande frayeur. Je m'en voulais d'avoir laissé nos relations se détériorer au bout de quelques mois déjà. Encore une fois, rappelez-vous qu'il était très jeune. Et j'étais la première femme avec qui il nouait quelque chose de sérieux. Si j'avais eu son âge, ça se serait passé différemment. Il n'aurait pas eu à s'interroger tout le temps sur mon passé, il n'aurait pas souffert de m'avoir retrouvée au moment où je n'étais certainement plus aussi prête qu'à vingt ans à être toute à lui. Sa vie n'était pas réellement en danger le soir où je l'avais trouvé à demi inconscient. Son geste était plutôt un appel au secours, un moyen d'attirer mon attention. Mais il avait eu l'effet contraire : je m'apercevais, pendant qu'il était à l'hôpital, que je ne lui faisais pas de bien et qu'il avait raison de me reprocher de n'être pas aussi entière que lui. J'aurais trouvé grotesque d'être à cinquante ans amoureuse d'un jeune homme de vingt-deux ans au point de se comporter comme une vieille diva jouant tous les jours la grande scène de la passion. Après cette nuit-là, j'ai essayé de lui faire comprendre que c'était trop tard pour que lui et moi nous vivions autre chose qu'une brève histoire d'amour. Elle était d'autant plus belle qu'elle était brève. Il rencontrerait des femmes moins âgées que moi, et il les aimerait comme s'il aimait pour la première fois. Il était atrocement malheureux quand il a senti que je voulais tout arrêter. Je ne pouvais pas lui dire que j'étouffais, à cause de sa jalousie, et que je n'avais qu'un désir : être seule, ne plus avoir à lui rendre des comptes… »

Jusqu'à présent, me répéta Judith, elle n'avait évoqué avec personne ce qu'elle avait éprouvé chaque jour durant ces mois où Antoine et elle s'étaient juré de conserver précieusement, quoi qu'il arrive, le souvenir de ce qu'ils avaient vécu ensemble. Elle croyait qu'elle garderait pour toujours le secret et elle s'étonnait d'avoir pu me parler aussi facilement. Peut-être, dit-elle, était-ce parce qu'elle avait eu un grand choc en apprenant le suicide d'Antoine et qu'elle désirait contribuer, si peu que ce soit, à entretenir sa mémoire. Elle ne me connaissait pas, dit-elle, mais elle avait l'intuition que je ferais du bon travail, que mon livre ferait renaître Sorel. Elle ne voudrait pas que je le décrive comme un être pitoyable, qui avait combattu le monde et avait échoué, ou comme un être marqué par la mort, qui n'aurait eu d'autre choix que d'en finir alors qu'il était encore assez jeune. Elle espérait aussi que, parmi les gens que j'avais rencontrés, personne ne s'érigeait en juge de Sorel et concluait que, puisque toute sa vie il ne s'était intéressé qu'à des « professionnels de la négation », des marginaux de la littérature de tout temps poussés vers la porte de sortie, il ne lui restait qu'à se supprimer. Les dernières années, lorsqu'elle lisait un de ses romans, elle se l'imaginait toujours seul, de plus en plus seul au fur et à mesure qu'il avançait en âge, et elle se demandait comment il pouvait vivre dans cette solitude glacée. Le plus terrible, ce ne devait pas être le manque d'argent, c'était le sentiment qu'il agrandissait chaque jour un peu plus le fossé qui le séparait de ses semblables, c'était la certitude qu'il était comme une frêle barque tout près de se fracasser contre des récifs. Oui, quand elle se l'imaginait ainsi, sans personne pour veiller sur lui, elle ressentait une intense anxiété, elle se disait qu'elle devrait lui écrire, le revoir, lui apporter un peu de son amitié, à présent qu'elle n'était plus qu'une vieille femme. Une fois, la veille de son soixante-cinquième anniversaire, elle avait rédigé le brouillon d'une lettre qu'elle se proposait de lui envoyer, elle lui disait qu'elle avait la vue si trouble qu'elle ne lisait plus beaucoup, seulement ses livres – elle les relisait même souvent. Elle leur trouvait une grande profondeur philosophique, qui l'obligeait à réfléchir. Le *pessimisme sorélien* ne l'avait jamais démoralisée, bien au contraire. Elle était presque toujours d'accord avec lui, elle qui n'avait pas tendance à approuver sans examen tout ce qu'elle lisait. Elle voudrait aussi que, dans mon livre, Sorel n'apparaisse pas comme un perdant, acculé au suicide. En se tuant, martela-t-elle, il avait obéi à une résolution prise en toute lucidité et non à une impulsion morbide, aussi incoercible que soudaine. Il m'appartenait de questionner ses proches de telle manière que ceux-ci ne travestissent pas la vérité et ne donnent pas de lui une image fausse. Les morts, dit Judith, sont toujours ou placés trop haut ou dépeints de façon mensongère. Je devais veiller à ne pas tomber dans le piège de la vénération qui commandait de ne garder que ce qui valorisait mon héros.

Le conseil était parfaitement reçu, d'autant plus qu'après avoir écrit les premiers chapitres de mon livre, j'étais loin de crier victoire. Je commençais à douter de pouvoir réussir un portrait tout en nuances de Sorel. Mon travail, j'en étais bien conscient, allait exiger que je me donne vraiment beaucoup de mal. Une fois mon enquête bouclée, il me faudrait des mois de labeur avant que je puisse avoir la certitude d'être dans la bonne voie. J'avais été trop pressé de commencer mon livre alors que mon projet était encore nébuleux. Je reconnaissais là mon penchant à tout faire à la hâte. Cela ne me ferait pas de mal, me disais-je, de prendre exemple sur Sorel qui, j'en étais sûr, mûrissait longuement ses idées et ne passait à la réalisation que lorsqu'elles se présentaient à lui avec netteté. Même quand il était jeune, il ne devait pas se lancer dans une quelconque entreprise de façon irréfléchie. Et plus j'obtenais de renseignements le concernant, plus je le tenais pour une sorte de frère aîné, qui m'avait légué un secret à découvrir, car j'étais certain qu'en menant mes investigations j'apprendrais beaucoup de choses sur moi-même et sur ce qu'est la création. Je n'avais jamais été un étudiant bardé de théories littéraires et appliquant des grilles de lecture à tous les romans qui lui tombaient sous la main. Mon livre, me disais-je, m'aiderait à franchir un cap dans ma vie. Depuis plusieurs mois, je ne vivais qu'à travers Sorel, à travers un mort donc, et je sentais qu'en recueillant les impressions qu'il avait laissées chez les survivants, je m'ouvrais au monde, moi qui, en amant blessé dans son amour-propre, aurais eu tendance à me refermer. Ludivine était là pour me rappeler que j'avais essuyé un échec amoureux, mais qu'il y avait peu de peines de cœur que le temps ne guérisse pas. Peut-être, si je n'avais pas été, comme j'aimais à le dire, « trahi », en serais-je encore à ne faire que des articles pleins d'un enthousiasme juvénile et à la longue frustrants, car ils avaient certes un écho immédiat, mais n'étaient somme toute que ce qui restait de l'écume des jours, et n'avaient à mes yeux pas de réelle portée.

Préparer cet hommage à Sorel, c'était, sans lui vouer un culte excessif, sortir de moi-même pour aller sur les traces d'un opposant. Je lui étais reconnaissant des livres qu'il avait écrits et plus je les lisais, plus ils me fortifiaient dans ma conviction que je ne faisais pas fausse route en lui consacrant deux ou trois années de mon existence. Après ma rupture avec Ludivine, au lieu de bouder dans mon coin comme un qui se sentait nul quand sa vie sentimentale était un désert, j'étais parti à la recherche de Sorel. Je me faisais le serment de ne pas laisser en plan mon projet, même lorsque, après m'être donné beaucoup de peine, je finissais par supprimer sur l'écran de mon ordinateur les paragraphes que pourtant j'avais passé des heures à fignoler. Je n'étais pas seulement reconnaissant à Sorel d'avoir écrit ce qu'il avait écrit, je lui devais en plus d'avoir rencontré une femme aussi attachante que Judith. J'ignorais si elle se rendait compte que je la trouvais attachante, elle n'avait plus grand-chose à me confier au sujet de Sorel, elle me téléphonerait, m'assura-t-elle, si lui revenaient des détails qu'elle jugerait importants pour mon livre. Elle espérait m'avoir été d'une certaine aide, je pouvais la citer nommément, je pouvais transcrire tous ses propos, même quand ce qu'elle m'avait révélé n'était pas flatteur pour Sorel. Elle ne s'offusquerait pas si dans mon livre je ne parlais pas d'elle avec une sympathie sans réserve, elle était déjà si heureuse de se trouver parmi ceux que j'avais interrogés et d'avoir ainsi contribué à rendre possible mon hommage à Sorel. Elle le lirait avec avidité quand il paraîtrait, et elle ne doutait pas qu'il paraîtrait très vite, car au rythme où j'allais, il serait terminé dans moins d'un an. Je ne voulus pas la décevoir en la prévenant que j'avais bien du mal à le commencer. Elle ne m'aurait pas cru de toute manière, tant elle semblait avoir confiance en mon talent d'apprenti écrivain.

La nuit était tombée depuis longtemps sur Étretat, Judith n'avait allumé qu'une petite lampe qui projetait une lumière chaude dans la pièce. Gargantua, après avoir couru d'un coin de l'appartement à l'autre, était venu se pelotonner à mes pieds. Je n'avais plus qu'à partir, et ce n'était pas sans regret que je me préparais à prendre congé de la vieille dame en blanc dont je me rappellerais longtemps la silhouette longiligne, les yeux bleus et la voix légèrement flûtée. Judith murmura quelques mots que je n'entendis pas. Elle se leva, s'approcha du chat, l'attrapa par le cou et lui donna un baiser sur le museau. Le téléphone se remit à sonner, mais elle n'alla pas décrocher. Ce devait être une erreur, dit-elle, elle n'attendait aucun appel. Depuis quelques jours, elle recevait des coups de fil de gens qui cherchaient un certain M. Debussy, elle croyait que c'était une blague de ses voisins, car la première fois qu'elle avait répondu, elle était en train d'écouter *La Mer*… Pendant que je rangeais mon magnétophone, mon carnet de notes et mon stylo, elle s'éloigna vers l'autre bout de la pièce et sortit du tiroir de son secrétaire une lettre qu'elle me tendit. C'était, dit-elle, une des toutes dernières lettres que Sorel lui avait écrites. Elle m'en faisait cadeau. Sorel et elle avaient l'habitude de s'écrire des lettres-fleuves. Même quand ils s'étaient vus le matin même, le soir ils s'écrivaient. Celle qu'elle me donnait était étrange, Sorel y disait vouloir qu'à sa mort on glisse dans son cercueil ses lettres à elle. Quel était donc, me demanda Judith, ce poète dont l'ultime volonté était d'être enterré avec les lettres de sa fiancée ? Elle ne m'avait peut-être pas assez dit à quel point restaient présents dans sa mémoire tous les moments, beaux ou tristes, de l'année qu'elle avait passée avec Antoine. Il lui tardait de me lire, pas seulement parce qu'elle avait encore bien des choses à apprendre au sujet de Sorel, mais parce qu'elle était persuadée que je saurais évoquer en des termes justes celui qui avait tant compté pour elle. Je n'osais pas avouer que j'avais de sérieux doutes sur mes dons littéraires et que je n'étais pas du tout certain d'arriver à écrire le livre que j'avais en tête, même en y travaillant presque sans interruption pendant de longs mois. Je me promettais toutefois de ne pas faire machine arrière, car les quelques personnes que j'avais interrogées, à l'exception du père de Sorel, attendaient de moi que je ne baisse pas les bras. Judith, surtout, paraissait très impatiente de découvrir ce que j'aurais fait des témoignages recueillis. Ses yeux brillaient lorsque, en me serrant la main, elle me dit avec un sourire qu'elle guetterait la parution de mon texte.

Je donnai une caresse à Gargantua, qui se frotta contre ma jambe, comme s'il voulait me retenir. Il ne me restait plus qu'à m'en aller. Je n'avais vu à Étretat que l'appartement d'une vieille dame presque aveugle qui, un quart de siècle plus tard, n'avait rien oublié de l'aventure sentimentale qui l'avait retenue un an auprès de Sorel. Elle ne me laissa pas partir sans m'avoir donné un disque de Muzio Clementi, compositeur dont je savais seulement qu'il ne trouvait pas grâce aux yeux de Mozart. Je repris ma voiture et quittai la ville sans même avoir fait un tour au bord de la mer. Il commença à pleuvoir à verse vers onze heures du soir, alors que je venais de m'engager sur l'autoroute. Je mis le disque de Clementi et ce fut au son de ses sonates que je roulai vers Paris.

En mars, mon rédacteur en chef, au courant de mon enquête, fut assez bon prince pour m'autoriser, alors que j'avais déjà pris des vacances, à ne pas venir au bureau pendant tout un mois. J'étais censé n'écrire qu'un seul article de fond durant ces quatre semaines, si bien que j'avais tout le temps de me replonger dans les œuvres de Sorel. Les confidences de ses proches ne parasitaient pas ma lecture. Je continuais à le lire comme si je ne savais rien de sa vie, et chaque fois que j'ouvrais un de ses livres, j'avais aussitôt l'extraordinaire impression qu'un monde inexploré s'offrait à moi. Par moments, je me demandais si les témoins que j'avais questionnés ne m'avaient pas menti, non pas sciemment, mais parce que leur mémoire leur avait fait défaut. Ces interrogations ne remettaient toutefois pas en cause ce que j'avais entrepris. Je voyais bien que mon livre serait d'un genre bâtard, ni roman ni biographie. Je voyais bien surtout que j'étais loin d'avoir trouvé ce que certains journalistes appelleraient un « bon angle d'attaque ». Je transcrivais mes enregistrements et mettais de l'ordre dans mes notes, tout en picorant dans les romans de Sorel des maximes à monter en épingle le moment venu, mais quand je commençais à rédiger, j'étais paralysé par la grandiose idée que je me faisais de ma tâche. Je ne me prenais pas pour l'audacieux qui sauverait un écrivain à ses yeux aussi émouvant que redoutablement clairvoyant des oubliettes où il aurait peut-être été jeté, mais tout de même, j'étais convaincu d'avoir quelque chose à accomplir qui me demandait d'être perfectionniste, convaincu aussi d'être le seul capable de mettre en scène Sorel de telle sorte qu'il n'apparaisse pas comme une momie artificiellement ramenée à la vie.

Je pris l'habitude, pour m'aérer la tête quand j'avais passé des heures à lire Sorel, d'aller me balader, non pas du côté du Luxembourg où, me disais-je, je risquais de croiser Ludivine, mais le long des rues qui menaient vers la Bastille. Et bien entendu, alors que j'avais tout fait pour l'éviter, je tombai un samedi après-midi sur elle rue Saint-Antoine. Elle avait les cheveux coupés au carré, et elle portait un béret qui ne lui allait pas mal. Elle tenait par la main sa petite Aurore, qui ouvrit des yeux ronds quand elle me vit. Était-ce parce qu'elle était avec sa fille ? Elle parut tout embarrassée. Elle me demanda, comme si elle n'avait rien de mieux à me dire : « Que deviens-tu ? » Je ne répondis pas un mot, tant j'étais excédé de m'entendre poser ce genre de question. Elle ne me semblait pas aussi belle et aussi fraîche que dans mon souvenir, peut-être parce qu'elle était trop maquillée ou, plus probablement, parce que la trouver moins séduisante que par le passé était pour moi une petite vengeance. Comme je l'observais en silence, elle me dit, d'une voix un peu trop haute, qu'elle courait les boutiques, à la recherche d'un duffle-coat qui tiendrait chaud à sa petite Aurore. Elle me proposa de prendre un verre ensemble, en souvenir du bon vieux temps, dit-elle. Et cette expression m'horripila tout autant que son « Que deviens-tu ? ». Cela ne faisait même pas deux ans que nous ne nous étions plus vus, et elle parlait déjà de nous comme si nous n'étions que de vieux potes prêts à trinquer à ce qui restait de leurs sentiments. Je refusai de la suivre dans un café. Elle me dit qu'elle ne me savait pas aussi rancunier, mais qu'elle aurait dû se douter que je lui gardais une dent, puisque je n'avais pas répondu à ses messages. Sa fille se mit alors à la tirer par la manche en lui montrant une vitrine où étaient exposés des livres d'images. Elle la gronda, lui disant très sèchement de ne pas l'interrompre quand elle était en train de parler, et l'espace d'un instant, l'expression de forte contrariété qui se lisait sur son visage lui donnait presque l'air d'une mégère près de crier sans raison sérieuse. Elle se rendit compte qu'elle n'était pas la douce maman dont elle m'avait dit, avant notre rupture, que jamais elle ne ferait la moindre peine à sa chère Aurore. Elle sourit d'un sourire qui ressemblait à une grimace, tout en serrant la main de sa fille, comme pour lui demander pardon de l'avoir rabrouée. Aurore enfouit sa tête dans le manteau de sa mère et ne prononça plus une seule parole, mais elle me tourna le dos et tapa du pied, visiblement à deux doigts de fondre en larmes. Je prétextai un rendez-vous et, après avoir vaguement promis à Ludivine que je lui écrirais (parce qu'elle m'en pressait, tout en se doutant que je n'en ferais rien), je m'éloignai d'un pas vif vers la place des Vosges, heureux, vraiment heureux de n'avoir presque rien éprouvé en revoyant celle que, il n'y avait pas si longtemps encore, j'avais passé des nuits à vouer aux gémonies. Voilà, me disais-je, un chapitre qui se refermait. Je ne l'aurais pas cru si l'on m'avait certifié qu'au bout d'un peu plus d'un an le souvenir de Ludivine ne me ferait plus mal et que je m'enfuirais lorsque le hasard me mettrait sur sa route. Je n'étais pas encore vieux, je n'allais pas remâcher pendant des années mes dépits amoureux. Et puis, désormais, grâce à Sorel, j'avais un projet qui m'occupait tout entier. Sorel le mort était plus présent que la jeune Ludivine, pourtant bien vivante. Sorel le disparu avait fait son entrée dans ma vie, et je devais avouer qu'il était pour moi presque un jumeau, non parce que je lui ressemblais, mais parce que tout ce qui le touchait ne me laissait en aucune façon indifférent. Je me demandais si ses livres auraient eu une quelconque résonance chez Ludivine, qui les aurait probablement trouvés « pas franchement gais ». Je me souvenais que, quand je lui prêtais des romans que j'avais aimés, elle me les rendait toujours en faisant la fine bouche : ils étaient déprimants, disait-elle, elle n'avait pas besoin de ça, elle avait déjà un penchant à être cafardeuse. Même les livres qui me paraissaient comiques lui semblaient d'un humour trop noir.

À peine étais-je arrivé à la place des Vosges que mon téléphone vibra. C'était elle qui m'appelait. Sûrement pour me reprocher d'être parti trop vite. Je choisis de ne pas répondre. Elle rappela encore trois fois, mais je m'obstinai à ne pas décrocher. Elle me laissa finalement un message où, d'une voix rageuse, elle regrettait que je l'aie fuie de cette façon, alors que nous aurions peut-être eu tant de choses à nous dire. Elle me faisait penser à une héroïne de Sorel, qui reproche à un de ses amants, qu'elle a largué sans y mettre les formes, de ne pas courir après elle. Si elle avait appris que depuis presque un an, tout pour moi ne tournait plus qu'autour de mon écrivain, elle aurait été bien agacée et m'aurait accusé d'avoir la mémoire courte – quoi ? je l'aurais déjà presque oubliée, moi qui avais été prêt à faire ma vie avec elle ? Je ne dirais pas que seule comptait mon enquête, mais j'étais obnubilé par l'idée que je ne devais pas faillir à ce que je m'étais assigné : je ferais preuve d'un certain entêtement et je reléguerais à l'arrière-plan tout ce qui ne relevait pas de mes investigations. Mes histoires sentimentales m'avaient trop préoccupé pendant les *années Ludivine*, j'étais bien résolu à ne plus y attacher de l'importance.

Vers dix-neuf heures, après être resté pas mal de temps à la Maison Rouge, où il y avait une exposition Louis Soutter, je décidai, comme je passais rue de la Roquette, d'appeler Damien Léger qui, croyais-je me souvenir, habitait par là, afin de l'inviter à prendre un bloody mary avec moi. Il m'avait demandé de lui raconter ce que m'avait confié Judith Altmann, or depuis que j'étais rentré d'Étretat, je ne lui avais pas du tout fait signe. Quand je l'eus au bout du fil, il me dit d'une voix ensommeillée qu'il était à Hong Kong et qu'il ne reviendrait pas en France avant deux semaines. Il se trouvait là-bas pour faire réimprimer dans une édition de luxe *Ravisseur nocturne* de Sorel, le recueil de ce qu'il appelait des antipoèmes et qui ne s'était même pas écoulé à deux cents exemplaires à sa parution. Publié par un jeune éditeur qui avait rapidement déposé le bilan, il avait disparu des librairies, même de celles qui avaient un fonds important, et j'avais cherché longtemps sur divers sites de livres épuisés sans le trouver.

Puisque je n'avais personne avec qui parler de Sorel, je m'assis dans un bistrot du boulevard Voltaire et me commandai ce bloody mary qui m'avait fait envie toute l'après-midi. J'essayais de me représenter ce que serait une édition de luxe de *Ravisseur nocturne* faite par des Chinois, non sans me perdre en hypothèses sur la manière dont Léger avait trouvé l'argent pour mettre en route un tel projet. Peut-être puisait-il dans la réserve que sa tante lui avait laissée. Si tel était le cas, je ne pouvais que le louer de si bien employer l'héritage de cette femme qui n'aurait pas désapprouvé une telle folie. Mais pourquoi lancer cette réimpression à Hong Kong ? Ce m'était un mystère. Peut-être était-ce faute de le faire au Vietnam, comme en hommage au grand-père de Sorel.

Je n'eus pas à me demander longtemps comment Damien acquitterait la somme que demandait l'édition des antipoèmes de Sorel. Un mail de lui m'apprit peu après qu'il avait gagné au casino. Lui qui ne jouait jamais s'était laissé entraîner par des amis et à peine avait-il hasardé quelques billets qu'il raflait la mise. Il avait souvent dit à Sorel qu'il rêvait de republier *Ravisseur nocturne* dans une édition à l'ancienne, avec du très beau papier. C'était la première édition de *Stèles* de Victor Segalen, faite à Shanghai, qui lui avait donné l'idée d'aller en Asie pour réaliser son vieux rêve. Par retour de mail, je lui répondis qu'il ne pouvait dépenser ses gains à meilleur escient. En pensant à ce qu'avait fait Damien, je me dis que ce serait une vraie victoire si j'arrivais à convaincre un éditeur de publier les œuvres complètes de Sorel. Je ne connaissais pas grand-monde dans le milieu de l'édition, mais je me promettais d'envoyer des lettres à quelques écrivains que j'estimais pour les persuader de m'aider à chercher une maison disposée à rééditer tous les livres de Sorel en un ou deux gros volumes. Ce serait pour moi un véritable triomphe si je réussissais à terminer mon bouquin au moment où ses textes reparaîtraient.

Après avoir bu trois bloody marys, je ne savais plus si c'était l'alcool qui me montait à la tête ou la (pourtant peu probable) perspective de voir le nom de Sorel à la une des journaux qui m'enivrait, car je n'avais aucun doute que, grâce à mes efforts, il y serait bientôt. Je sortis du café en ayant déjà presque oublié que j'avais croisé Ludivine, mais en étant heureux de savoir que je n'étais pas le seul à œuvrer pour que les lecteurs soient de plus en plus nombreux à s'intéresser aux écrits de Sorel. Je téléphonai à Jean Tran et lui annonçai qu'une somptueuse édition de *Ravisseur nocturne* verrait bientôt le jour. Il me demanda où j'en étais dans mon travail. Je cachai que je n'étais pas en veine et prétendis que ce que j'avais rédigé ne me semblait pas trop mauvais. Je commençais à craindre que ma tâche ne soit écrasante et que je n'échoue piteusement, mais j'essayais de me montrer sûr de moi, comme si j'étais en train de préparer *le* livre de la décennie. Jean s'y laissa tromper, il me dit être certain que mon texte serait une réussite. Il me dit aussi avoir la certitude que son frère avait de vrais amis, prêts à se démener pour qu'il continue à susciter de l'intérêt. À peine un an après sa mort, moi, jeune journaliste plein de fougue, j'avais déjà enregistré des heures et des heures d'entretiens avec ceux qui avaient plaisir à évoquer son souvenir, et je rencontrerais assurément encore quelques-uns de ses admirateurs, car tout le monde, Jean en était certain, l'aimait. Bien sûr, il excluait son père, qui n'aimait personne, pas même sa femme, et qui était une langue de vipère. Jean espérait seulement que je veillerais à ce que les témoignages favorables fassent contrepoids aux méchancetés que Martin Tran n'avait pas dû manquer de me dire à propos de son fils aîné.

Je n'avais prévenu ni Damien ni Jean que je venais de recevoir une lettre déplaisante. Un individu, qui se prétendait proche de Sorel durant les dernières années de son existence et qui bien entendu ne donnait ni son nom ni son adresse, m'avait écrit à la rédaction de mon journal pour me sommer d'arrêter mes investigations. Il m'accusait, moi, journaliste parisien, de n'avoir pas la plus petite idée de ce par quoi Sorel était passé. Il m'accusait aussi de vouloir me faire du fric en étalant la vie de Sorel aux yeux de tous les bourgeois avides de détails sur les misères endurées par un artiste. Il m'accusait encore d'avoir l'intention d'édulcorer ce qu'exprime l'œuvre de mon écrivain en la mettant à la portée de tous. Il concluait sa lettre en m'accusant, évidemment, d'avoir négocié un contrat juteux avec un éditeur qui n'aurait jamais parié sur Sorel de son vivant. À la lecture de ces deux pages où j'étais traité de plumitif, je m'étais vraiment demandé si j'en étais un et si ce calomniateur anonyme n'avait pas raison en affirmant que ce que j'appelais mon hommage au suicidé ne serait qu'un moyen, si je réussissais à publier mon bouquin, de me faire un nom. Ces pensées m'avaient donné le blues, d'autant plus que je n'arrivais pas à bien travailler et que, chaque fois que je disais *je* au début de mon livre, j'avais le sentiment de jouer les égotistes, alors que je devrais m'effacer derrière mon sujet. Je ne savais plus comment procéder. Une biographie classique n'était pas ce que je souhaitais écrire. Depuis plusieurs mois, je corrigeais sans cesse les deux premiers chapitres déjà terminés, défaisant le jour ce que j'avais fait la nuit.

J'étais retourné en janvier au Havre, car Jean Tran voulait me montrer les manuscrits de son frère. Il ne les avait pas tous, il manquait par exemple le manuscrit de *Ravisseur nocturne*. D'après Jean, Sorel avait écrit ce livre alors qu'il s'était réfugié (pour quelle raison ? Jean l'ignorait) à Dieppe, peu après son divorce. Le manuscrit avait dû être oublié dans la chambre d'hôtel où il avait logé pendant plus de six semaines. Sorel n'allait pas bien, souvent il téléphonait à deux heures du matin à son frère pour lui dire qu'il avait des crises d'étouffement, mais sitôt que Jean lui proposait de venir le rejoindre, il répondait que ce n'était pas la peine et se reprochait de s'être plaint. « Pour se calmer, m'avait dit Jean, il partait faire de longues marches au bord de la mer, même la nuit. Il m'écrivait des lettres complètement incohérentes. Il prétendait qu'il était poursuivi par un fou qui épiait ses moindres faits et gestes depuis des jours et des jours. Ce fou était à la solde d'une bande qui lui voulait du mal. Il disait qu'il ne pouvait pas en parler à la police, car on ne le croirait pas, et puis le fou le tuerait avant qu'il franchisse la porte du commissariat. »

Jean avait essayé de le raisonner, mais Sorel lui répétait que des malfaisants complotaient contre lui. À leur tête, il y avait le vieil homme de lettres qui l'avait encouragé à ses débuts et qui était devenu son ennemi le plus acharné : dans tout ce qu'il publiait, il glissait des insinuations perfides qui donnaient à entendre que Sorel, après avoir été un jeune écrivain prometteur, n'avait plus rien produit de bon. Jean ne comprenait pas grand-chose à ce que lui confiait son frère, il ne savait pas s'il était vrai que ce dernier était en butte à des attaques sournoises, mais décida un dimanche de partir pour Dieppe et constata à son arrivée que Sorel était réellement persuadé d'être entouré d'espions, alors que personne ne faisait même attention à lui. Jean l'incita à rentrer au Havre où, en étant dans un cadre familier, il retrouverait peut-être une certaine tranquillité d'esprit. *Ravisseur nocturne* avait été achevé pendant ces semaines où Sorel se croyait suivi, surveillé, et où l'alcool, qu'il ingurgitait en grande quantité, le mettait, encore plus que d'habitude, sous tension : il voyait partout des gens déterminés à lui nuire et qu'il appelait des *Nosferatu*. Jean n'avait pu rester qu'une journée à Dieppe, mais il avait eu le temps de s'apercevoir que l'équilibre mental de son frère semblait très menacé. Durant une quinzaine, Jean reçut encore de Sorel quelques lettres qui étaient des chefs-d'œuvre d'absurdité. Jean alerta Claude, qui se rendit à son tour à Dieppe et réussit à convaincre son frère de reprendre le train pour Le Havre, puisqu'il avait terminé *Ravisseur nocturne*. Sorel partit précipitamment, oubliant à l'hôtel le manuscrit dont il venait d'envoyer un double à l'éditeur qui s'était engagé à le publier. Voilà pourquoi, m'avait dit Jean, il manquait à sa collection la liasse de feuillets sur lesquels Sorel, de son écriture très fine, avait calligraphié ses antipoèmes, car il n'avait pas emporté avec lui sa machine à écrire et préférait sans doute que ce texte, si particulier, ne soit pas dactylographié.

Les autres manuscrits, que Jean conservait dans des cartons, étaient formés d'épaisses piles de feuilles A4 où tout était soigneusement tapé, mais les marges souvent couvertes de corrections faites à la main et difficilement déchiffrables. Je n'avais jamais été de ces collectionneurs qui rêvent de posséder les papiers d'un écrivain. Ce genre de fétichisme me paraissait puéril. Je ne jetais qu'un œil distrait aux fac-similés de lettres manuscrites lorsque je lisais la biographie d'un auteur admiré. Je n'étais même pas un bibliophile, je ne partais jamais à la chasse d'exemplaires hors commerce. J'avais dans ma bibliothèque beaucoup de livres de poche, et je m'extasiais rarement sur les belles éditions de tel ou tel classique. Et pourtant, quand Jean Tran sortit les manuscrits de Sorel des cartons et les exposa à ma vue, je sentis au fond de moi un irrépressible désir de m'en emparer et de les étudier de près. Jean devait deviner que je les convoitais, car il me dit, dans un murmure, qu'il pouvait me prêter le manuscrit d'*Au point mort*, je verrais ainsi comment Sorel travaillait dès son premier livre. Dans ces années-là, il ne possédait pas encore de machine à écrire et, durant quelques mois, n'avait même pas de toit. Il écrivait donc à la main, dans des cahiers au papier grisâtre puis, une fois qu'il avait mis le point final à un chapitre, recopiait le tout sur des feuillets à en-tête d'un hôpital havrais. Ces feuillets, et aussi des stylos bille, lui étaient fournis par un aide-soignant de sa connaissance, Hermann, qui partageait souvent avec lui son casse-croûte. Hermann était un Allemand parti de son Hambourg natal à l'âge de cinq ans et qui, depuis, avait toujours vécu au Havre. Sorel et lui étaient devenus amis lorsque le premier, travaillant au *Terminus*, s'était brûlé la main droite et avait été conduit aux urgences. Au départ, c'était une commune passion pour *Le Rouge et le Noir* qui les avait réunis. Puis ils prirent l'habitude de se voir régulièrement, à l'heure du déjeuner, pour parler des romanciers qu'ils lisaient déjà dans leur adolescence ou qu'ils venaient de découvrir. À cette époque, dit Jean, Antoine n'était pas encore d'une trop grande sauvagerie, il aimait sa solitude, mais il ne fuyait pas les autres comme il devait le faire plus tard. Grâce à Hermann, il avait eu à manger quand il avait dû quitter le *Terminus*, puis la supérette où il tenait la caisse : tous les midis, quand le temps était clément, Hermann venait au square Saint-Roch ou à la plage avec des sandwichs et il en donnait toujours un à Antoine. Jean n'avait jamais rencontré l'Allemand, mais avait entendu son frère dire qu'il était très conciliant, curieux de tout ce qui paraissait avant-gardiste. Dommage, dit Jean, que ses parents soient retournés vivre à Hambourg après avoir passé plus de vingt ans en Normandie, et l'aient convaincu de venir habiter près de chez eux. S'il était resté plus longtemps au Havre, il aurait été pour Antoine un ami vraiment précieux, il lui aurait apporté un peu de cette égalité d'âme qu'il voulait tant avoir. Et le départ de l'Allemand avait dû attrister Antoine, dit Jean qui, en rangeant les papiers de son frère après sa mort, était tombé sur une dizaine de lettres d'Hermann, non ouvertes. « Antoine était comme ça, dit encore Jean. Il pouvait cesser toute relation avec quelqu'un parce qu'il aurait eu trop de peine s'il l'avait revu ou s'il s'était contenté de lui écrire. Avec lui, c'était tout ou rien. Une fois qu'il y avait eu un certain éloignement, il en prenait acte pour disparaître. À la fin, il ne se liait plus avec personne, il retrouvait tous les soirs des types qui étaient comme lui les habitués de quelques bars, et qui se soûlaient en sa compagnie parfois sans même savoir comment il s'appelait. Oui, à la fin, il n'avait plus d'amis, encore moins d'amoureuse. Il y avait bien… »

Jean s'était interrompu, il m'avait regardé, l'air d'hésiter à poursuivre. Mais il n'hésita pas longtemps et reprit : « Oui, il y avait bien Vicky. Elle avait une turne dans les quartiers chauds et elle était la mascotte de ses clients. » Elle avait déjà la soixantaine quand Sorel l'avait rencontrée, mais elle avait encore beaucoup de succès auprès de ceux qui venaient chez elle, et la plupart la voyaient moins pour le sexe que pour avoir ce qu'on appelle le lait de la tendresse humaine. Vicky était leur amie, leur psychologue, leur nounou, leur cartomancienne, et même leur écrivain public, elle rédigeait pour eux des lettres à l'administration ou à leur famille. Elle ne les faisait pas payer cher, mais certains n'avaient pas un centime, ils ne lui demandaient que de les consoler un peu lorsqu'ils avaient trop le bourdon, elle leur offrait du thé, elle discutait avec eux, et ils repartaient tout ragaillardis. Bref, elle était la providence des immigrés, car presque tous ses clients étaient des Magrébins ou des Africains. Si elle n'était pas morte il y a deux ans, elle aurait peut-être empêché Antoine d'en finir… Jean disait cela, mais il croyait que personne n'aurait pu empêcher Sorel de s'en aller à quarante-cinq ans. Il aimait réellement Vicky. Pas du tout parce qu'elle remplaçait sa mère. Il l'aimait parce qu'elle était généreuse, toujours prête à aider ceux qui avaient besoin d'elle. Il l'aimait aussi parce que les rombières bien installées dans la société la méprisaient et qu'elle répondait par le rire à leur mépris. Les femmes comme elle l'émouvaient. Pour rendre service, elle avait souvent fait des choses qui s'étaient retournées contre elle, et pourtant, elle ne regrettait jamais d'avoir donné un coup de main à des ingrats qui abusaient de sa bonne volonté et ne la remerciaient même pas. Si les parents d'Antoine avaient su qu'à la fin Vicky était la seule femme qu'il voyait régulièrement, ils auraient été outrés. Martin Tran, surtout, aurait dit qu'il n'y avait rien de pire. Jean n'avait pas eu l'occasion de rencontrer Vicky, mais d'après Claude, qui était allé chez elle quelquefois avec Antoine, elle était la gentillesse personnifiée, et elle était de plus d'une grande drôlerie. Cela lui valait de plaire aux jeunes. Ils étaient nombreux à l'entourer de prévenances, elle qui avait déjà droit aux égards des plus vieux. Bien sûr, il y avait aussi de petites frappes qui l'avaient tabassée pour lui faire avouer où elle cachait ses économies. Il y avait aussi des salopards à qui elle avait procuré de faux papiers et qui, en retour, lui avaient cassé le bras et l'avaient gratifiée d'un œil au beurre noir. Antoine l'avait soignée plus d'une fois. Il connaissait son histoire, celle d'une métisse moitié antillaise, moitié irlandaise. Son père, un Dublinois, était marin. Elle ne l'avait pas connu avant ses dix-huit ans. Sa mère l'avait élevée toute seule, à Perpignan, et elle venait de mourir. Pour rencontrer enfin son père, Vicky s'était rendue au Havre, parce qu'il y vivait après avoir fondé une famille. À peine Vicky avait-elle sonné chez lui et lui avait-elle dit qu'elle était sa fille qu'il l'avait envoyée valser. Elle n'avait plus osé aller rôder là où il habitait, mais elle était restée au Havre. Elle avait vivoté de petits boulots puis elle s'était décidée à tapiner, elle devait dire à Antoine que c'était moins fatigant, et que les clients la payaient aussi pour qu'elle les écoute raconter leurs malheurs. De cette façon, elle partageait des choses avec eux, elle ne se prenait pas pour une « pute au grand cœur », mais au fil des ans, elle était devenue pour beaucoup une sorte de sœur. Elle disait encore à Antoine que, bizarrement, on recherchait plus sa compagnie depuis qu'elle était vieille. Alors qu'à vingt-cinq ans, avec sa jolie frimousse, elle avait du mal à trouver des clients, elle les voyait se précipiter chez elle quand elle était pleine de rides. Antoine lui répondait qu'ils frappaient à sa porte comme ils iraient chez un confesseur. En fait, ce que ses clients lui racontaient, elle en faisait à son tour le récit à Antoine, en lui disant que cela nourrirait peut-être ses romans. Elle voulait être sa Shéhérazade, qui le pourvoyait de tranches de vie. Les dernières années, avant qu'elle ne meure, Antoine avait même vécu presque un an dans une piaule juste à côté de la sienne. Elle s'occupait de lui, elle lui faisait à manger, elle lui achetait du vin, des cigarettes, et tous les soirs, quand son dernier client était parti, elle se servait un verre de vodka, elle s'asseyait en tailleur en face de Sorel et elle attendait qu'il lui lise ce qu'il avait écrit. Il n'adorait pas lire sa prose à haute voix, mais elle insistait tellement que, la plupart du temps, il cédait. Il disait à Claude qu'à près de soixante-dix ans elle était toujours alerte, belle. Et il ne connaissait aucune jeune fille qui soit aussi spirituelle qu'elle. Ils formaient un drôle de couple. Les clients de Vicky lui demandaient s'il était son mac. Elle répondait qu'il était son neveu, un grand écrivain qu'ils feraient bien de lire, et elle en profitait pour leur réclamer une rallonge, en prétendant par exemple qu'elle devait acheter au grand écrivain une nouvelle machine à écrire. En réalité, elle dépensait presque tout son argent au bistrot. Souvent, Antoine et elle ne dessoûlaient pas plusieurs jours de suite, et pendant tout ce temps ils étaient comme des gosses. Ils volaient des fleurs dans les parcs, ils en faisaient des bouquets qu'ils déposaient sur les tombes de gens qu'ils ne connaissaient même pas. Elle avait un ukulélé que lui avait offert un client. Antoine le sortait de l'armoire où elle l'avait remisé, et il en jouait pour l'accompagner lorsqu'elle chantait des chansons réalistes. Il jouait horriblement faux, elle chantait encore plus faux. Ils en riaient tous les deux, ils en riaient sans pouvoir s'arrêter. Claude les appelait *Pierrot-et-Colombine*. Le surnom ne leur allait pas mal, parce que Antoine avait souvent l'air de tomber des nues et que Vicky avait gardé quelque chose de malicieux.

J'étais reparti de chez Jean Tran avec le manuscrit d'*Au point mort*. Cette fois-là, je n'étais resté que deux petites journées au Havre. Il y faisait très froid. Les habitants du centre-ville, emmitouflés dans des parkas, pressaient le pas pour aller vite se mettre au chaud. Ce n'était pas seulement le froid piquant qu'ils fuyaient, mais le ciel bas et gris et le vent du nord qui soufflait en bourrasques. Le Havre semblait vivre au ralenti. Et l'après-midi où j'étais reparti, des averses neigeuses avaient commencé à tomber sur la ville, chassant les passants des rues. J'étais venu en train et il me restait deux heures à attendre avant le départ pour Paris. Je fis ce qui aurait insupporté Sorel : je pris des photos de quelques endroits qu'il aimait – le café de la place Danton, la bibliothèque de la rue Jules-Lecesne, le square Saint-Roch, un autre café, près du funiculaire. C'étaient des photos en noir et blanc, que j'essayais de bien cadrer. Je n'avais qu'un vieil appareil, cadeau de mon père le jour de mes vingt ans. Je l'avais emporté avec moi quand j'avais fait l'année suivante le tour de l'Europe, et j'avais photographié l'intérieur des trains dans les Balkans.

J'étais arrivé tôt à la gare du Havre et, après avoir fumé deux cigarettes, étais monté à bord du train corail déjà à quai, mais il était trop laid pour que je fasse des photos de ses compartiments. Je m'installai dans un wagon où il n'y avait personne et sortis de mon sac le manuscrit de Sorel que je posai sur la tablette devant moi. Je n'eus pas le temps de l'ouvrir car mon téléphone se mit à vibrer. C'était Barbet, qui me reprocha de ne pas lui avoir fait signe lorsque je lui appris que j'avais passé deux jours au Havre. Il m'annonça d'un ton victorieux qu'en naviguant sur la Toile il avait réussi à entrer en relation avec un traducteur de Hanoï qui avait accompagné Sorel lors du voyage au Vietnam qu'il avait fait quatre ans avant sa mort et dont m'avait parlé Jean. Ce traducteur avait servi d'interprète à Antoine. Il avait aussi traduit en vietnamien, avant de le mettre en ligne, le texte que ce dernier avait écrit pour la circonstance et qu'il avait lu dans les trois villes où il avait séjourné. Par un heureux hasard, deux de ses romans, les moins lus en France, avaient été traduits et publiés au pays de son grand-père, et ils n'y avaient pas rencontré que de l'indifférence. Sorel, invité là-bas, avait accepté de s'y rendre pour rencontrer ses lecteurs du bout du monde.

Le texte qu'il avait lu devant le public de Hanoï, de Huê et de Saïgon était un portrait de son grand-père. Il y disait qu'il avait très peu connu ce soldat-ouvrier enrôlé de force par le ministère français des colonies, mais que lui, écrivain français, n'oublierait jamais qu'il descendait d'un paysan analphabète du Nord-Vietnam, employé, sans presque être rétribué, dans les usines d'armement d'une France mobilisée contre l'Allemagne. Il avouait ne pas savoir grand-chose de la terre natale de Diet Tran, car celui-ci voulait à ce point s'assimiler que, une fois qu'il avait appris le français, s'était marié avec une Française et s'était converti au catholicisme, il s'était efforcé de vivre comme un Français, donnant à ses enfants des prénoms français et ne leur parlant presque jamais du pays d'où il venait. Il s'appliquait à être en tout un étranger qui estimait de son devoir de bien s'insérer dans la société française, d'autant plus que, dès la proclamation de l'indépendance du Vietnam, il n'avait plus aucun espoir de retourner dans la région qui l'avait vu naître : ses compatriotes, qui avaient participé activement à la guerre de libération, clouaient au pilori les soldats-ouvriers comme lui – ils s'étaient soumis à la puissance coloniale, alors que les partisans de Hô Chi Minh prenaient les armes pour combattre l'occupant. Son grand-père, disait Sorel devant les lecteurs venus l'écouter, avait eu une vie que personne ne lui envierait. En tant que petit-fils de cet illettré spolié par des patrons qui s'entendaient avec l'Allemagne nazie pour les exploiter, mais aussi en tant qu'être humain décidé à ne pas se taire plus longtemps alors qu'il avait eu connaissance d'injustices révoltantes, il s'était dit, lui Sorel, que son rôle était peut-être de rappeler, au moins une fois, au monde que son grand-père et ses camarades avaient été enlevés à leurs parents menacés d'être emprisonnés s'ils n'envoyaient pas leurs fils au-delà des mers pour qu'ils portent secours à la « mère patrie » à la veille d'être envahie, et que, arrivés en France, ils avaient été mis au ban. L'occasion lui était donnée, cette fois-là, de révéler à ses lecteurs que son grand-père avait été un de ces forçats dont l'Histoire n'avait pas retenu qu'ils avaient été à ce point piétinés, passés au laminoir.

C'était avec une vive surprise que les lecteurs des deux livres de Sorel traduits en vietnamien, où nulle part il n'était question de l'Asie, avaient appris qu'il avait un grand-père originaire d'une région située au sud de Hanoï. Pourquoi Sorel avait-il ressenti le besoin de divulguer ce fait, jusqu'alors tu, de sa biographie ? Assurément pas pour mettre de son côté un public qui ne se serait certes pas attendu à une telle révélation. Il y avait un grand silence dans la salle chaque fois qu'il lisait ce texte d'hommage. Le bruit avait vite couru que Sorel l'écrivain français était le descendant d'un paysan du Nord-Vietnam qui ne savait ni lire ni écrire quand il avait embarqué à bord d'un bateau en partance pour Marseille. Un journal de Saïgon consacra un article à Sorel, mais en faisant seulement une allusion très discrète au destin de son grand-père. La question des milliers de jeunes partis de l'Indochine sur l'ordre des autorités coloniales à la veille de la Seconde Guerre mondiale embarrassait le gouvernement vietnamien, qui préférait ne pas soulever un problème épineux, car nombreux étaient les soldats-ouvriers qui, de retour dans un Vietnam indépendant, avaient mené une vie de pouilleux, quand ils n'avaient pas été froidement liquidés par des nationalistes extrémistes, car suspectés d'espionner au profit de la France. Les jeunes lecteurs présents à la lecture de Sorel retenaient avant tout qu'il n'était pas tout à fait étranger à l'Asie et ils n'en étaient que plus fiers d'avoir un autographe de lui, mais aucun d'entre eux ne l'avait interrogé au sujet de ces exilés qui, s'ils vivaient encore, devaient être nonagénaires. Qu'ils soient rentrés au Vietnam ou qu'ils soient restés en France, rares étaient ceux qui avaient raconté à leurs enfants ou petits-enfants les épreuves qu'ils avaient traversées. Diet Tran faisait partie des quelques briseurs de silence qui n'avaient pas dissimulé la vérité – il avait en fait consigné ce dont il se souvenait dans un cahier qu'à sa mort il avait laissé à Antoine, Jean et Claude. C'est parce qu'il avait eu entre les mains ce cahier que Sorel avait dédié un de ses livres à son grand-père et à ces milliers de soldats-ouvriers d'une guerre lointaine, mais ce livre-là n'avait pas été très remarqué et personne n'avait relevé la dédicace. Voilà pourquoi, peut-être, il lui avait paru nécessaire, une fois qu'il était dans la patrie de son grand-père, de briser à son tour le silence et d'adresser un salut à celui qui avait été rejeté par son fils, si anxieux de passer pour un pur Gaulois et si honteux de devoir la vie à un Jaune dont la famille était l'une des plus misérables de la campagne où il avait vu le jour, dernier né d'une fratrie de sept garçons presque entièrement décimée par les maladies infantiles, puis par la famine. Il était à ses yeux d'autant plus nécessaire d'adresser ce salut à son grand-père qu'il s'honorait à présent, disait-il dans le texte lu devant les jeunes Vietnamiens, d'être le petit-fils d'un étranger qui, envoyé en France comme travailleur corvéable à merci, avait lutté pour redresser la tête quand tout concourait à faire de lui un paria. C'est parce que, disait encore Sorel dans le texte lu devant les jeunes Vietnamiens, des hommes comme Diet Tran avaient souffert sans se plaindre, sans pouvoir demander réparation des humiliations qu'ils avaient subies, qu'il lui appartenait, à lui Sorel, en visite dans la terre natale de son grand-père, de le faire revivre en évoquant sa jeunesse.

Il était certain que Sorel, lisant son texte, pensait aussi à son propre père lorsqu'il évoquait l'attitude de certains envers celui qui, à bord du bateau les transportant, lui et ses compagnons, à Marseille, était insulté et frappé quand, comme il suffoquait dans la cale, il osait monter sur le pont respirer l'air frais. Il pensait sans doute à son propre père lorsqu'il disait, devant les jeunes Vietnamiens, que d'aucuns étaient si gonflés de certitudes quant à la supériorité de la race blanche que rien ne pouvait les décrasser de leurs préjugés. Il pensait sans doute à Martin Tran lorsqu'il rappelait à ses auditeurs qu'est irrémédiablement rongé de l'intérieur quiconque s'agrippe à ses idées fossiles.

Quatre ans avant son suicide, Sorel avait donc fait un voyage au pays que son grand-père avait été forcé de quitter à l'âge de dix-huit ans en étant loin de s'imaginer qu'il n'y reviendrait jamais. Grâce à Barbet, je pus, une fois de retour à Paris, échanger quelques mails avec Nguyên, le traducteur qui avait accompagné mon écrivain dans les trois villes où il était allé à la rencontre de ses lecteurs. Il se trouvait que Nguyên venait d'un village proche de celui où Diet Tran avait grandi. Pour cette raison, il avait été si touché par le texte de Sorel qu'il avait particulièrement soigné sa traduction. Il n'était pas censé servir de guide à Sorel, mais c'était tout naturellement qu'il lui avait proposé de le cornaquer à travers les rues de Hanoï, de Huê et de Saïgon pendant la vingtaine de jours que l'invité des instituts français passa au Vietnam. En quittant Hanoï, ce dernier avait demandé si, avant de se rendre à Huê, il lui était possible de visiter la province natale de son grand-père. Rien n'était plus facile, lui avait répondu le directeur de l'institut français de Hanoï, prêt à tout faire pour qu'il garde le meilleur souvenir de son séjour au Vietnam. En compagnie de Nguyên, il prit donc le train puis un bus chargé de paniers où étaient enfermées des poules, et n'arriva à destination qu'au bout de longues heures de voyage. La province natale de Diet Tran avait évidemment beaucoup changé par rapport à ce qui était décrit dans le cahier légué à Antoine et ses frères, mais il y avait toujours ces paysans qui repiquaient le riz en pataugeant dans la boue des rizières. Nguyên avait conduit Sorel chez le médecin du village qui accepta de les loger et de les nourrir pendant cinq jours, trop heureux, dit-il, d'accueillir un Français. Sorel se renseigna sur l'endroit où avait habité la famille de Diet Tran. Mais les paysans du coin, tous jeunes, semblaient n'avoir jamais entendu ce nom. Seuls deux vieillards croyaient se rappeler que les parents de Diet étaient morts très peu de temps après qu'il avait été envoyé en France, et que ses deux frères aînés, déjà mariés et pères au moment où il avait répondu à leur place à l'appel des autorités coloniales, n'étaient pas restés au pays : ils étaient allés cultiver la terre quelque part plus au sud. Personne ne les avait jamais revus et personne ne pouvait dire dans quelle région ils s'étaient fixés. Ils ne devaient plus être en vie de toute façon et, au village, les gens ne les aimaient pas : ils avaient plutôt mauvaise réputation, ils buvaient du matin au soir, ils battaient leur femme, ils volaient leurs voisins, même de petites choses, comme le linge mis à sécher dans la cour. Les vieillards que Sorel questionnait avec l'aide de Nguyên étaient allés chercher au village d'à côté deux anciens qui avaient assisté au départ de Diet. Sa mère se lamentait, son père cachait mal ses larmes, mais ses deux frères arboraient un large sourire, tant ils étaient ravis de se débarrasser de lui. La famille n'avait touché qu'une somme dérisoire en laissant partir Diet, qui croyait que, quelques mois plus tard, il serait de retour, rapportant un peu d'argent à ses parents. Si on lui avait dit qu'il s'exilait pour de bon et que ses parents mourraient peu après qu'il aurait embarqué pour Marseille, il aurait hésité avant de prendre la place de ses frères. Si on lui avait dit que lui et les milliers de jeunes requis en ces années-là allaient former une génération sacrifiée, il se serait probablement révolté, quoique, rien n'était moins sûr, car ses parents lui avaient appris à ne pas discuter les ordres des gens du pouvoir, à ne pas oublier que sa famille appartenait à la classe la plus basse, et que lui-même n'était pour beaucoup qu'un ver de terre. « Nous, les petits », avait l'habitude de dire son père chaque fois qu'il prenait la parole dans les assemblées des villageois. Il avait transmis à son dernier fils le respect aveugle des gouvernants. Des trois garçons qui n'étaient pas morts de maladie ou de faim, Diet était celui qui se montrait le plus fataliste. Jamais il n'aurait désobéi à son père, et ce dernier lui aurait-il, sans raison particulière, intimé l'ordre de se jeter dans le feu, il ne se serait pas cabré contre ce qui était exigé de lui, parce qu'il voulait être un « bon fils », et parce que c'était au-dessus de ses forces d'entrer en conflit avec ses aînés. Les vieillards que Sorel questionnait avec l'aide de Nguyên lui assuraient que Diet, une fois parti, avait été très vite oublié. Même les paysans qui connaissaient sa famille ne parlaient plus de lui que pour dire qu'il devait avoir de la peine à supporter les rigoureux hivers de France. Mais enfin, ajoutaient-ils immanquablement, chacun son destin, Diet ne pouvait échapper au sien : son lot était de vivre loin de sa patrie, de débarquer dans un pays dont il ne savait pas la langue et d'y être un étranger mal toléré. Quelques-uns regrettaient certes que ce ne soient pas ses deux frères, les jeunes désignés pour aller à Marseille prendre, dans les usines, la place des ouvriers français envoyés au front, mais avec le temps, ceux-là en vinrent aussi à reconnaître que Diet, comme la centaine de requis qu'avait fournis la province, était passé à la trappe, d'autant plus que, peu de temps après son exil, les communications devenant difficiles entre la France occupée par les hitlériens et ses colonies, tout le monde croyait que c'en était fini de ces soldats-ouvriers, emportés dans la tourmente. Après 1945 et après l'indépendance du Vietnam, on avait vu revenir une dizaine d'entre eux. Accusés de s'être vendus aux impérialistes, ils n'étaient pas les bienvenus au pays, et les paysans qui se souvenaient encore de Diet disaient que ses parents, s'ils avaient été encore en vie, se seraient plutôt réjouis de n'avoir aucune nouvelle de lui, signe peut-être qu'il s'était bien établi en France. Ou alors ils auraient pensé, comme la plupart des proches de ces exilés, que mieux valait pour lui être mort en terre étrangère que de rentrer au village, car la vie y était très pénible.

Pendant les cinq jours où le médecin lui donna l'hospitalité, Sorel ne cessa de recevoir, dans la petite pièce qu'il occupait, des gens qui venaient des alentours. Ces paysans ne savaient rien de Diet, mais ils étaient curieux de voir un écrivain français, surtout parce qu'ils avaient entendu dire qu'il avait un grand-père originaire de la région. Ils étaient curieux de savoir s'il comptait écrire un roman sur ce grand-père et quel effet cela lui faisait de se retrouver au fin fond de la campagne, lui qui habitait peut-être Paris. Ils étaient un peu déçus d'apprendre qu'il vivait dans un port dont ils n'avaient jamais entendu parler. Tous le pressaient de questions, demandant si les deux guerres qui avaient déchiré leur pays avaient nui à l'image que les

Occidentaux se faisaient des Vietnamiens, si d'après lui Hanoï pouvait rivaliser avec certaines villes françaises, si le Vietnam lui paraissait très en retard par rapport aux pays européens…

Sorel passait des soirées entières à boire de l'alcool de riz et à répondre du mieux qu'il pouvait à ces paysans, en majorité bien plus jeunes que lui et qui considéraient que le voyage vers la France des milliers de requis évoqués dans son texte, c'était une histoire oubliée – inutile, dans un Vietnam qui était « sur le chemin du progrès », de déterrer d'anciennes rancœurs. Qu'à Hanoï Sorel ait lu devant une centaine de personnes ce texte où il racontait comment son grand-père et ses compagnons avaient été, à peine arrivés à Marseille, envoyés aux Baumettes puis dans des camps où ils étaient isolés de la population française, les surprenait. Ils disaient d'une seule voix qu'ils auraient passé sous silence cet épisode vieux de plus d'un demi-siècle. Il n'y avait, disaient-ils encore, que quelques centenaires pour croire qu'il était nécessaire de revenir sur tout cela, manière de réparer les torts qu'on leur avait causés en informant le monde de ce qui avait eu lieu durant ces années où la France, sur le point d'être vaincue, privait ses colonies de leurs forces vives. Les discussions entre Sorel et les paysans se poursuivaient souvent jusqu'à une heure avancée, et d'après Nguyên, ce n'était pas sans peine que Sorel était plus ou moins parvenu à convaincre ces jeunes qu'il ne fallait pas faire table rase du passé, quand bien même le Vietnam se serait engagé sur la voie de la modernisation. Certains de ces jeunes auraient donné beaucoup pour s'exiler – en France, et surtout aux États-Unis, où ils auraient vécu dans de grandes villes et auraient su se faire assez d'argent pour avoir chez eux tout le confort. Certains autres se rappelaient avoir entendu dire que ces soldats-ouvriers étaient des trotskistes et contestaient l'autorité de Hô Chi Minh, voilà pourquoi ils étaient regardés avec suspicion une fois de retour dans leur patrie, voilà pourquoi aussi leurs enfants et petits-enfants étaient *persona non grata* au PC vietnamien.

Le soir du quatrième jour que Sorel passa dans la province natale de son grand-père, alors qu'il s'apprêtait à repartir le lendemain pour Hanoï, un homme d'une soixantaine d'années, de petite taille, l'air chétif, vint frapper à la porte de la maison du médecin et demanda à parler à l'écrivain français. Quand il vit Sorel, il lui serra la main avec une vigueur étonnante pour un personnage d'apparence aussi malingre, et se lança aussitôt dans un long discours d'où il ressortait que son père avait fait partie du même convoi que Diet Tran et avait été, comme lui, employé dans une poudrerie bordelaise. Mais, contrairement à Diet, il avait été l'un des soldats-ouvriers qui étaient rentrés au pays après 1954 et la défaite des Français. Malheureusement, sa famille, chassée par la misère de la campagne où elle avait vécu pendant plusieurs décennies, était partie ailleurs. Il s'était retrouvé tout seul, entouré de gens qui ne lui voulaient pas que du bien, jusqu'au jour où il disparut, sans qu'on sache s'il avait fui au Sud en franchissant clandestinement le dix-septième parallèle ou s'il avait été exécuté par des *patriotes* qui auraient jeté son cadavre aux chiens. Le petit homme, offrant à Sorel une photo, très jaunie, de son père, lui avait murmuré : « Écrivez un roman sur lui. Je vous livrerai d'autres détails de son histoire. »

Nguyên, en me racontant le séjour de Sorel dans la

province natale de son grand-père, n'avait pas omis de me préciser qu'il admirait vraiment les romans de celui dont il espérait voir un jour toute l'œuvre traduite par la maison d'édition de Saïgon qui avait commencé à le publier. Pour l'instant, seuls deux de ses récits étaient à la disposition du public vietnamien, mais ces livres, peut-être les plus hermétiques que Sorel ait écrits, n'avaient pas laissé les critiques de Hanoï insensibles, si bien que Sorel jouissait d'une réputation d'auteur à découvrir absolument dans les milieux intellectuels vietnamiens et que sa venue était attendue, alors même que les lecteurs ne se doutaient pas le moins du monde qu'il avait des attaches dans ce pays.

Selon Nguyên, Sorel, qui à Hanoï avait des insomnies, passait ses nuits à marcher le long des rues qui menaient au lac de l'Épée Restituée. À Huê il ne dormait pas beaucoup non plus et allait errer du côté de la rivière des Parfums. À Saïgon, le deuxième jour, après une soirée à la librairie française, il était parti tout seul flâner près du fleuve. Nguyên m'écrivait dans un de ses mails : « Je le questionnais sans cesse sur la France, il me répondait que sa patrie, c'était le texte. J'aurais voulu savoir s'il avait des amis écrivains, mais je pensais qu'il devait être un grand solitaire. Je le pressais, au risque de l'incommoder, de me parler de sa famille, il n'avait évoqué que ses frères. Je crois que c'est au retour du Vietnam qu'il a appris la mort de son dernier frère, celui qui était garagiste. Lui et moi nous avons correspondu un certain temps une fois qu'il est rentré au Havre. Il me disait qu'il gardait un beau souvenir de ses promenades avec moi dans les rues de Hanoï et de Saïgon, où il avait toujours l'impression qu'il fallait être d'une grande agilité pour se faufiler entre les voitures et les motos sans se faire renverser. Dans une des dernières lettres que je lui avais écrites avant qu'il ne mette fin à la correspondance en laissant sans réponse ce que je lui envoyais, je lui avais demandé : "Si vous connaissiez mieux le Vietnam d'aujourd'hui, n'en viendriez-vous pas à l'exécrer ?" La question avait dû le surprendre, car il n'avait pas satisfait tout de suite ma curiosité. C'est assez longtemps après qu'il m'avait confié que le peu qu'il avait vu au Vietnam ne lui donnait pas le droit de critiquer le pays d'où venait son grand-père. Le Vietnam que celui-ci avait quitté n'avait certainement rien à voir avec le Vietnam qui l'avait accueilli, lui, Sorel, pendant trois semaines. Il y avait eu deux guerres et une révolution économique. Il ne serait pas de ceux qui opposeraient à la marche du monde une déploration passéiste. Il voudrait retourner à Hanoï non pas comme écrivain invité, ni comme touriste pressé non plus, mais comme voyageur disposant de beaucoup de temps pour apprendre à mieux connaître un pays qui n'avait pas fini de se transformer. »

Les reproches que Nguyên, pourtant encore jeune, adressait à la nouvelle génération, Sorel les balayait en rappelant qu'à chaque époque il se trouvait toujours des insatisfaits pour avoir la conviction que « de leur temps » les gens étaient plus comme ci ou plus comme ça, en tout cas moins superficiels, moins égocentriques ou moins matérialistes. Il avait bien conscience que, probablement, la plupart des Vietnamiens nés après la guerre n'étaient pas très différents d'un grand nombre d'Occidentaux en cela qu'ils n'avaient aucun idéal et ne rêvaient que de se faire par tous les moyens le plus d'argent possible, il avait bien conscience aussi que l'art n'occupait probablement pas de place dans leur vie, mais même s'il avait parfois le sentiment d'être un homme d'une autre ère égaré au XXIe siècle, il évitait toujours de pleurer sur ce qui avait été. En vieillissant, tout le monde avait tendance à croire qu'autrefois, c'était mieux qu'aujourd'hui, que des valeurs s'étaient perdues et que la génération montante ne valait rien. Il ne courait pas après les mirages de la modernité, mais il ne serait jamais de ceux qui se réfugiaient dans ce qu'hier offrait de rassurant. C'était souvent un signe de déclin que cette propension à se dire que l'âge d'or était derrière soi et à toujours regretter amèrement les temps anciens.

Le petit homme qui voulait raconter à Sorel le voyage en Occident de son père pour qu'il en fasse un roman envoya plusieurs lettres à Nguyên, le suppliant de convaincre l'écrivain français de « mettre son talent au service d'une noble cause », car c'était certes une noble cause que de donner un écho à l'odyssée de ces soldats-ouvriers, que ni la France ni le Vietnam ne reconnaissaient comme leurs. Le petit homme ne cessa d'écrire à Nguyên qu'en entendant dire que, dans d'autres régions, des enquêtes avaient déjà été menées sur ces proscrits et qu'ainsi leur histoire ne resterait pas ignorée.

La correspondance entre Nguyên et Sorel s'arrêta assez brutalement, du fait de ce dernier, peut-être parce qu'il avait commencé un nouveau roman et n'avait plus le loisir d'écrire de longues lettres, plus sûrement parce qu'il n'avait rompu qu'un temps le cercle de son isolement et que, quelques semaines après être rentré en Normandie, il était retourné à sa solitude, n'entretenait de relations qu'avec une poignée de pochards incapables d'aligner deux phrases cohérentes et se faisait si possible oublier en n'écrivant et en ne téléphonant à personne. Sa mère devait bientôt mourir, il fut prévenu par Claude et Jean, mais après bien des hésitations, il décida de ne pas aller à l'enterrement, pour ne pas s'accrocher avec son père, encore que ce serait la preuve qu'ils avaient tout de même quelque chose à se dire. Il était plutôt certain que Martin Tran préférait ne pas le voir aux funérailles, tant il craignait qu'il ne vienne à moitié ivre. Cela faisait vingt ans que Sorel n'avait pas parlé à sa mère, sauf à son mariage avec Isabelle, et les quelques fois où il l'avait aperçue dans la rue, il s'était caché avant qu'elle ne le remarque parmi les passants. Antoine avait dit à Jean qu'il aimait mieux passer pour un mauvais fils que de se retrouver à côté de leur père pendant l'inhumation de Louise. De toute façon, entre Martin et lui, elle avait choisi. Il se souvenait que, quand il s'était enfui de la maison familiale, elle avait réussi à trouver où il nichait et elle lui avait envoyé de petits mandats, mais Martin l'en avait vite empêchée, et elle n'avait plus osé rien faire, de peur de s'attirer les foudres de son mari.

Ces années-là furent pour Sorel des années de désolation : deux ans après sa mère, c'était au tour de son jeune frère Claude de mourir. Quand Jean lui annonça au téléphone que Claude était mort écrasé sous une voiture qu'il était en train de réparer, Antoine resta muet au bout du fil, comme s'il était terrassé, puis il raccrocha en laissant entendre seulement un sourd gémissement. D'après Jean, il avait beaucoup d'affection pour son jeune frère, qu'il avait parfois appelé en pleine nuit car il avait des crises de panique. Claude se rendait aussitôt chez lui et parvenait presque chaque fois à le ramener à un certain calme. La situation s'inversait lorsque c'était Claude qui, lâché par une de ses « renardes », comme ils désignaient entre eux ses jeunes amies, téléphonait à son frère aîné pour fulminer contre elles : Antoine savait infailliblement comment apaiser sa colère. Il était rare, dès lors qu'Antoine avait déserté l'appartement familial, qu'avec Jean ils se retrouvent tous les trois. Antoine voyait Claude seul à seul, en revanche, il donnait souvent rendez-vous à Jean dans les bistrots où il buvait en compagnie de piliers de bar. Claude, qui adorait faire la fête, n'oubliait jamais l'anniversaire d'Antoine – bonne occasion de sabler le champagne, de porter des toasts et d'aller voir, comme il disait en s'esclaffant, à quoi ressemblait *Le Havre by night*. Chaque année, quand il décrochait son téléphone pour souhaiter à Antoine un joyeux anniversaire, ce dernier répondait invariablement : « Périsse le jour où je suis né. » Ce qui avait désarçonné Claude au début, mais avait fini par provoquer chez lui de grands éclats de rire, parce qu'il ne prenait pas du tout au sérieux ce qui était écrit dans le livre de Job.

Maya, la femme de Jean, ne supportait pas qu'il aille rejoindre son frère pour se soûler. Elle l'avait plus d'une fois averti que, s'il lui était encore rapporté qu'il traînait avec ce *maudit Sorel* dans des bars, elle le mettrait dehors ou elle partirait en emmenant leurs deux filles. Elle se moquait bien que le *maudit Sorel* soit écrivain, et elle ne perdrait pas son temps à le lire. Il faudrait être stupide pour s'intéresser à la prose d'un soiffard. Si ce qu'il écrivait valait quelque chose, il aurait eu plus de lecteurs qu'il n'en avait et il n'aurait pas été si souvent à fond de cale. Sur ce point, elle donnait raison à Martin Tran, bien qu'elle ne le tienne pas en haute estime, et considérait elle aussi que le *maudit Sorel* était la honte de sa famille. Jamais elle n'avouerait qu'elle était sa belle-sœur. Jean ne répondait rien quand sa femme disait tout le mal qu'elle pensait de son frère, mais souvent il avait de la peine à se taire et il suffisait d'un mot de trop pour que la discussion dégénère en violente querelle. Le jour où Maya lui avait annoncé sans préambule que c'était fini entre eux, elle avait ajouté qu'il aurait dû plus se soucier d'elle et de leurs filles que de son frère.

Même des mois après avoir quitté Jean, chaque fois qu'elle lui parlait au téléphone, elle ne pouvait s'empêcher de lui lancer des piques au sujet de Sorel, et lorsqu'elle apprit que celui-ci s'était jeté de son sixième étage, elle ne trouva rien d'autre à dire que : « Ça devait finir comme ça ! » À cause d'elle, Jean s'était éloigné un moment d'Antoine, car il en était venu, à force de l'écouter, elle qui était d'une invraisemblable cruauté quand elle s'y mettait, à penser qu'il devait faire attention, car les êtres comme son frère ne prospéraient qu'en vampirisant les autres, en leur demandant, sous prétexte qu'ils étaient des créateurs, d'être toujours là pour eux, de les aider lorsqu'ils étaient aux abois, de se sacrifier au nom de l'art – Jean n'avait-il pas, avant de la rencontrer, renfloué plus d'une fois Sorel, qui dépensait son argent dans les bars, alors que son petit frère n'avait pu lui prêter quelques billets qu'en se privant ? Elle était arrivée à point nommé dans la vie de Jean. Sans elle, le *maudit Sorel* aurait continué de façon éhontée à profiter de lui. Elle se flattait de l'avoir tiré de l'erreur. La culpabilité était mauvaise conseillère et Jean, pour elle ne savait quelles raisons, en tout cas à tort, se sentait coupable d'être mieux loti que son frère aîné, et donc se croyait obligé de lui apporter constamment son soutien, moral et financier.

Oui, à un moment, au début de son mariage, Jean s'était éloigné d'Antoine, faisant répondre par sa femme qu'il n'était pas à la maison quand son frère téléphonait, n'allant plus le voir pendant des semaines. C'était Claude qui avait pris le relais, c'était Claude qui, alors qu'il venait d'accepter la gérance d'un garage, était assez bête, disait Maya, pour héberger Antoine puis l'aider à louer un appartement, parce qu'il venait d'être expulsé de la chambre qu'il occupait. C'était Claude qui passait lui rendre visite en fin de semaine, les bras chargés de courses. C'était Claude qui le surveillait et l'empêchait de se ruiner la santé en ne faisant que boire. C'était Claude qui l'emmenait en dehors de la ville, pour des balades du côté de Fécamp, lorsqu'il travaillait trop et avait besoin de prendre l'air. C'était encore Claude qui jouait les infirmiers les jours où, disait Maya, son cinglé de frère avait chopé une pneumonie en restant toute la nuit à la plage alors qu'il faisait -5 °C. C'était toujours Claude qui accourait chaque fois que, disait Maya, son irresponsable de frère lançait un appel de détresse. Claude, disait Maya, était si dévoué que, quand il avait rencontré Lena, il l'avait persuadée de l'imiter. Et donc, elle, la nigaude, disait Maya, s'était évidemment entichée du *maudit Sorel.* Elle se mettait en quatre pour lui faire plaisir et elle qui n'avait jamais beaucoup lu, s'était lancée dans la lecture de ses œuvres. Il n'avait alors publié que quatre ou cinq livres, mais déjà, disait encore Maya, il exigeait de ses frères qu'ils préviennent tous ses désirs. Heureusement qu'elle était là pour délivrer son mari de cet ascendant délétère. Hélas, elle n'avait pas pu user de son influence bien longtemps, Jean était vite retombé sous la coupe de son frère. Elle n'aimait guère ses beaux-parents, qu'elle trouvait trop frustes, mais elle était d'accord avec Martin Tran pour penser qu'il fallait s'armer de façon à ne pas vivre dans la dépendance du *démoniaque Sorel.* Les gens de son espèce étaient à fuir, répétait Maya, bien décidée à protéger sa petite famille contre *l'infâme Sorel*, dont l'intention cachée était d'exercer un pouvoir absolu sur son entourage en faisant du chantage au sentiment. Combien de fois n'avait-elle pas dû courir place Danton pour ramener à la maison son mari, ivre mort après avoir traîné de bar en bar avec son soûlot de frère qui, très certainement, regrettait qu'il se soit casé, car depuis, l'insupportable Maya s'était immiscée entre eux et plus rien n'était pareil ? Jean ne rapportait pas à sa femme ce que disait Sorel, mais elle se doutait bien que, s'il l'avait pu, il aurait poussé son petit frère à se séparer d'elle quelques mois seulement après son mariage. Combien de fois n'avait-elle pas dû claquer la porte au nez de *l'infâme Sorel*, pour qu'il ne débauche pas son mari ? Combien de fois n'avait-elle pas dû sermonner Jean qui avait peur qu'Antoine, si seul, si déboussolé, ne se sente encore plus désemparé s'il ne voyait pas souvent son frangin ? Combien de fois n'avait-elle pas dû parler comme Martin Tran et rappeler à son mari que Sorel la sangsue le sucerait jusqu'à la moelle s'il ne se défendait pas ?

Lors donc de mon dernier et très bref séjour au Havre peu après le Nouvel An, Jean Tran avait fini par m'avouer que le véritable motif de discorde entre sa femme et lui, c'était Sorel. Ce Nouvel An lui en avait rappelé un autre, six ans auparavant, quand Maya avait littéralement injurié Antoine, venu, à la demande de son frère, lui apporter un de ses livres, pas encore paru en librairie mais dont il avait reçu quelques exemplaires la veille. Pour une fois, il était sobre et portait des vêtements qui n'étaient pas tout fripés. Maya était rentrée depuis peu de la maternité, où elle avait accouché de sa deuxième fille. Le réveillon de la Saint-Sylvestre ne s'était pas bien passé, car elle était de méchante humeur et reprenait son mari à tout propos, devant les amis qu'ils avaient invités à fêter avec eux le passage à la nouvelle année. Jean ne réagissait pas, espérant de cette façon calmer le jeu, mais Maya n'en était que plus impatiente de montrer ses griffes et s'il n'y eut pas d'altercation entre eux ce soir-là, c'était seulement parce qu'il ne lui rendait pas la monnaie de sa pièce et restait impassible malgré les flèches qu'elle lui décochait. Une fois les amis partis, elle avait continué à l'allumer, et il avait dormi sur le divan du salon. Elle s'était réveillée le lendemain en étant toujours de méchante humeur, si bien que, quand Antoine sonna chez eux, elle poussa aussitôt des hurlements en ouvrant la porte, elle cria qu'elle n'était pas superstitieuse, mais que non, décidément non, elle ne le laisserait pas franchir son seuil le premier jour de l'an, car il portait la poisse. Elle ne voulait plus voir sa gueule de raie, elle avait, par malheur, épousé Jean, mais rien ne la forçait à se farcir en plus ses frères, surtout lui, le boit-sans-soif. Elle lui cria encore que ce n'était pas la peine de venir avec ses livres : ils étaient nocifs, elle n'avait pas besoin de les lire pour le savoir. Elle allait d'ailleurs jeter tous ceux qu'il avait dédicacés à Jean et qui encombraient les étagères de sa bibliothèque. Ce n'était pas la peine non plus de téléphoner à son frère chaque fois qu'il avait du vague à l'âme, il ne fallait pas le prendre pour un bénévole de SOS Amitié.

Depuis qu'elle s'était mariée avec Jean, Maya s'était rendu compte qu'il était trop attaché à ses frères et que, même une fois devenu père, il n'avait pas tranché les liens qui l'unissaient à ces derniers. Avant cet esclandre du premier jour de l'an, elle avait souvent reproché à son mari de mieux s'occuper d'Antoine que d'elle et de sa famille. Elle avait un peu honte de sa belle-famille, d'autant plus qu'elle tenait à faire oublier qu'elle ne venait pas d'un milieu bourgeois. Si encore, disait-elle, Sorel était un de ces écrivains que lisaient ses amies et collègues de bureau, c'est-à-dire un de ces auteurs qui faisaient de la bonne littérature de divertissement, mais ses livres ne ressemblaient à rien, disait encore Maya qui n'y avait pas mis le nez. À en croire certains journaux, ils parlaient de choses très tristes. Jean était toujours tellement content quand il y avait un petit article quelque part sur son frère, il le découpait, le gardait dans sa poche et le montrait à toute occasion. C'était vraiment ridicule. Et lorsqu'ils avaient du monde à dîner, il guettait chaque fois l'occasion d'apprendre à tout un chacun que Sorel aurait pu aller vivre à Paris, que quelques célébrités du microcosme littéraire avaient une haute opinion de lui, mais qu'il était resté au Havre parce qu'il n'était ni mondain ni arriviste, c'est pourquoi sa littérature portait la marque de l'authenticité… Jean prêchait sans être entendu, à vrai dire. Ses invités n'avaient pas lu Sorel et n'avaient guère envie de le faire. Maya ricanait méchamment chaque fois que son mari entonnait la louange de son frère, répétant parfois ce qu'avaient écrit certains critiques. On l'écoutait en réprimant un bâillement, puis dès qu'il se taisait enfin, on s'empressait de passer à autre chose, pour ne pas avoir à lui promettre d'acheter au moins un livre de Sorel, ou on s'excusait de n'entendre goutte à la littérature, et Dieu sait si on avait essayé de se changer les idées en se plongeant dans des livres vantés par la presse. On donnait raison à Maya, qui lui disait : « La barbe, Jean ! Assez avec ton raseur de frère ! » Et on pouffait en la trouvant drôle. C'était pire quand elle invitait Claude et Lena. Dès que celle-ci commençait à dire quelques mots sur un des romans de Sorel, Maya lui clouait le bec d'un sonore : « Tu n'y connais rien ! Ce n'est que de l'épate ! »

En ce mois de janvier où j'avais fait un saut au Havre dans l'espoir qu'après un court voyage je pourrais me mettre vraiment au travail, Jean m'avait dit et répété que sa femme n'avait pas de mots assez féroces quand il était question de Sorel. Elle le poursuivait d'une espèce de haine qui la rendait venimeuse. C'était à cause d'elle si son mari en était venu, un temps, à ne plus téléphoner très souvent à Antoine. C'était à cause d'elle si, les dernières années, il trouvait des prétextes pour ne plus voler au secours de son frère lorsque celui-ci avait besoin de lui. Sorel avait bien senti qu'entre eux ce n'était plus comme avant, mais il s'abstenait de tout reproche, il ne proposait plus à Jean de passer prendre un verre avec lui dans des bars. Maya avait noté qu'elle avait presque réussi à faire en sorte qu'ils aient moins de plaisir à se voir car, chaque fois qu'il donnait rendez-vous à Antoine, Jean se disait que, si Maya était au courant, il n'échapperait pas à une scène, elle lui jetterait à la figure ce qu'elle aurait sous la main en l'avertissant que, puisque c'était comme ça, elle ne tarderait pas à demander le divorce pour le laisser libre d'aller se soûler en compagnie de son frère. Elle avait fini par mettre sa menace à exécution, et elle était partie en emmenant les enfants. Jean s'en voulait d'avoir causé de la peine à son frère, sans être parvenu à retenir sa femme en faisant des concessions.

Pendant les deux jours que j'avais passés au Havre en ce mois de janvier, j'avais fait avec Jean Tran de grandes balades dans la forêt de Montgeon. Nous ne croisions personne, car il y avait du brouillard givrant et même les joggeurs n'avaient certes pas envie de prendre froid en allant courir le long des sentiers recouverts d'une fine couche de poudreuse. J'avais dit à Jean que je ne trouvais plus les constructions qui s'étendaient de la gare à l'avenue Foch aussi hideuses qu'elles m'avaient paru lors de mon tout premier week-end au Havre. L'agglomération, lui avais-je encore dit, avait quelque chose qui ne frappait pas l'œil tout de suite, mais une fois qu'on s'était habitué à ses rues et qu'on n'avait plus en tête l'équation « Le Havre : architecture stalinienne », on était plus sensible à ce que certains Havrais appelaient les beautés cachées de leur ville. C'était peut-être à force de traîner dans les bistrots à chacun de mes séjours et de discuter avec les serveurs ou les autres clients, mais j'en avais oublié que, presque un an auparavant, je ne savais de ce port que peu de chose, mais surtout qu'il était parfois surnommé *Stalingrad-sur-Mer*. Les gens que j'avais questionnés étaient bien sûr fiers d'habiter une agglomération « classée au patrimoine mondial de l'humanité ». L'expression était dans toutes les bouches dès qu'on demandait aux Havrais s'ils aimaient leur ville. À la fin, je ne leur posais plus cette question, mais les faisais parler de leur quotidien.

J'avais ainsi rencontré des Laotiens qui vivaient non loin de chez Martin Tran, à Caucriauville. Ils se plaignaient eux aussi de ce que cette banlieue soit devenue dangereuse et que des voyous y fassent la loi. La vie en France, disaient-ils, était bien plus dure qu'ils ne l'avaient imaginé. Entre les Blancs pleins de hargne contre les étrangers et les crapules qui transformaient les quartiers en terrain de chasse, guettant les passants pour les agresser, ils devaient tout le temps se défendre – contre les insultes, les menaces, les vols à la tire, etc. Ils s'estimaient déjà heureux quand les groupes de jeunes qui rôdaient dans les halls des HLM se contentaient de leur lancer une injure sans se montrer plus prêts à leur planter un couteau dans le ventre. Leur seule joie, c'était de rentrer au Laos à l'occasion de la fête du Nouvel An. Ils mettaient de côté toute l'année pour s'offrir ce voyage et rapporter à leur famille des cadeaux qui faisaient croire qu'ils étaient riches, alors que pour pouvoir payer le billet Paris-Vientiane, ils avaient dû se serrer la ceinture pendant des mois et des mois, économisant même sur la nourriture.

À l'abribus près de l'Hôtel de Ville où je m'étais arrêté le matin de mon départ du Havre pour fumer une cigarette, j'avais noué conversation avec un couple de Vietnamiens qui avait toujours vécu dans la banlieue havraise et n'avait qu'un désir : aller s'installer loin de la Normandie. Elle était coiffeuse à domicile, lui au chômage depuis ses cinquante-trois ans – il en avait six de plus. Ils étaient arrivés comme *boat people* à la fin des années soixante-dix, ils avaient élevé leurs enfants dans une banlieue où ils avaient entendu pour la première fois l'expression de *zone urbaine sensible*, longtemps ils avaient habité une haute tour, démolie quelques années auparavant, ils avaient été relogés dans un immeuble près d'un hypermarché, et maintenant ils aimeraient partir vivre dans les environs de Bayonne, surtout lui, qui espérait, malgré son âge, y trouver du travail, même un job mal payé. Ils connaissaient les Vietnamiens de Caucriauville, mais pas Martin Tran, ce qui ne me surprenait pas, puisqu'il refusait tout contact avec les gens d'Asie. Ils ne savaient pas qui était Antoine Sorel, et je ne leur dis rien à son propos, pensant qu'ils se fichaient d'apprendre que c'était un écrivain et que le Vietnam ne lui était pas tout à fait étranger. De leur vie ils n'avaient jamais mis les pieds dans une librairie, ils ne lisaient même pas les journaux régionaux et, très certainement, si je leur avais dit qui était Antoine Sorel, ils m'auraient demandé s'il était souvent passé à la télévision. Pendant qu'ils attendaient le bus, qui avait beaucoup de retard, ils eurent le temps de me confier qu'ils étaient très déçus par leurs enfants, trop peu respectueux envers eux, trop occidentalisés (ceci expliquant peut-être cela, ajoutèrent-ils). Ils me demandèrent quel était mon métier et, lorsque je leur eus dit que j'étais journaliste, ils me pressèrent d'écrire un reportage sur ces fils d'exilés qui ne voulaient plus observer les traditions du pays de leurs ancêtres et faisaient les sourds quand on leur rappelait que leurs parents étaient des déracinés (ils répondaient qu'ils étaient nés en France et que là étaient leurs racines, peu importait s'ils avaient un père et une mère venus d'ailleurs). Quand le bus s'arrêta enfin dans l'allée qui lui était réservée, le couple de Vietnamiens, après m'avoir fait une courbette en guise de salut, y grimpa, non sans me redire que je devais me souvenir de leurs paroles. « C'est un sujet en or », criaient-ils en agitant la main avant que les portes du bus ne se referment, me laissant songeur, en train de regretter de ne pas avoir noté leur adresse, car j'avais le sentiment qu'ils auraient bien des choses à me raconter sur leur vie en terre étrangère. J'aurais pu passer les voir chez eux lors d'un de mes prochains séjours au Havre. Ils m'auraient expliqué plus en détail comment ils avaient échoué dans cette ville et pourquoi ils ne s'y étaient pas acclimatés. Cela aurait fait diversion à mon bouquin qui n'avançait pas.

J'étais rentré du Havre avec l'intention de réécrire tout le début de mon livre, parce qu'en relisant ce dont j'avais accouché il m'apparaissait que je n'avais pas trouvé le ton juste. Je n'utilisai plus mon ordinateur mais pris des notes à la main, consignant dans un petit carnet les dernières confidences de Jean Tran. J'avais eu un moment l'idée de faire de lui le narrateur de mon récit. Je voulais le représenter seul à la morgue, devant le cadavre d'Antoine Sorel – il aurait monologué, se souvenant de ce qu'avait été la vie de son frère. J'écrivis une vingtaine de pages, en n'étant au début pas trop mécontent de moi : je croyais mon idée pertinente. Mais au bout de quelques jours, je m'aperçus que tout cela sentait le procédé et que je ne tiendrais pas la distance. Je jetai le cahier à la poubelle et revins à mon ordinateur, me disant que pianoter sur le clavier m'aiderait plus à écrire de façon froide, alors qu'en noircissant du papier j'avais tendance à avoir une prédilection pour les grands mots, jusqu'à être un rien pompeux. Je décrétai encore une fois que les premières pages de mon livre ne valaient pas grand-chose et relus toutes mes notes en cherchant un titre pour ce qui jusque-là s'était tout simplement appelé ANTOINE SOREL. Je me creusai la cervelle durant des jours, car j'étais persuadé que, tant que je n'aurais pas trouvé un titre sibyllin et qui sonne bien, je serais condamné à reprendre sans cesse mon bouquin. Après plusieurs nuits d'un sommeil qui n'avait rien de reposant, je me réveillai un matin à l'aube en ayant en tête l'image d'un navire, avec ses ŒUVRES VIVES, c'est-à-dire la partie de la coque immergée dans l'eau, par opposition aux ŒUVRES MORTES, la partie émergée. Il y avait de multiples sens à ces *œuvres vives*, et je ne doutais absolument pas que l'expression, si je la retenais comme titre de mon livre, était assez parlante.

Je m'étais lancé dans l'écriture de mon texte en ayant l'impression que mon imagination s'enflammait, mais quelques mois avaient suffi pour que je mesure toutes les difficultés de mon entreprise. J'étais encore trop jeune pour ne pas me figurer que j'étais le maître de l'univers du seul fait que je commençais un livre, et je devais me retenir pour ne pas mettre une majuscule à ce mot. Mais j'étais déjà trop vieux pour ne pas rire de moi-même quand il m'arrivait de prendre un air de conspirateur, l'air de celui qui ne voulait pas révéler à tout le monde le grand projet qu'il ne manquerait pas de mener à bien. Je riais d'autant plus de moi-même que je n'avais pas su garder secret ce que j'avais en chantier et donc m'entendais presque tous les jours demander si « mon chef-d'œuvre » allait bientôt être terminé, si « mon Sorel » allait bientôt être immortalisé. Chaque fois que ces questions m'étaient posées, je me sentais raillé et étais toujours près de m'emporter contre ces indiscrets, mais était-ce leur faute si je n'avais pas su tenir ma langue et si je leur donnais le sentiment d'employer presque toutes mes nuits à m'occuper d'une affaire de la plus haute importance dont il n'était nul besoin de préciser que je m'en tirerais avec maestria ? Plus les mois passaient, moins j'étais certain de finir le livre rêvé. Comme j'étais parti sur une fausse piste en voulant faire du frère de Sorel le narrateur de mon bouquin, j'avais perdu de précieuses journées à cause de ce changement de cap. Il avait fallu revenir à mon idée de départ, qui était de ne pas écrire une fiction, mais un livre d'hommage. Le plus difficile, comme je m'en étais déjà rendu compte, était de ne pas être emphatique, car je m'imaginais qu'un livre, à la différence d'un article de journal, devait offrir quelque chose qui ne soit pas dans l'air du temps mais frappé au coin de l'audace créatrice. Le plus difficile, comme j'allais m'en apercevoir à mesure que les semaines s'écoulaient, était de ne pas me dire qu'à côté de Sorel, j'étais un bien piètre écrivain – je me répétais qu'il manquerait toujours un je-ne-sais-quoi à mon livre pour marquer les esprits.

Au fil des mois, j'étais de plus en plus sceptique sur mes talents littéraires, mais je ne m'avouais pas vaincu, je cherchais toujours le moyen de parler de Sorel en exploitant au mieux les entretiens que j'avais enregistrés. C'était une drôle de chose que d'écouter tous ces gens égrener leurs souvenirs. Pas un témoignage qui ne soit émouvant. En dehors de celui de Martin Tran peut-être. Et celui que j'avais eu le plus de plaisir à transcrire était le récit de Judith Altmann. Je lui avais envoyé une photo de Sorel que son frère avait retrouvée dans un des cartons de manuscrits. Sorel, contrairement à son habitude, n'était pas vêtu d'un pull à col camionneur, mais d'une chemise blanche. La photo avait été prise au musée Rodin, et Sorel se tenait sur les marches qui menaient au jardin. Judith m'avait répondu qu'Antoine aimait beaucoup ce musée, qu'il y allait à presque chacun de ses passages à Paris. C'était Claude qui avait tenu à le photographier dans ce jardin. Ils avaient fait cette fois-là le tour de quelques villes de la banlieue nord, parce que Antoine, qui connaissait bien la périphérie du Havre, n'avait pas encore eu l'occasion de s'aventurer dans certaines communes de la grande couronne. Judith était très heureuse d'avoir cette photo. Elle se rappelait qu'Antoine lui avait souvent posté des cartes reproduisant des œuvres de Rodin – la première carte qu'elle avait reçue représentait *Le Baiser*, la dernière, la *Tête de Camille Claudel*. Il avait recopié au verso de la première un poème de René Char : « Beauté, ma toute-droite, par des routes si ladres, / À l'étape des lampes et du courage clos, / Que je me glace et que tu sois ma femme de décembre. / Ma vie future, c'est ton visage quand tu dors », et au verso de la dernière l'extrait d'un autre poème de René Char : « Je n'ai pas peur. J'ai seulement le vertige. Il me faut réduire la distance entre l'ennemi et moi. L'affronter *horizontalement*. » Judith avait mis du temps à trouver ces deux cartes, qui n'avaient pas été rangées avec les lettres d'Antoine, mais conservées, me dit-elle, tout au fond d'un coffret où elle avait gardé aussi une rose séchée qu'Antoine lui avait donnée à leur premier rendez-vous, un paquet de Gauloises vide (il avait griffonné à l'intérieur un « Je t'aime, tu vis en moi »), une petite statuette africaine qu'il lui avait offerte et qui devait lui tenir lieu de grigri, des tickets d'entrée à des salles de cinéma qu'il ne fréquentait pas du tout avant qu'elle ne l'incite à découvrir certains films russes, un prospectus de l'hôtel de Villers-sur-Mer, qui leur avait plu malgré sa décoration de mauvais goût, car ils y avaient passé ensemble tout un week-end alors qu'ils se connaissaient encore mal… « J'ai conservé tous ces menus souvenirs, me confiait Judith dans sa réponse à l'envoi de la photo, comme une gamine qui en est à ses premières amours. Maintenant encore, quand je pense à Antoine, je ne peux oublier que je l'ai aimé avec violence, pas seulement parce qu'il était jeune et que près de lui j'avais le sentiment d'avoir à nouveau vingt ans, mais parce que lui aussi m'a aimée avec violence, la violence de ceux qui ont en horreur les tièdes. »

J'hésitais à me rendre à Étretat pour revoir Judith Altmann, et pour faire quelque chose qui soit un dérivatif au désœuvrement où je me retrouvai une fois que j'eus relu la transcription de mes enregistrements sans réussir à écrire quoi que ce soit qui ne me paraisse pas exécrable. Finalement, un matin, me levant à l'aube, je pris à la gare de Lyon un train qui me mena à Marseille. J'y restai plusieurs jours en essayant de ne penser ni à Sorel ni à ce satané bouquin qui me donnait vraiment du fil à retordre. J'attendais qu'une illumination me permette de reprendre le collier en sachant où j'allais. Elle tardait à se produire et, pendant quasiment une semaine, je ne fis que me promener d'une calanque à l'autre, lisant peu et n'ouvrant jamais mon ordinateur que j'avais apporté avec moi au cas où j'aurais eu envie d'écrire. Au bout d'une huitaine, je me dis qu'il fallait me secouer et rentrer à Paris y chercher l'inspiration. Je repris le train et, comme si Sorel venait se rappeler à moi, j'aperçus dans mon wagon un passager en train de lire l'un de ses tout premiers livres, *Après le carnaval*. Je n'y vis pas un simple hasard. C'était pour moi le signe que le temps était venu de me demander si je saurais m'acquitter de ce qui m'apparaissait clairement comme la plus haute des missions. Moi seul étais capable de rendre à Sorel un hommage tout en finesse, me disais-je, de plus en plus convaincu que je ne faillirais pas au but que je m'étais fixé, maintenant que mon écrivain était presque devenu mon double, mais un double qui incarnait ce qui chez moi n'avait pas éclos, était resté à l'état embryonnaire, un double fascinant, un double qui m'était bien supérieur et allait m'obliger à me surpasser.

Je croyais, une fois rentré en janvier de Normandie, que je n'y retournerais pas avant longtemps. Mais à peine l'été était-il arrivé que me parvint du Havre un mot d'une jeune femme nommée Marianne Monicelli. Elle m'écrivait que, si elle avait tardé à se manifester après l'annonce que j'avais mise presque un an auparavant dans le journal local, c'était parce qu'elle avait des scrupules à se faire connaître comme l'une des femmes qui avaient partagé – oh, pas très longtemps – la vie de Sorel. Mais finalement elle s'était décidée à m'envoyer quelques lignes en se disant que j'en ferais ce que bon me semblerait, et que si mon enquête était terminée, elle ne m'en voudrait pas de ne pas lui répondre. Je lui demandai par retour de courrier si elle pouvait me fixer un rendez-vous. Elle me proposa de la retrouver une semaine plus tard dans un salon de thé du Havre, *Le Nuage dans la tasse*, en me précisant que je la reconnaîtrais à sa chevelure rousse et qu'elle aurait avec elle le dernier livre de Sorel, *Tangages*.

Je ne m'étais pas attendu à ce qu'une jeune femme réagisse à mon annonce qui avait paru il y avait bien longtemps. Personne, parmi ceux dont j'avais recueilli le témoignage jusqu'alors, ne m'avait parlé de

Marianne. Elle m'intriguait d'autant plus. Je partis le jeudi après-midi pour Le Havre et le lendemain allai à Rouelles et à Mont-Gaillard photographier les rues et les immeubles où Sorel avait habité. C'étaient des quartiers d'une grande tristesse et les quelques passants qui me voyaient mitrailler certains bâtiments pensaient que je travaillais pour la mairie et que ces photos serviraient à un nouveau plan d'urbanisme.

Le soir, comme je n'avais rien à faire, je partis me promener du côté du quartier Saint-François, dînai dans un restaurant indien et finis la soirée dans une rhumerie, *Le Cyclamen*. Là, je me pintai à la tequila jusqu'à une heure du matin et, quand je me levai pour rentrer à l'hôtel, je me rendis compte que j'avais pris une sacrée cuite. C'est dire si j'étais loin d'être frais le lendemain, quand je devais m'entretenir avec Marianne Monicelli.

Il n'y avait pas grand monde au *Nuage dans la tasse*, et Marianne, qui avait effectivement une magnifique crinière rousse, m'attendait en feuilletant *Tangages*. Elle avait déjà commandé un thé aux oranges et à la cannelle, me dit-elle après m'avoir serré la main – elle avait de petites mains aux ongles vernis d'un rouge sombre –, et en me souriant d'une façon qui me sembla tout de suite de bon augure. J'avais mal à la tête et, comme je ne m'étais levé qu'en début d'après-midi et étais parti en toute hâte de l'hôtel pour ne pas arriver en retard, j'avais oublié mon magnétophone. Il ne me restait qu'à prendre des notes tout en questionnant cette jeune rouquine – elle ne devait pas avoir plus de trente ans, et je me demandai quel âge elle avait lorsqu'elle vivait avec Sorel.

Elle avait commandé aussi un millefeuille et, pendant que j'avalais un grand café qui, espérais-je, me délivrerait de ma gueule de bois, elle mangeait la pâtisserie sans me regarder. Elle avait l'air un peu troublée car, comme elle le dit tout bas, elle avait lu les articles que j'avais écrits sur l'art, elle y avait appris beaucoup de choses et jamais elle n'aurait imaginé qu'un jour elle se trouverait face à moi. Elle était si contente de savoir que c'était moi, dont elle ne manquait jamais les chroniques, qui allais écrire sur Sorel, car je lui consacrerais un livre, n'est-ce pas ? Elle se faisait une joie de le découvrir quand il serait publié, et elle ne doutait pas qu'il paraîtrait très vite. Son métier lui laissait peu de temps pour lire. Elle était assistante sociale et, à son bureau, elle devait tellement donner d'elle-même, elle devait écouter les doléances de tellement d'épaves qu'à la fin de la journée elle était vidée et, même lorsqu'elle faisait l'effort d'ouvrir un livre, elle s'endormait après avoir lu trois pages. Elle aimait ce qu'elle faisait, mais elle avait parfois le sentiment qu'elle ne vivait plus pour elle-même, et que c'était de plus en plus difficile de faire abstraction des drames qui frappaient les familles venues solliciter un secours. Mais, murmura-t-elle en souriant de nouveau de ce sourire qui rendait très doux son visage joufflu, elle n'était pas là pour parler d'elle et de ce qui l'occupait tous les jours. Il lui fallait me raconter deux ou trois choses au sujet de Sorel. Elle n'avait pas tenu une place importante dans sa vie, dit-elle d'une voix si basse que j'avais du mal à l'entendre. Je sortis mes carnets et lui demandai si je pouvais noter ce qu'elle me confierait, car j'avais une mémoire calamiteuse. Elle fit oui de la tête et dit d'une voix encore plus basse qu'elle espérait ne pas me décevoir, parce que j'avais sûrement recueilli des témoignages plus intéressants que le sien.

Elle tenait aussi à me prévenir que ses parents seraient très mécontents s'ils découvraient son nom dans un livre sur Sorel, mais elle se moquait bien de ce qu'ils diraient. Ils étaient les seuls à savoir qu'Antoine et elle habitaient ensemble dans une piaule près du tunnel Jenner et, plus d'une fois, ils l'avaient sommée de rompre, parce qu'ils ne pouvaient pas le supporter. Une fois que c'était fini entre elle et lui, personne, dans l'entourage de Sorel, pas même ses frères, n'avait appris de sa bouche qu'il avait vécu avec elle pendant neuf mois – le temps de faire un enfant, mais ils n'en avaient pas fait : Sorel se serait plutôt jeté du haut d'une falaise que d'engendrer, et elle n'avait même pas dix-sept ans. Lui avait plus que le double de son âge et venait de divorcer. Elle était encore au lycée quand ils étaient tombés amoureux l'un de l'autre. Lorsqu'ils avaient loué cette chambre près du tunnel Jenner, il fallait trouver de l'argent pour la payer, il n'en avait presque pas, alors elle avait abandonné ses études et avait travaillé comme bonne d'enfants chez un avocat d'affaires. Sorel écrivait *Le Dernier Round*, qui n'allait pas recevoir un accueil à la hauteur de ses espérances – à elle, car lui, avait toujours eu le bon sens de n'attendre aucune reconnaissance. Elle n'avait pas lu ses livres avant de le rencontrer. Quand ils s'étaient connus, il ne lui avait pas demandé de les lire, il ne lui avait même pas dit qu'il avait publié plusieurs romans. Elle n'était pas une grande liseuse de romans contemporains, elle préférait les classiques du XIXe siècle. C'est d'ailleurs le jour où elle était allée acheter un de ces classiques, *La Recherche de l'Absolu*, à la bouquinerie d'André Baly, que son chemin avait croisé celui de Sorel. Elle l'avait aimé au premier regard, comme on dirait dans les romans de 1850. Et pourtant, souffla-t-elle avec un petit rire, il n'avait pas du tout l'air aimable. En fouillant dans une pile de livres de poche, il avait tout renversé et il était resté là, les bras ballants, à regarder les livres tombés par terre, sans même penser à en ramasser un seul. Elle l'avait aidé à refaire la pile, et c'est ainsi qu'ils avaient lié connaissance. Elle était très jeune, il paraissait plus âgé qu'il ne l'était en réalité, mais il avait de très beaux yeux et, lorsqu'il la fixait, elle sentait, dit-elle en se mordant la lèvre inférieure, un frisson courir le long de son échine.

Deux semaines plus tard, ils se mettaient en quête d'un nid d'amoureux – l'expression était d'elle et non de lui, qui se fichait totalement de vivre ici ou ailleurs, dans un taudis ou dans un palace. La piaule près du tunnel Jenner était si petite que, maintenant encore, elle se demandait comment ils avaient pu y vivre à deux. Ils n'avaient pas de lit, juste un matelas en mousse, trouvé dans une décharge. Ils n'avaient pas non plus de rideaux : le soir, ils accrochaient devant la fenêtre un panneau publicitaire que leur avait donné un parfumeur. Des cageots empilés tenaient lieu de table. Pour manger, ils s'asseyaient par terre, devant un grand plateau où il n'y avait en général que des boîtes de conserve. Quelques étagères de livres formaient le reste de l'ameublement et, dans un coin, le lavabo servait aussi d'évier, elle y faisait aussi bien la lessive que la vaisselle. C'était la vie de bohème, dit-elle en ne me cachant pas qu'elle était surprise de voir Sorel si peu soucieux de son confort. « Après tout, dit-elle, il avait été marié trois ans à une femme de la bonne bourgeoisie rouennaise. Pendant ces trois ans, il n'avait pas vécu comme un étudiant pauvre, qui n'allumait pas son radiateur en hiver. Pendant ces trois ans, sa femme avait bien dû recevoir des connaissances à dîner et, même s'il détestait les mondanités, il avait dû présider ces repas où les gens disaient : "Ma chère, savez-vous la dernière ?" ou "Ces truffes sont exquises !" Il ne me parlait jamais de sa vie avec Isabelle, il avait juste prononcé son nom une fois, en disant qu'elle avait vraiment regretté de l'avoir épousé et qu'il la comprenait, car il n'était pas fait pour le mariage : il avait été un mari odieux. C'est tout ce qu'il a raconté. »

Marianne aurait voulu le questionner davantage sur sa vie conjugale, mais elle n'osait pas – elle était certaine qu'il ne répondrait rien. La vie qu'elle menait avec lui n'était pas une vie de couple. Comme elle n'avait que dix-sept ans, il se conduisait presque toujours avec elle à la manière d'un frère aîné, en tout cas au début. Au début, c'était le bonheur. Un bonheur qui n'avait duré que sept ou huit semaines. Après avoir passé la journée à s'occuper des enfants de l'avocat, elle avait toujours hâte de rentrer à la maison pour se jeter dans les bras d'Antoine. Il l'appelait sa Squaw, parce qu'elle portait une éternelle veste à franges en nubuck. Elle l'appelait Sorel, parce qu'elle aimait son pseudonyme et parce qu'elle avait besoin de se dire qu'elle partageait le quotidien d'un écrivain. Il n'avait même pas de table où il pouvait écrire. Il travaillait assis sur le matelas, mais il ne semblait guère s'apercevoir qu'il manquait de tout. Oui, les huit premières semaines, ils s'amusaient comme des gosses, heureux de se retrouver chaque soir. Elle lui disait qu'ils étaient pareils : il avait pour grand-père un soldat-ouvrier né en Asie, elle était la petite-fille d'un immigré italien venu des Abruzzes.

Elle lui disait aussi qu'ils resteraient toujours ensemble et que ce serait elle qui l'entretiendrait, il n'aurait qu'à écrire ses romans sans se soucier de quoi que ce soit. Elle était fière d'être, à même pas dix-huit ans, celle qui gagnait l'argent de leur loyer. Quand il touchait un chèque, même modeste, il lui achetait aussitôt des livres, elle n'avait pas le temps de les lire et elle aurait préféré qu'il lui offre un beau T-shirt ou des baskets, mais elle feignait d'être contente, tout excitée d'avoir un nouveau chef-d'œuvre qui changerait peut-être sa vision du monde. Au bout de deux mois, à certains signes qui ne trompaient pas, elle s'était aperçue que les choses se dégradaient à grande vitesse. Elle se mit à trouver qu'ils étaient vraiment à l'étroit dans cette piaule humide et mal éclairée, elle s'agaçait lorsque, le soir, en revenant à la maison, elle voyait Sorel à moitié allongé sur le matelas, un cahier sur ses genoux, une bouteille de vinasse et un cendrier rempli de mégots à côté de lui. Elle s'agaçait encore plus quand il se réveillait à deux heures du matin, fumait cigarette sur cigarette et allumait la lumière pour corriger ce qu'il avait gribouillé dans ses cahiers. Servir de bonne à des enfants qui étaient des diablotins la fatiguait. Elle était irritable, elle ne reprochait pas à Antoine de vivre à ses crochets, mais elle n'était plus aussi fière que les premiers temps d'être celle qui gagnait l'argent du loyer, il lui paraissait injuste de devoir, à dix-sept ans, faire un boulot peu gratifiant et d'être obligée de se priver de ce que les autres adolescentes avaient, car elle vivait avec un écrivain dont les livres ne s'adressaient qu'à un petit nombre de lecteurs. « J'étais, dit Marianne, comme beaucoup de jeunes filles de cet âge-là, je voulais sortir, dîner dans de bons restaurants, partir en vacances. J'étais trop jeune, je ne pouvais pas supporter longtemps un mode de vie austère. Antoine se fichait de tout tant qu'il avait du temps pour écrire, mais moi j'avais besoin d'être dédommagée de ce que je subissais tous les jours chez l'avocat, qui avait l'arrogance des parvenus. Et puis, malgré mes dix-sept ans et malgré nos problèmes d'argent, j'étais si folle que je rêvais d'avoir un enfant avec Antoine. J'étais décidée à le harceler jusqu'à ce qu'il me fasse un bébé. Ma mère m'avait bien eue à dix-huit ans, je ne voyais pas pourquoi je n'aurais pas d'enfant, moi qui avais tellement envie de pouponner – Antoine me répondait que j'avais envie de pouponner comme une gamine aurait envie de jouer à la poupée… »

Marianne avait les joues rouges, comme si elle se disait qu'elle ne devrait pas faire ces confidences à un étranger et qu'elle allait passer pour celle qui avait tout gâché en exigeant qu'Antoine cède à ses caprices, car c'en était un, elle le reconnaissait, ce désir d'enfant apparu dès les commencements. Elle se rendait compte à présent qu'elle avait été d'une immaturité telle que ç'aurait été presque criminel d'avoir un gosse, dit-elle en finissant son thé et en tortillant une mèche de cheveux. Elle ne savait trop pour quelle raison elle était si résolue à avoir un enfant d'Antoine, peut-être parce qu'elle prenait ombrage du fait qu'il ne pensait qu'à son travail : parfois il était si absent qu'elle se demandait même s'il la voyait, s'il y avait quelque chose qui comptait pour lui en dehors du livre qu'il était en train d'écrire…

Elle prononça ces mots avec une sorte d'amertume que les années n'avaient pas atténuée. Puis elle se tut un long moment, jusqu'à ce que la serveuse vienne débarrasser son assiette de gâteau. Elle me proposa alors d'aller faire une promenade, puisque quelques rayons de soleil venaient de faire une trouée dans l'épaisse couche de nuages. Elle se leva en me disant qu'elle m'emmènerait à Sainte-Adresse, au balcon de l'estuaire, d'où l'on avait une vue sur tout Le Havre. Quand ils étaient ensemble, Sorel et elle adoraient s'y rendre. Depuis qu'ils s'étaient séparés, elle évitait cet endroit. Elle n'y était retournée que le matin où elle avait appris le suicide de celui qui n'avait pas voulu qu'elle soit mère. Elle ne l'était toujours pas, elle avait rencontré d'autres hommes après Antoine, mais avec aucun elle n'avait souhaité avoir des enfants, et pourtant, eux, n'auraient pas refusé d'être pères. Une fois qu'elle et Sorel avaient rompu, elle était retournée chez ses parents, avait repris ses études et était devenue assistante sociale parce que, faute d'avoir avec Antoine un fils qui aurait été tout pour elle, elle se promettait d'être utile à autrui. L'était-elle vraiment ? Elle en doutait souvent. Elle n'avait même pas été utile à Antoine pendant les neuf mois où elle avait partagé sa vie. Elle ne lui avait même pas été d'un grand secours quand il semblait si mal en point, quand il ne dormait pas plusieurs nuits de suite, sans qu'elle comprenne ce qui le rongeait. Dans ces moments-là il était totalement mutique. Impossible de lui arracher le moindre mot. Et si elle lui demandait plusieurs fois ce qui n'allait pas, il partait pour ne pas avoir à répondre et il ne rentrait pas pendant trois ou quatre jours. Comme il n'avait dit à quiconque, pas même à Jean ou à Claude, qu'il l'avait rencontrée, elle n'avait personne auprès de qui s'épancher chaque fois qu'il disparaissait ainsi. Elle se demandait vainement pourquoi il ne soufflait mot de leur histoire à ses frères.

Si c'était parce qu'elle était trop jeune. Ou parce qu'il était sûr qu'entre eux cela ne durerait que quelques mois. Même maintenant, lorsqu'elle y pensait, elle était tout agitée intérieurement, elle ne pardonnait pas à Sorel de n'avoir pas su lui accorder une place importante dans sa vie, de ne pas l'avoir aimée assez pour la considérer autrement que comme une amante clandestine avec qui il n'y avait pas d'avenir possible. Seuls ses parents à elle étaient au courant, mais ils ne voyaient en Antoine qu'une espèce de satyre qui profitait d'elle, si jeune, si candide. Ils s'étaient évidemment écriés : « Mais qu'est-ce qu'on a fait au bon Dieu ? » quand elle leur avait appris qu'elle allait partir de chez eux et qu'elle ne rêvait que de ne plus quitter Sorel, qu'ils appelaient son « écrivain à la manque ». Et encore, dit Marianne, ils ignoraient qu'il buvait et qu'il était plus fauché qu'ils ne se l'imaginaient. Ils ne savaient pas non plus qu'elle comptait travailler comme bonne chez des bourgeois parce que depuis trois ans Sorel n'avait rien publié, ne recevait donc pas d'à-valoir et ne gagnait pas de quoi payer le loyer d'une chambre pour eux deux. Lorsqu'elle était revenue dans la maison familiale, elle n'avait pas échappé aux « Je savais bien que ce salaud te laisserait tomber » et aux « Il fallait nous écouter, on les connaît, ces types-là ».

Elle se rappelait qu'une des dernières fois où Antoine et elle étaient allés ensemble au balcon de l'estuaire, elle avait tellement de chagrin car elle sentait qu'il n'était plus amoureux d'elle – l'avait-il jamais été ? se disait-elle en donnant raison à ses parents, pour qui il voulait juste se payer du bon temps pendant quelques semaines avec une petite jeune, assez gourde pour croire à la grande passion. Elle avait tellement de chagrin aussi car cela faisait des jours et des jours qu'ils n'avaient même pas eu une conversation et que cela faisait des semaines qu'ils s'étaient endormis sans même se caresser. Elle allait sur ses dix-huit ans et elle pressentait que c'était déjà presque fini entre Antoine et elle. Elle avait le sentiment d'être vieille, de n'avoir devant elle que la perspective de vivre de regrets. Elle se répétait : « Ne me secouez pas, je suis pleine de larmes », c'était une phrase qu'elle avait lue quelque part. Mais non, se répétait-elle aussi, je ne pleurerai pas, je suis assez forte pour ne pas m'écrouler tout simplement parce que, si je ne quittais pas Antoine, c'est lui qui m'abandonnera bientôt. Elle n'avait pas pleuré ce jour-là, ni les jours suivants. Elle avait fait comme si de rien n'était et elle préparait silencieusement son retour chez ses parents. Tout était allé à vau-l'eau en quelques mois seulement et elle n'aurait su expliquer pourquoi Antoine s'était détaché d'elle si vite. Le roman se terminait, il fallait qu'elle en prenne son parti : il n'y aurait pas de fin heureuse.

Elle se disait qu'elle était sans doute trop jeune et qu'elle avait commis beaucoup de maladresses, au point que Sorel la jugeait insupportablement infantile. « Je voulais, avoua-t-elle, qu'il remplace mon père, car j'avais toujours eu honte du mien, qui n'avait jamais fait travailler sa cervelle et répétait ce qu'il entendait à la radio. Il était intolérant, parce que ses parents l'avaient été et qu'il les imitait en tout, sans aucun discernement. Il m'avait traitée d'idiote lorsque j'avais repris des études pour être assistante sociale : j'allais avoir affaire à tous ceux qui crevaient la gueule ouverte, j'allais devoir trouver le moyen de les aider, et j'aurais un salaire de famine. Il est mort il y a un an. Je n'ai même pas eu de peine. Il représentait tout ce que je ne souhaitais pas devenir. Il était pire que ma mère, son seul rêve aurait été de finir ses jours dans un pavillon avec jardin, mais dans une banlieue où il n'y aurait que de petits Blancs. Ma mère et lui n'avaient jamais pu louer autre chose que leur appartement de Montivilliers et ils regrettaient de ne pouvoir planter des géraniums, faire des barbecues, tondre la pelouse et parler de la pluie et du beau temps ou se plaindre de la décadence moderne avec des voisins qui seraient de bons Normands. »

Lorsque Marianne avait rencontré Sorel à dix-sept ans, c'était comme si l'occasion lui était donnée de s'évader de l'univers étouffant dans lequel elle avait vécu jusqu'alors. Elle était, dit-elle, impressionnée par l'intelligence de Sorel, par le fait qu'il était écrivain alors qu'elle avait grandi dans une maison où il n'y avait pas de livres, juste des livres de cuisine, elle se disait qu'auprès de lui elle apprendrait des choses que ses parents n'avaient jamais su lui apprendre, que grâce à lui elle verrait s'ouvrir devant elle un monde nouveau. C'était, pensait-elle les premières semaines, une chance incroyable de le connaître, car il ne ressemblait à aucun de ses amis – en fait, elle n'en avait que deux, de jeunes gars qui disaient d'eux-mêmes qu'ils n'étaient pas franchement bêtes, mais pas très futés non plus. C'était, pensait-elle les premières semaines, une chance encore plus incroyable de vivre avec lui, car à son contact elle s'élèverait au-dessus de ce que son père avait tenté de lui fourrer dans le crâne. Elle n'était, pensait-elle les premières semaines, qu'une petite adolescente attendant l'amour subit et l'amour passion, et elle avait eu tout de suite le grand béguin pour Antoine. Mais voilà, si c'était l'amour passion de son côté, ce n'en était pas du côté de Sorel, qui avait déjà connu plusieurs femmes, avait été marié et faisait toujours passer son travail avant les sentiments amoureux. Elle avait découvert peu après que l'Isabelle dont il avait divorcé voulait aussi un enfant et n'était pas parvenue à le convaincre que la paternité pouvait faire la gloire d'un homme. Elle éprouvait de la sympathie pour cette pauvre Isabelle, qui avait dû *en baver*, et elle était presque tentée de lui écrire, histoire de se confier à une femme, en quelque sorte une sœur aînée, à qui Sorel avait aussi refusé le droit de trouver dans la maternité la possibilité d'un épanouissement physique et moral…

Du balcon de l'estuaire Marianne et moi étions descendus vers la plage. Des promeneurs profitaient du soleil de la fin de l'après-midi. Des familles, installées sur les chaises longues des cafés saisonniers qui avaient ouvert leurs portes il n'y avait pas si longtemps, sirotaient des boissons colorées. Marianne marchait lentement, s'arrêtant parfois pour poser sa main sur mon bras lorsqu'elle voulait attirer mon attention, croyant que je ne lui prêtais qu'une oreille distraite. Elle me demanda si j'avais rencontré Isabelle, et comme je lui disais que non, elle me demanda alors si on m'avait parlé de Judith Altmann. Sans me laisser le temps de répondre, elle me chuchota : « C'était le grand amour d'Antoine. » Elle se rappelait combien elle avait souffert quand elle était tombée sur les lettres de cette prof de musique qu'elle imaginait très belle, très envoûtante. Sorel conservait les lettres qu'elle lui avait écrites dans la valise où il mettait ses manuscrits, mais il n'aurait jamais fait allusion à Judith devant personne. Il gardait le silence sur tant de choses, dit Marianne d'un ton de dépit. Les quelques mois qu'elle avait passés avec lui, elle s'en souvenait comme d'hier, alors que dix années s'étaient écoulées et qu'elle avait connu d'autres hommes depuis, des hommes qui n'avaient pas réussi à lui faire oublier Antoine, eux qui, probablement, étaient plus amoureux d'elle qu'il ne l'avait jamais été. Une fois que Sorel et elle avaient rompu, elle avait guetté avec impatience la parution de ses livres, car c'était pour elle le seul moyen de rester proche de lui. Elle s'était souvent inquiétée en lisant ses romans, si noirs qu'elle pensait qu'il devait aller réellement mal. Elle avait rôdé autour des bars qu'il fréquentait, espérant le croiser, puis elle s'était dit que rien ne servait de le relancer, et qu'il fallait enterrer le passé. Tant qu'il publiait, elle avait de ses nouvelles, puisqu'elle essayait de lire entre les lignes et de deviner comment était sa santé mentale. Elle l'avait toujours tenu pour un écrivain qui n'avait pas son égal, même quand elle n'avait que dix-sept ans et qu'elle ne comprenait pas tout ce qu'il écrivait. Elle qui pratiquait plutôt des auteurs des siècles passés et nourrissait toutes sortes de préventions contre les écrivains de son temps, elle avait, à dix-sept ans, fait la découverte d'un créateur encore bien vivant et dont les mots avaient la force d'un coup de poing reçu en pleine face, dit-elle en rappelant une nouvelle fois qu'elle était alors encore adolescente et qu'elle cherchait dans les livres quelque chose de vraiment stupéfiant. « Je ne sais pas, dit-elle d'une voix presque sourde, je ne sais pas si Antoine se rendait compte que j'avais des complexes vis-à-vis de lui, c'est pour cette raison que j'avais un si fort désir d'enfant, je pensais qu'en étant la mère de son fils – car évidemment je voulais un fils – je n'aurais plus le sentiment de lui être inférieure, même en n'étant qu'une jeune fille ni très cultivée ni très réfléchie. Dans l'entourage de mes parents il n'y avait personne comme lui. Il avait quelque chose de spécial. Je ne le dis pas parce que c'était un artiste et qu'on le dit toujours des artistes quand on ne sait pas comment les dépeindre. Je le dis parce qu'en fait, après toutes ces années, lorsque je repense à lui, j'ai toujours une impression d'*étrangeté*, comme s'il y avait une partie de lui que je ne comprenais pas, comme s'il était toujours resté une énigme à mes yeux. Il était pour moi totalement insaisissable. Même maintenant, c'est l'impression que j'ai encore quand je me reporte vers ces mois où je vivais à ses côtés mais où je me sentais parfois si seule, où souvent il ne disait pas un mot pendant plusieurs jours de suite, sans qu'on se soit disputés. À la fin, lorsqu'il se taisait ainsi, je devais vraiment prendre sur moi, sinon j'aurais explosé. Je lui criais qu'il faisait exprès de se taire pour me mettre à l'épreuve, pour voir combien de temps je supporterais ses silences. Il ne faut pas oublier que j'étais par nature volubile, je ne tournais pas ma langue sept fois dans ma bouche avant de parler, en général je regrettais après de ne pas savoir rester muette, je trouvais les femmes réservées pleines de mystère, mais je n'étais pas du genre à garder pour moi mes pensées, mes joies ou mes inquiétudes. »

Elle n'était pas énervée mais angoissée quand, en rentrant à la maison, elle le voyait couché sur le matelas et qu'il ne répondait pas à ses questions. Les silences l'oppressaient, alors elle racontait tout et n'importe quoi pour que leur petite piaule s'emplisse de sa voix et en espérant que Sorel lui ferait la conversation. Mais c'était à croire qu'il s'était juré de ne prononcer que deux ou trois mots ce soir-là. Et plus il se taisait, plus elle avait tendance à dire tout ce qui lui passait par la tête. Il la laissait monologuer, surtout lorsqu'elle revenait toujours sur le même sujet : l'enfant qu'elle voulait de lui. Elle avait beau insister, il avait l'air de ne pas l'écouter et d'être ailleurs, à tel point qu'elle se mettait parfois à crier pour lui rappeler qu'elle était là. Mais, chaque fois qu'elle criait ainsi, elle n'obtenait rien de plus de sa part, il se contentait de la regarder avec une expression de surprise et de désapprobation. C'était comme s'il lui faisait sentir qu'elle manquait d'éducation. Elle n'en était que plus prête à éclater en reproches et à jouer les enfants gâtées à qui on osait refuser quelque chose. Elle hurlait qu'elle en avait ras le bol de s'occuper des gosses des autres et que ou bien il lui donnait un fils, ou bien elle prenait ses cliques et ses claques. Maintenant, lorsqu'elle repensait à ces scènes, elle se repentait d'avoir été aussi enquiquinante et d'avoir continuellement tarabusté Sorel en étant sûre qu'un jour, il pourrait, sans répulsion, se la représenter en train de mettre au monde un joli bambin. Elle ne savait pas comment ils auraient trouvé l'argent pour l'élever, ce joli bambin, mais plus elle sentait que la paternité répugnait à Sorel, plus elle éprouvait l'envie, la très grande envie, de tomber enceinte et d'avoir un ventre bien rond sur lequel il aurait posé sa main – car elle ne doutait pas qu'elle l'aurait guéri de son dégoût et qu'à son extrême étonnement il aurait été ému à l'idée qu'elle et lui avaient conçu ce petit être qui allait voir le jour.

Elle n'avait pas quitté Sorel seulement parce qu'il ne consentait pas à devenir père, mais parce que, après avoir vécu neuf mois près de lui, elle avait le sentiment d'être quelqu'un de parfaitement banal, qui voulait ce que voulait tout le monde. Depuis, elle s'était faite à la pensée qu'elle ne se détachait pas de la moyenne, mais aider les autres, résoudre leurs problèmes tous les jours l'avait rendue moins malheureuse quand elle se disait qu'elle n'était pas très au-dessus du lot. Elle aimait son métier, elle n'en changerait pour rien au monde, même lorsqu'elle se faisait insulter par des gens qui se retrouvaient dans une telle situation qu'ils se vengeaient sur elle de leurs misères. Au début, elle s'était parfois attendue à voir arriver dans son bureau Sorel, venu demander du secours car il n'avait plus de quoi subsister. Elle se faisait tout un film, elle l'imaginait la pressant d'obtenir que les services sociaux lui accordent une aide, à lui qui jusqu'alors avait toujours essayé de se passer de ce qu'il appelait les aumônes de l'État, elle l'imaginait assis en face d'elle, exposant sa requête d'une voix à peine audible, et bien sûr, elle lui aurait expliqué comment faire pour recevoir des subsides, elle lui aurait ainsi montré, par son attitude, d'une grande noblesse, qu'elle avait mûri et qu'elle ne lui avait pas gardé rancune pour ce qui s'était passé entre eux autrefois. Mais évidemment, Sorel n'avait jamais poussé la porte de son bureau, elle ne l'avait même jamais croisé dans les rues du Havre : il vivait la nuit, quand elle dormait, le jour il se cloîtrait chez lui et, de toute manière, il habitait probablement la banlieue, elle travaillait dans un quartier excentré, ils avaient peu de chances de se rencontrer, même près de l'Hôtel de Ville.

En marchant d'un pas lent, Marianne et moi avions fait plusieurs fois le tour de la plage. Elle s'était animée en parlant et elle souriait tout le temps, comme si ce qu'elle disait n'était pas à prendre au tragique, car elle ne souhaitait pas passer pour une amoureuse qui ne s'était pas remise de son échec sentimental et dont toute la jeunesse avait été marquée par la déception qu'elle avait éprouvée en n'ayant pas eu d'enfant avec celui qui était « l'amour de sa vie ». D'un air faussement dégagé, elle affirma qu'elle ne souffrait plus de cet échec.

Même après avoir écouté Marianne Monicelli pendant plusieurs heures, je ne parvenais pas à savoir si elle n'en voulait plus à Sorel de ne pas lui avoir tout donné dix ans auparavant, ou si elle n'avait souhaité me voir que parce qu'elle souffrait encore de son échec. Elle n'attendait certes pas de moi que je charge Sorel en le décrivant comme un monstre froid pour qui les mots tels que « la chair de sa chair » étaient vides de sens et qui considérait que les deux femmes qu'il avait connues à une certaine époque l'avaient littéralement *persécuté* en exprimant jour après jour leur désir d'enfant.

J'étais étonné qu'il soit tombé amoureux, à près de trente-cinq ans, d'une toute jeune fille, j'aurais cru qu'il préférait la compagnie des femmes d'âge mûr, avec qui il était possible d'établir des rapports d'égalité. Je comprenais qu'il se soit attaché à Judith Altmann ou à Vicky, car toutes deux, pensais-je, avaient une certaine expérience de la vie. À sa place, moi non plus je n'aurais pas lâché d'une semelle Judith qui, il y avait vingt ans, devait en ensorceler plus d'un. Marianne, elle, n'était plus la petite jeune fille prête, comme elle le disait à Sorel, à vivre une histoire d'amour au long cours et qui se serait bien vue vieillissant auprès d'Antoine comme la Natacha de *Guerre et Paix* auprès de

Pierre Bezoukhov : en matrone entourée de bambins. Depuis Sorel, elle avait, me disait-elle, souvent rompu sans véritable raison et elle se préparait à avancer en âge sans avoir de compagnon avec qui elle aurait le projet de « fonder une famille ». Le souvenir d'Antoine était encore sans doute trop présent pour qu'elle réalise ses rêves, et d'ailleurs, murmura-t-elle, elle en était venue à se dire qu'il n'avait peut-être pas tort en refusant de procréer. Dans son travail, elle voyait tous les jours des mères plus que déçues par leurs enfants et qui se reprochaient d'avoir été assez inconscientes pour en faire, alors qu'elles auraient dû se demander s'il n'aurait pas mieux valu n'être pas né. À son bureau, elle voyait quotidiennement des pères qui lui rappelaient son propre père, tant ils étaient médiocres, et qui venaient se plaindre de leurs fils, soit des assistés incapables de s'en sortir sans les subsides des bureaux d'aide sociale, soit des terreurs des cités, qui dealaient et jouaient du couteau. Elle entendait toujours la même litanie : « Pourquoi Dieu m'a puni en me donnant des enfants pareils ? » « Pourquoi je ne suis pas resté tout seul ? J'aurais été bien peinard maintenant. »

À son bureau, que certains de ses collègues appelaient le bureau des pleurs, elle accueillait chaque jour un défilé de parents plus qu'affligés de ne pouvoir rappeler à l'ordre leurs fils. Ils n'avaient pas eu d'argent pour leur offrir ce qu'ils convoitaient quand ils étaient gosses, et maintenant qu'ils étaient devenus grands, ils tournaient si mal que personne ne savait comment les ramener dans le droit chemin. D'autres de ses collègues, qui se donnaient beaucoup moins qu'elle, lui recommandaient de ne pas prendre trop à cœur les affaires qu'elle suivait, car si elle n'était pas sourde aux plaintes qui s'élevaient de toutes parts, elle en perdrait le sommeil, l'appétit. Il fallait, lui conseillaient-ils, faire sa journée de huit heures en oubliant, le soir venu, les dossiers qu'elle avait eu à traiter, autrement, elle y laisserait sa santé. Au début, ces propos l'indignaient. Mais, depuis six ans qu'elle faisait ce travail, elle avait commencé à s'endurcir, à ne plus avoir d'insomnie toutes les fois où elle ne trouvait pas de solution à des cas désespérés et à ne plus penser que, pendant qu'elle tentait de résoudre les difficultés d'un laissé-pour-compte, quelque part dans d'autres services sociaux, une jeune femme comme elle essayait de voir si elle pouvait être d'un quelconque secours pour Sorel, qui faisait le plongeon et était peut-être si seul qu'il n'avait plus personne vers qui se tourner. Souvent, elle se disait que si elle mettait tout en œuvre pour aider l'un de ceux qui n'avaient plus rien et avaient hésité longtemps avant d'aller faire étalage de leur détresse devant une inconnue, quelque part dans d'autres services sociaux, une jeune femme comme elle n'opposerait pas une fin de non-recevoir à Sorel s'il frappait à la porte de son bureau pour lui demander du secours.

Elle espérait toujours, lorsqu'un des livres d'Antoine paraissait, qu'il connaîtrait un grand succès, ce qui lui permettrait de ne plus être miné par les soucis d'argent. Mais elle savait aussi que Sorel ne faisait jamais quoi que ce soit dans le seul but de se mettre en avant. C'était elle qui était assez bête pour croire que, s'il n'avait plus de soucis d'argent, il irait mieux, s'il était pleinement reconnu, il serait tellement satisfait de lui-même que rien d'autre n'aurait d'importance à ses yeux. C'était elle qui se faisait une représentation simpliste de l'écrivain, s'imaginant qu'il devait travailler à son avancement et tâcher, en publiant un livre après l'autre, de monter en grade jusqu'à ce qu'il parvienne au sommet. Elle se rappelait qu'il riait d'un rire sarcastique quand elle rêvait au jour où, comme elle disait, il serait un écrivain qu'on ne pourrait se dispenser de lire si l'on tenait à être dans le coup, car son nom serait le sésame ouvre-toi des cercles les plus choisis. « Oui, dit Marianne, voilà à quoi je rêvais. Cela ne m'aurait pas gênée que, par un effet de mode et par un malentendu, Antoine se retrouve sous le feu des projecteurs. Pendant les quelques mois de notre vie commune, il avait publié un roman. Je me souviens que ce livre ne m'avait pas semblé à la portée de tout un chacun, mais j'étais allée déposer un cierge à la cathédrale, dans l'espoir qu'il toucherait le plus de lecteurs possible. Je crois que si j'avais continué à vivre avec Antoine, je serais devenue une punaise de sacristie, parce que j'aurais prié tous les saints pour que ses livres fassent un malheur. C'était peut-être ce qui n'allait pas entre nous : je voulais à tout prix que ses livres fassent un malheur, tandis que lui, il se moquait pas mal d'avoir du succès. Mon excuse était que j'avais dix-sept ans. Et j'étais si fière de partager la vie d'un écrivain. Si seulement, me disais-je, il pouvait être célébré partout ! »

Marianne, sur ces mots, s'était arrêtée devant un des cafés de la plage et me proposa de nous asseoir car, dit-elle, elle était fatiguée d'arpenter la grande promenade. Elle se laissa choir sur une chaise longue et, au serveur qui s'était approché de nous, commanda une eau pétillante. Il faisait si chaud et elle avait tellement parlé qu'elle mourait de soif, dit-elle encore en tournant vers moi un visage illuminé par un sourire qui, pensai-je, devait donner envie aux éclopés de la vie venus à son bureau lui demander de l'aide d'être très courtois et de ne pas élever la voix, même lorsqu'elle n'avait aucun remède à leur proposer. Tout en buvant son eau, elle sortit de son sac quelque chose qui ressemblait à un presse-papiers. C'était une pierre peinte par les aborigènes d'Australie que Sorel lui avait offerte l'une des premières fois qu'ils s'étaient vus. Elle l'avait toujours dans son sac car elle se disait qu'un tel cadeau, venant de Sorel, était un porte-bonheur. Comme souvenirs des mois qu'elle avait passés avec Antoine, elle n'avait gardé que quelques livres, dont une belle édition de *L'Hérésiarque et Cie*, et cette pierre. Elle savait qu'elle ne s'en séparerait pas jusqu'à sa mort, et si elle devait avoir des enfants, elle la leur laisserait en leur recommandant de ne pas s'en débarrasser, parce que c'était plus qu'un talisman, une relique de sa jeunesse à elle. Elle insisterait pour qu'ils la conservent pendant longtemps, même si elle n'avait aucune valeur. Elle ne leur dirait pas qui lui avait donné cette pierre, elle ne prononcerait pas le nom de Sorel, personne dans sa famille, à supposer qu'elle se marie et qu'elle ait des enfants un jour, ne l'entendrait faire le récit des neuf mois où elle avait vécu avec celui qui restait son *écrivain préféré*. Elle se rappelait qu'en ce temps-là, elle adorait flâner dans les librairies pour voir si les livres d'Antoine étaient bien en pile. Souvent, elle était déçue, car il n'y avait de son dernier roman qu'un ou deux exemplaires, relégués dans un coin, et elle était toujours sur le point d'aller dire au libraire qu'il n'avait aucun goût, que chez lui les mauvais bouquins occupaient la place qui devrait revenir aux classiques de demain. Même après avoir rompu avec Antoine, quand elle entrait dans une librairie, au Havre ou ailleurs, la première chose qu'elle regardait, c'était si ses œuvres s'y trouvaient en bonne place. Elle n'avait perdu aucun de ces réflexes de groupie, et si elle n'avait confié à personne que Sorel l'avait, à sa manière, distante et ambivalente, aimée, elle avait toujours, chaque fois qu'elle en avait eu l'occasion, fait l'éloge de ses livres et incité ceux qui lui demandaient des conseils de lecture à se les procurer *sans plus tarder* car, leur disait-elle, en les lisant ils feraient l'expérience d'une plongée dans un contre-monde dont ils ressortiraient changés. Elle-même avait mis du temps à se rendre compte que les mots de Sorel exerçaient un pouvoir sur elle, avec les années, elle s'était aperçue que ses livres l'avaient entraînée dans une sorte de voyage initiatique et qu'une transformation s'était opérée en elle : elle n'était pas devenue plus sage, mais elle arrivait mieux à s'abstraire de ce qui agitait les autres, vibrions à la poursuite de toutes les duperies.

Elle vida la bouteille d'eau, fit signe au serveur de lui en apporter une autre et me demanda quand j'allais repartir pour Paris. Je répondis que j'hésitais à passer un ou deux jours de plus au Havre, car le temps n'était pas désagréable et je comptais me promener ici et là et faire des photos de quelques coins de la ville. Elle me demanda alors si j'avais interrogé les parents de Sorel. Je lui appris que sa mère était morte, mais que son père m'avait reçu, bien à contrecœur d'ailleurs. Elle voulut savoir comment était Martin Tran, s'il m'avait donné l'impression de comprendre son fils. Je ne lui dis pas combien mon entrevue avec lui avait été pénible. Elle devait s'en douter d'après la moue que je fis malgré moi. Elle avait été plusieurs fois tentée de lui téléphoner, sans dire qui elle était, juste afin d'écouter sa voix, dont elle pensait qu'elle devait ressembler à celle d'Antoine. Mais celui qu'elle aurait vraiment voulu connaître, c'était ce grand-père parti du Vietnam à l'âge de dix-huit ans et qui n'avait pas vécu assez longtemps pour voir son petit-fils devenir écrivain, alors que lui-même, sans les cours de ses camarades trotskistes, serait resté illettré.

Un petit vent s'était levé et le ciel, qui s'était dégagé dans l'après-midi, se chargea soudain de nuages. Marianne me dit que c'était toujours ainsi au Havre, les journées de vrai beau temps étaient rares en juin. Les pluies, les orages arrivaient vite, en été. Elle en avait l'habitude, et de toute manière elle préférait les jours sans trop de soleil, car elle supportait mal la chaleur et elle avait une peau de rousse, une peau très fragile, si bien qu'elle ne se faisait jamais bronzer. En lissant ses cheveux et en demandant au garçon de café une rondelle de citron, elle se mit à parler des gens qui prenaient son bureau pour un confessionnal ou le cabinet d'un psychanalyste. Elle se sentait souvent si impuissante quand ils l'imploraient de les sortir de la difficile situation où ils se trouvaient. Dans la moitié des cas, elle ne pouvait rien faire pour les aider, juste les écouter. Et il lui était impossible d'écouter certains sans s'apitoyer sur eux. Elle aurait de quoi remplir les pages d'un volumineux roman si elle avait noté tout ce qu'elle avait entendu depuis qu'elle avait commencé à travailler comme assistante sociale. Au début, elle était pleine de fierté à l'idée qu'elle était indispensable. Elle n'enviait pas ceux qui gagnaient plus d'argent qu'elle, ni ceux qui occupaient une meilleure position dans la société. Elle se répétait que leur vie était peut-être grisante, mais sa vie à elle avait un sens. Et elle n'ignorait pas que les prochaines années elle ne se choisirait pas un autre métier, qu'elle accomplirait son devoir avec une grande conscience professionnelle…

Quand j'étais arrivé au *Nuage dans la tasse*, elle avait l'air un peu farouche, peut-être parce que, bien qu'elle ait trouvé certains de mes articles « soufflants », je n'étais somme toute pour elle qu'un journaliste, c'est-à-dire un type pas vraiment recommandable, un peu trop curieux de ce qui ne le regardait pas, bref un type dont il fallait se méfier lorsqu'on le rencontrait, car si on ne prenait pas garde à ce qu'on lui racontait, le lendemain on retrouvait sa vie étalée dans un magazine ou dans un livre. Au début, elle avait certainement pensé qu'elle ne devait pas être trop spontanée et dire *tout ce qui lui passait par la tête*, comme elle en avait l'habitude. Mais il lui était impossible d'aller contre sa nature et, très vite, elle n'avait plus soupesé chacun de ses mots, elle était même heureuse d'avoir quelqu'un avec qui elle pouvait parler de Sorel, puisque jusque-là personne n'avait été mis dans la confidence. Après toutes ces heures passées à exhumer de vieux souvenirs, elle avait un véritable sentiment de délivrance, et elle me remerciait de lui avoir permis de revenir sur le passé. Elle n'était pas encore assez vieille pour s'accrocher désespérément au souvenir de ce qu'elle avait perdu. Elle souhaitait seulement que je comprenne à quel point elle avait aimé et admiré Sorel. Depuis leur séparation, elle n'avait pas cherché à retrouver quelque chose de lui chez les hommes dont elle avait cru être amoureuse. Et quand elle pensait à lui, elle ne regrettait pas ces neuf mois qu'elle lui avait d'une certaine façon rendus difficiles à vivre en le plaçant devant un choix : ou ils avaient un enfant ensemble, ou elle l'abandonnait à son sort. Elles étaient assurément nombreuses, les femmes qui mettaient leur compagnon dans cette obligation de répondre à un ultimatum. Mais ces femmes-là ne devaient pas avoir dix-sept ans comme elle. Elle s'en était terriblement voulu quelques années après, une fois qu'elle avait acquis assez de maturité pour ne plus exercer ce genre de chantage. De toute manière, depuis Sorel, elle n'avait plus été torturée par un impérieux désir d'enfant impossible à faire taire, car elle se disait qu'un fils de lui aurait été aussi un créateur, mais en plus chanceux, puisqu'il se serait très vite imposé et que ses livres auraient séduit un large public. Son père lui aurait ouvert la voie et il aurait été un *wonder boy*. Elle aurait été vraiment comblée si elle avait vieilli entre un écrivain salué par quelques-uns comme un auteur exigeant, et un jeune prodige de la littérature qui aurait volé de succès en succès. C'était idiot, dit-elle, de croire qu'un fils de Sorel aurait forcément eu la fibre artistique. Mais personne n'aurait pu la détourner de cette croyance. Elle était persuadée que leur enfant aurait été un romancier étonnant, apprécié du plus grand nombre. Elle aurait voué sa vie à ces deux êtres d'exception, et tout ce qu'ils auraient fait d'extraordinaire aurait rejailli sur elle. Mais voilà, Sorel n'avait pas exaucé son vœu. Son rêve brisé, elle avait en quelque sorte puni Antoine en prenant ses distances, jusqu'au jour où, s'apercevant que jamais il n'accéderait à ses prières, elle décida qu'elle ne le punirait vraiment qu'en le quittant pour toujours.

Les nuages de plus en plus nombreux dans le ciel laissaient présager un orage. La plage s'était vidée de ses promeneurs. Quelques adolescents faisaient du skate près de la piscine. Marianne et moi étions partis du café et nous étions dirigés vers le port de plaisance. Elle ne cessait de me répéter qu'elle avait conscience de ne pas être quelqu'un d'exceptionnel : tout en ayant la langue bien pendue, elle avait toujours eu la plus grande peine à exprimer avec précision ce qu'elle ressentait. Elle avait lu beaucoup de récits d'introspection, mais elle n'était pas plus douée pour l'autoanalyse. C'est pourquoi les livres de Sorel faisaient tant impression sur elle. Tous ses personnages savaient si bien s'ausculter. Et pourtant il ne tombait jamais dans le psychologisme. Elle s'intéressait toujours aussi peu aux écrivains contemporains, mais cela faisait dix ans que, à chaque saison littéraire, elle se demandait s'il y aurait un nouveau roman d'Antoine et, s'il y en avait un, elle courait l'acheter, mais le lisait très lentement, faisant durer le plaisir qu'elle avait à savourer chacune de ses phrases et à rêvasser longuement après être arrivée à la fin d'un paragraphe où elle avait eu l'impression que l'auteur ne s'était adressé qu'à elle. Oui, souvent, elle avait cette impression que Sorel ne l'avait pas oubliée et qu'en écrivant il lui accordait toujours une pensée. Elle ne s'était reconnue dans aucun de ses personnages, mais elle était certaine qu'il espérait bien l'avoir comme lectrice chaque fois qu'il se lançait dans l'écriture d'un livre. Un lien mystérieux les unissait. Quand ils avaient rompu, elle avait vite cessé de s'interroger sur la vie qu'il menait. Elle n'ignorait pas que la seule chose importante pour lui, c'étaient ses livres, ceux qui étaient déjà publiés et, plus encore, ceux qui étaient à venir. Lorsqu'elle se le représentait penché sur ses cahiers, écrivant sans relâche, elle comprenait qu'au fond personne ne lui était nécessaire, il était à lui seul tout un monde. Elle comprenait aussi que leur histoire ne pouvait qu'être brève : à l'époque elle ne se rendait pas compte qu'il se débattait contre lui-même pour aller toujours plus loin dans sa quête de ce quelque chose qui le grandissait, car c'était chaque fois un voyage intérieur où il mutait et dont il sortait régénéré, du moins le croyait-elle. Peut-être l'avait-elle rencontré trop tôt, quand elle n'était pas encore capable d'accepter que rien ne comptait davantage pour lui que sa littérature. Il n'en tirait aucune présomption, mais de fait il ne semblait pas chercher ailleurs son salut. C'était de plus en plus vrai à mesure que le temps passait – à la publication de son premier roman, il ne se faisait sans doute pas une idée aussi mystique de sa mission.

« Ou bien c'est moi qui m'imagine tout ça, dit Marianne alors que nous pressions le pas afin d'arriver à ma voiture avant que la pluie ne tombe. Oui, depuis que j'ai quitté Antoine, j'ai très souvent réfléchi à ce qui lui importait, et ma conclusion est que seuls ses livres avaient une vraie existence pour lui. Je ne veux pas dire par là qu'il se réfugiait dans l'abstraction et qu'il fuyait la réalité, plutôt que ses livres étaient ce qui le maintenait en vie, parce qu'en les écrivant il menait une espèce de lutte qui l'empêchait de sombrer. Finalement, ses livres ne l'ont pas sauvé, puisqu'il a décidé à quarante-cinq ans qu'il ne prolongerait pas son séjour sur terre. Mais je me demande si, sans les livres qu'il avait commencé à écrire assez jeune, il ne se serait pas détruit bien plus tôt. À supposer même qu'il ait choisi de les garder dans un tiroir ou qu'aucun éditeur n'ait voulu les publier, je suis certaine qu'il aurait continué à écrire les livres qu'il écrivait, sans en changer une virgule. »

Sur ces mots, et tandis que les premières gouttes de pluie mouillaient la chaussée, Marianne me dit qu'il était inutile de la reconduire chez elle, qu'elle préférait rentrer à pied, tant pis si elle était trempée. Elle n'avait déjà que trop parlé et si je la raccompagnais en voiture, elle ne pourrait s'empêcher de me soûler encore. Elle me serra la main en me souriant de ce sourire qui devait faire fondre ceux qui déjà la trouvaient belle avec sa chevelure flamboyante et sa peau très fine, très blanche, puis elle s'éloigna vivement, comme si elle craignait, en restant quelques minutes de plus, de me confier quelque chose qu'elle regretterait. Je la suivis du regard, jusqu'à ce qu'elle disparaisse au coin de la rue, puis me dépêchai de rejoindre ma voiture avant que l'orage n'éclate. Je renonçai à rester un ou deux jours de plus au Havre, repris la route en écoutant en boucle Joy Division, *She's Lost Control*, et n'arrivai à Paris que très tard le soir.

Un ancien numéro de *La Planche de vivre*, la revue de Damien Léger, m'attendait dans ma boîte aux lettres. Au sommaire figurait un texte de Sorel sur Akutagawa, dont il n'avait dû lire que *La Vie d'un idiot*. L'écrivain japonais n'était qu'un prétexte pour évoquer deux obsessions : la folie et le suicide. Sorel n'avait que vingt-sept ans, il était l'auteur d'un premier livre qui avait eu un certain écho, et il songeait peut-être déjà à se supprimer. J'avais demandé à Léger de m'envoyer ce numéro de sa revue, sachant que Sorel avait donné son texte à un moment où il avait, d'après son frère Jean, failli quitter Le Havre et où il n'allait pas bien du tout, parce qu'il n'avait pas un sou vaillant et que probablement Judith lui manquait, mais aussi parce qu'il avait des doutes sur sa littérature. À cette époque, sa grand-mère, qu'il n'avait jamais beaucoup vue, avait remis à Jean le cahier que son mari avait laissé à ses petits-fils et dans lequel il avait consigné ce qu'il se rappelait du voyage qui l'avait mené du Vietnam en France. La lecture de ce cahier avait beaucoup secoué Sorel et, comme s'il renouait avec une part en lui qu'il avait jusque-là méconnue, il s'était tourné vers des écrivains de l'Asie, lisant des Chinois et des Japonais, et même le surprenant classique de la littérature vietnamienne, *Kim Van Kiêu*. Il s'était assez sérieusement interrogé sur le fait qu'il avait des racines dans un pays très éloigné de la France et qu'il devrait peut-être apprendre à mieux connaître la patrie de son grand-père. L'histoire de Diet Tran et de ses compagnons, amenés de force en France et traités comme s'ils n'étaient que de la vermine, avait fortement ému Sorel, qui garda le cahier de son grand-père, disant à Jean qu'ainsi il l'aurait sous la main et le lirait jusqu'à ce que l'exemple de ces hommes suscite chez lui un sursaut de dignité les jours où il se laisserait trop aller à se plaindre de son sort.

Il projetait alors de partir du Havre car un vague ami de lycée, croisé dans un bar, lui avait proposé de travailler pour un de ses oncles, qui avait un restaurant à Harfleur. Cela aurait pu être une bonne occasion de changer de vie. Trop de souvenirs l'attachaient au Havre, et depuis qu'il n'avait plus revu Judith, la ville lui paraissait un désert. Il buvait de plus en plus, il se supportait de plus en plus mal, il vivait en mésintelligence avec lui-même : d'un côté, il se disait qu'il devait faire œuvre votive, puisqu'il s'était promis de s'engager hardiment dans la voie de la littérature, de l'autre, il sentait qu'un aquoibonisme insurmontable le gagnait. La lecture d'auteurs comme Akutagawa n'était pas de nature à lui apporter la sérénité qu'il espérait. Mais l'espérait-il vraiment ? Il était encore assez jeune et assez fougueux pour que tout l'incline à croire que la sérénité, c'est la mort.

Finalement, il était resté au Havre, comme si rien n'avait pu le faire partir de cette ville. Son frère Jean n'avait jamais su s'expliquer pourquoi, alors qu'il en avait souvent eu la possibilité, Sorel n'était jamais allé vivre ailleurs, rompant pour de bon avec le passé, ce qui lui aurait peut-être fait le plus grand bien. Mais, m'avait dit Jean, Sorel avait toujours fait l'inverse de ce qui lui aurait été d'une certaine manière bénéfique. Toujours, si quelque chose ou quelqu'un devait lui procurer un certain apaisement, il l'écartait de lui. Il était son propre saboteur, m'avait dit Jean, qui ne comptait plus les nombreuses fois où Sorel s'était de lui-même fourré dans des situations impossibles, parce que non seulement il ne voyait jamais où était son avantage, mais en outre, m'avait encore dit Jean, il avait l'art de tout compliquer, comme lorsqu'il vivait avec Isabelle et qu'il se mettait à dos toutes ses amies, qui pourtant au départ n'étaient pas si mal disposées envers lui.

Dans la masse de courrier il y avait aussi une lettre de celui qui m'avait déjà écrit anonymement en me menaçant de ruiner ma réputation auprès des éditeurs si je persistais à mener l'enquête au sujet de Sorel, qu'à l'en croire il était le seul à avoir aidé à la fin de sa vie. Il ferait tout, me prévenait-il, pour m'empêcher de me poser en spécialiste des œuvres soréliennes et de raconter n'importe quoi à propos d'un écrivain qui avait en aversion les journalistes, surtout les amateurs d'art dans mon genre, persuadés d'avoir un excellent esprit critique et de savoir de manière tout à fait certaine ce qui méritait de passer à la postérité. Les écrivains comme Sorel, *antisystème*, selon son expression, qu'il utilisa quatre fois tout au long de sa lettre, étaient immanquablement les victimes de journaleux de mon espèce qui les phagocytaient pour se faire valoir. J'ignorais comment il s'était procuré mon adresse, mais il m'était très désagréable de recevoir des leçons d'un individu bien déterminé à s'acharner contre moi, et qui, après m'avoir dit, dans sa première lettre, que je n'étais qu'un plumitif, me traitait cette fois de charognard – j'étais un vautour prêt à me nourrir du cadavre de Sorel. De rage, je roulai la lettre en boule et la jetai à la corbeille à papier. Mais, presque aussitôt, je la ramassai et la défroissai en pensant qu'il fallait la garder et l'ajouter au dossier Sorel : peut-être, lorsque mon livre aurait paru, beaucoup de types du même genre se feraient connaître et prétendraient avoir été très proches de Sorel qui, au lendemain de son suicide, aurait plus d'amis qu'il n'en avait jamais eu de son vivant. Je décidai que mon insulteur ne valait pas la peine que je lui accorde la moindre attention. Une fois que mon livre serait publié, me disais-je, il y en aurait d'autres qui m'enverraient des lettres tout aussi injurieuses.

Reste que j'étais encore loin du but – ce que j'avais écrit me paraissait réellement engoncé. La vingtaine de pages que je n'avais cessé de corriger continuait à me sembler d'une construction boiteuse. Autant j'aimais aller interroger des témoins et enregistrer ce qu'ils avaient à me dire, autant, quand il me fallait vraiment rédiger, je peinais, je réécrivais constamment les premières phrases et me trouvais souvent à court d'inspiration, ne sachant pas quel ton adopter pour que tout sonne juste.

Marianne Monicelli m'avait conseillé de prendre du champ en partant une semaine ou deux quelque part sans prendre avec moi les livres de Sorel et sans plus me préoccuper de mes investigations. J'hésitais à réserver un billet pour Copenhague, mais c'était encore parce que Sorel y avait passé une semaine, plus de dix ans auparavant. Il n'y avait aucune trace de ce voyage dans ses romans. Il n'était sûrement pas allé au Danemark pour photographier la petite sirène, et je me demandais ce qui l'avait attiré là-bas, peut-être l'envie de voir la tombe de Kierkegaard – il avait mis une phrase de *Diapsalmata* en exergue à *La Tangente* : « Ris des folies du monde, tu le regretteras ; pleure sur elles, tu le regretteras également ; ris des folies du monde ou pleure sur elles, tu regretteras l'un et l'autre ; que tu ries des folies du monde ou que tu pleures sur elles, tu le regretteras dans les deux cas. »

Peut-être me serais-je quand même envolé pour Copenhague si je n'avais reçu un coup de fil de Damien Léger m'annonçant qu'une étudiante du nom d'Annie Lenoir lui avait écrit parce qu'elle avait entendu parler de mon enquête. Un de ses amis lui aurait dit qu'un journaliste allait publier un livre sur Sorel et, bien que d'après elle il ne faille s'intéresser qu'à l'œuvre du suicidé, elle était curieuse de savoir quel genre de livre je préparais, car elle-même avait voulu, cinq ans auparavant, consacrer un mémoire à Sorel et l'avait rencontré dans l'espoir de lui poser quelques questions sur « l'écriture du désastre » – tel était le sujet de son mémoire. Elle avait vite abandonné son idée, elle m'expliquerait pourquoi si Damien pouvait lui organiser un rendez-vous avec moi.

J'étais bien content de cette nouvelle, qui me permettait de ne plus rester devant mon ordinateur pendant des heures en n'arrivant à écrire que quelques lignes. Damien m'avertit qu'Annie Lenoir me retrouverait le lundi suivant non loin de chez moi, place Fürstenberg, devant le musée Delacroix. Ce ne fut pas sans impatience que j'attendis ce jour et toute la semaine, je ne me remis pas à mon livre, occupai mon temps libre à lire deux catalogues, celui d'une exposition Jeanclos et celui d'une rétrospective Odilon Redon. Je devais de toute manière laisser en plan mon livre : j'avais plusieurs articles à préparer. C'était un plaisir de les rédiger, car je travaillais vite et bien, moi qui commençais à me dire que je n'étais même pas fichu d'écrire trois phrases qui ne sentent pas l'effort.

Le lundi tant attendu arriva enfin et, place Fürstenberg, une jeune femme aux cheveux blonds légèrement bouclés, au beau visage effilé, faisait les cent pas devant le musée Delacroix. En m'apercevant, elle s'avança vers moi et me tendit la main en me fixant des yeux sans sourire, sans se départir de son air qui me frappa par ce qu'il avait d'un peu sévère. Je lui proposai d'aller du côté des quais, où nous pourrions prendre un verre sur une péniche. Elle me dit : « N'importe où, pourvu qu'il n'y ait pas trop de monde, je ne supporte pas les bistrots bondés. » Elle était élégamment vêtue d'un ensemble gris clair qui me rappelait la tenue de Kim Novak dans *Vertigo*. Elle ne ressemblait pas à une étudiante, peut-être ne l'était-elle plus. Je me demandais ce que Sorel avait pensé de l'intitulé de son mémoire et, si elle l'avait fait, ce qu'elle avait trouvé à dire à propos de son œuvre. Avant même que je ne l'interroge, elle me dit qu'elle ne me cacherait rien des raisons qui l'avaient conduite à renoncer à son projet.

Je l'emmenai aux *Enfants du Paradis*, une péniche amarrée au pied du pont des Arts. Ce n'était pas un de mes cafés préférés parmi ceux qui se trouvaient dans le quartier, mais j'avais envie d'être au bord de l'eau en cette après-midi où il faisait très beau. Il y avait une table à l'écart, Annie s'y assit en tirant sa chaise un peu loin de moi, puis elle commanda un thé et ouvrit aussitôt son sac, à la recherche de son paquet de Gitanes.

Elle en alluma une, qu'elle grilla lentement, détournant la tête pour ne pas me souffler les volutes au visage. Elle ne l'avait pas encore fumée en entier qu'elle la jeta et l'écrasa nerveusement sous le talon de sa chaussure. Puis elle en grilla une autre, en ne prononçant pas une seule parole, comme si elle regrettait déjà d'être venue. Je me disais qu'elle ne devait pas aimer cette péniche et qu'elle me reprochait intérieurement de l'avoir entraînée dans un endroit à touristes. Après tout elle avait des choses sérieuses à me confier, nous aurions pu marcher le long des rues qui menaient vers le quai Saint-Bernard et elle m'aurait parlé sans avoir à me regarder. Je me disais aussi qu'elle devait s'attendre à voir quelqu'un de plus vieux, quelqu'un qui avait de la bouteille, comprenait la vie et l'écouterait comme s'il était son analyste, en se taisant quand il le fallait, en lui posant des questions pertinentes ou en l'incitant, par quelques hochements de tête approbateurs, à se livrer toujours davantage. Mais j'avais pour elle l'air trop jeune, et elle pensait sûrement que je ne pouvais pas être un fin connaisseur du cœur humain, que mon bouquin, si je le terminais, serait creux, car je resterais à la surface de ce que je relaterais, et que le pauvre Sorel méritait d'avoir un admirateur d'une autre trempe – mes vingt-huit ans jouaient en ma défaveur et me faisaient passer pour un dilettante (elle n'aurait pas tout à fait tort si tel était le jugement qu'elle portait sur moi, car autant dans mon métier de journaliste j'avais jusque-là fait preuve d'une grande assiduité au travail, depuis que j'avais commencé mon livre, je ne pouvais que constater combien je manquais de constance dans ma tâche).

J'avais allumé plusieurs cigarettes à mon tour et Annie et moi étions restés là à fumer, j'évitais son regard et tenais les yeux baissés, cherchant un sujet de conversation qui nous permettrait de lier connaissance, mais il y avait chez elle quelque chose qui me réfrigérait. Je désespérais de briser la glace quand brusquement elle se lança dans un long discours, me racontant qu'elle avait découvert les écrits de Sorel alors qu'elle n'avait pas dix-huit ans et qu'aussitôt elle avait décidé qu'après sa troisième année elle ferait un mémoire sur lui. Tous ses amis, à qui elle avait fait lire ce que Sorel avait publié, étaient d'accord pour juger son œuvre toxique, et pour la dissuader de perdre deux ou trois ans à l'étudier. Plus on lui déconseillait de s'intéresser de trop près à Sorel, plus elle brûlait d'envie de lui poster une lettre pour lui dire à quel point elle était touchée par ses écrits – et elle aurait voulu leur rendre hommage à travers un « vrai livre », et non un « simple travail universitaire ». Elle n'aurait pas manqué de lui dire aussi qu'elle espérait commencer un jour un essai critique traitant des thèmes qui revenaient de façon obsédante dans son œuvre. Pour l'heure, elle n'avait pas encore une idée très précise de ce qu'elle allait écrire, mais elle lui serait reconnaissante s'il l'aidait à définir le sujet de son mémoire en répondant à une série de questions. Avant d'avoir demandé à Sorel s'il accepterait de répondre – même par écrit – à une sorte d'interview, elle se mit à coucher sur le papier les nombreuses questions qu'elle se promettait de lui envoyer très vite et qui concernaient aussi bien l'intertextualité, les théories littéraires dont elle avait connaissance, que les courants de pensée auxquels il lui semblait possible de rattacher l'œuvre qu'elle se proposait de disséquer en la soumettant à une lecture psychanalytique ou structuraliste… Elle était curieuse de savoir dans quels écrits il puisait son inspiration, quels étaient les maîtres chez qui il avait pris des leçons de style, pourquoi, lorsqu'il avait donné des entretiens, il avait répété que ses récits n'étaient pas autobiographiques, alors que d'évidence il avait « le sot projet de se peindre », quel effet cela lui faisait d'être un objet d'études universitaires, quelles relations il entretenait avec ses lecteurs (se les représentait-il quand il écrivait ? échangeait-il une correspondance avec certains d'entre eux ?), comment il définirait son écriture, à quel âge il avait commencé à écrire, si son coup d'essai avait tout de suite été concluant ou s'il était passé par de nombreux tâtonnements avant de réussir à terminer un livre, comment naissaient ses romans (prenait-il beaucoup de notes, avait-il un plan préconçu avant de se mettre à rédiger ou bien écrivait-il toujours en s'accordant la liberté de ne pas s'en tenir à ce qu'il avait en tête au départ ?), pourquoi il était aussi fuyant lorsque des journalistes l'avaient interviewé (était-ce par timidité ou parce qu'il ne croyait pas nécessaire de commenter son œuvre, ou encore – et là elle touchait du doigt la vérité – parce qu'il avait horreur de devoir s'expliquer ?), s'il était, comme elle en avait la conviction, l'un des derniers représentants du romantisme noir, s'il était, comme le disaient les critiques, un disciple de Schopenhauer, un héritier des néantistes, s'il était d'avis que la littérature était un combat perdu d'avance, s'il avait écrit en étant fou de solitude et en n'ayant pas du tout l'espoir d'un mieux-être, ou si le fait de mettre en forme ses désarrois et ses révoltes l'avait pacifié.

En écoutant Annie, je me disais que moi aussi je m'étais posé ce genre de questions quand j'avais lu Sorel pour la première fois. Maintenant qu'elle évoquait avec moi cette fois où elle avait projeté de l'approcher de cette manière, elle pensait qu'à la place de Sorel elle aurait immédiatement envoyé balader quelqu'un qui l'aurait interrogée ainsi. S'il ne l'avait pas envoyée balader, c'était parce que finalement elle s'était déterminée à lui demander d'abord un rendez-vous, l'avertissant qu'elle était prête à se rendre au Havre. Sa lettre mise à la poste, elle guetta le courrier pendant des jours. Aucune réponse ne vint. Elle était presque sûre que Sorel était un de ces auteurs retranchés dans leur tanière et qui n'acceptaient aucun échange avec leurs lecteurs. Comme elle avait gardé une copie de ce qu'elle lui avait écrit, elle relut les quelques lignes qu'elle avait tracées de sa belle écriture dont on lui avait toujours dit qu'elle révélait une grande force de caractère. Elle ne comprenait pas pourquoi Sorel ne daignait même pas lui envoyer ne serait-ce qu'un mot de refus. Elle avait pourtant laissé de côté la liste de questions qui auraient pu le prévenir contre elle. Au bout de trois mois, alors que, sans cesser de le relire, elle n'attendait plus qu'il réagisse à sa lettre, elle trouva dans sa boîte aux lettres une vieille carte postale représentant le port du Havre et, au dos, un numéro de téléphone, suivi de la signature de Sorel. Elle appela aussitôt et Sorel, qui ne prononça pas plus de deux phrases, lui annonça qu'il la verrait si elle venait le retrouver la semaine suivante dans sa ville. Elle n'était que trop heureuse d'accepter. Il lui assura qu'il l'attendrait à la gare si elle lui passait un coup de fil pour le prévenir de son arrivée, et raccrocha.

Elle était tout émue quand, le mardi suivant, elle descendit du train Paris-Le Havre et trouva Sorel en train de faire le pied de grue sur le quai. Il correspondait à l'image qu'elle se faisait de lui : il n'ouvrait presque pas la bouche et portait des vêtements si chiffonnés qu'il avait l'air d'avoir dormi avec depuis plusieurs nuits. Il lui proposa de l'accompagner place Danton, dans le café où il avait ses habitudes. Tout au long du chemin qui menait au bistrot, il ne dit rien, fumant des cigarettes à la chaîne. Elle n'osait pas rompre le silence, de telle sorte que, cette après-midi-là, une fois qu'ils s'étaient assis à une table du café, elle n'avait fait que le regarder boire et, par la suite, à chaque rendez-vous, elle devait s'apercevoir qu'il pouvait boire beaucoup sans être totalement ivre. Le soir même, elle reprit le train en constatant qu'elle n'avait pas articulé plus de cinq phrases. Elle ignorait si elle pourrait revenir le voir, mais à quoi bon si c'était pour ne pas avoir l'audace de lui parler ? Finalement, en trois mois, elle fit une douzaine de fois le voyage au Havre. Il venait la chercher à la gare, ils allaient ensemble place Danton et ils restaient deux, trois heures l'un en face de l'autre en se taisant. Il la dévorait des yeux mais ne lui demandait même pas pourquoi elle voulait écrire un mémoire sur lui. En fait, elle avait l'impression qu'il se fichait de savoir ce qui l'intéressait dans ses livres. Elle détournait le regard, ou bien elle baissait la tête lorsque, après être sorti fumer une cigarette, il revenait s'asseoir et la fixait comme s'il n'allait pas la revoir et qu'il devait graver son image dans sa mémoire. Elle était surprise de n'être pas plus mal à l'aise que cela. Elle aurait vraiment été étonnée s'il s'était montré disert, ne tarissant pas d'autocongratulations ou se plaignant sans arrêt de ne pas être davantage l'enfant chéri de la presse. Elle qui était venue avec l'intention de le confesser, elle s'abstenait soigneusement de laisser paraître qu'elle avait préparé une foule de questions et que, si elle avait pu, elle les lui aurait posées une à une, tout en étant certaine qu'elles ne lui auraient pas semblé trop universitaires, car elle était, elle en était convaincue, une fine lectrice et ses connaissances livresques ne l'avaient pas empêchée d'avoir une véritable intuition de ce que les œuvres de Sorel avaient d'explosif.

Mais elle n'avait pas compris une chose : Sorel, s'il n'avait, comme elle l'avait senti, strictement rien à faire de son mémoire, s'était pris de passion pour elle. Il ne vivait plus que dans l'attente des fins de semaine où elle venait au Havre. Il ne lui avouait pas que, les jours précédant sa venue, il était toujours inquiet, il craignait qu'elle ne décide finalement de rester à Paris, et les jours qui suivaient son passage dans sa ville, il n'avait qu'un désir, lui téléphoner, ce que, au bout de deux semaines, il faisait presque chaque soir, même si c'était juste pour entendre sa voix et même s'il ne faisait que lui demander, alors qu'ils s'étaient quittés trois heures avant, quand elle reviendrait le voir. Elle n'avait pas deviné qu'elle ne laissait pas indifférent le silencieux Sorel. Mais à mesure que les semaines s'écoulaient, il l'appelait à intervalles de plus en plus rapprochés. Et il restait muet au bout du fil. Elle se disait au début qu'il était comme ça, qu'il ne fallait pas en faire toute une histoire s'il se comportait un peu bizarrement, qu'elle finirait par lui arracher quelques confidences qui l'aideraient à mieux déchiffrer ce qu'il écrivait. De toute manière, elle avait encore le temps, ses examens de troisième année n'auraient lieu que dans six mois, elle n'avait pas trouvé de directeur de mémoire qui connaisse Sorel. Tant que tout resterait en suspens, elle continuerait à prendre le train pour se rendre au

Havre en espérant que sa patience amènerait Sorel à changer d'attitude et à devenir moins impénétrable. Elle était loin de s'imaginer, même lorsqu'il lui téléphonait trois fois par jour, et souvent en pleine nuit, qu'il était tombé amoureux d'elle. Elle se disait, quand il l'appelait ainsi, qu'il se sentait peut-être seul, alors elle s'enhardissait jusqu'à lui raconter sa journée ou à lui parler du dernier roman qu'elle avait lu. Elle avait toujours en tête sa liste de questions, mais elle avait peur, si elle les lui posait, de s'entendre répondre que son mémoire, il s'en balançait. Elle avait encore plus peur, si elle les lui posait, de passer pour une qui ne pensait pas par elle-même mais répétait ce qu'elle avait glané dans les essais critiques. Tout ce qu'elle savait, c'était que, pendant ces trois mois, elle ne pouvait pas ne pas se rendre, chaque fin de semaine, au Havre. Elle se rappelait qu'une fois les trains étaient en grève. Elle avait téléphoné à tous ses amis et les avait assiégés jusqu'à ce que l'un d'entre eux lui trouve quelqu'un disposé à lui prêter une voiture. Elle était partie avec au Havre, où Sorel, elle s'en aperçut non sans plaisir, était comme effondré car il était persuadé qu'elle n'aurait aucun moyen de venir ce samedi-là. Comme elle avait une voiture, ils n'étaient pas allés place Danton. Il avait absolument voulu qu'elle le conduise à la plage de Saint-Jouin, qui était peut-être l'une des plus tristes qu'elle ait visitées, parce que de là-bas on ne voyait que les cheminées des usines havraises. Il faisait doux, ils s'étaient assis sur la plage de galets et, comme d'habitude, ils s'étaient tus ensemble.

Elle aurait dû se douter, dès ce jour-là, qu'il éprouvait pour elle des sentiments qui ressemblaient peut-être à de l'amour, mais comme elle venait seulement d'avoir vingt ans, qu'il n'était pour elle que le *mystérieux écrivain*, et que le scénario d'un flirt entre eux lui aurait paru très improbable si l'idée l'avait effleurée, elle ne soupçonnait pas le moins du monde la vérité. Elle avait, en ne manquant aucun de leurs rendez-vous, donné à Sorel l'impression qu'il n'était pas uniquement à ses yeux le mystérieux écrivain sur lequel elle allait écrire un mémoire, mais un homme avec qui, même s'il avait le double de son âge, elle pourrait avoir une aventure (quoique, me dit-elle, le terme ne convienne guère à Sorel qui, tel qu'il était, passionné et exclusif, n'avait jamais dû avoir d'aventures, et il n'en aurait pas eu une avec elle – elle l'avait, sans s'en rendre compte, rendu fou, il ignorait lui-même ce qu'il espérait d'elle, mais il fallait qu'elle soit là chaque samedi après-midi, et quand elle était à Paris et qu'il n'arrivait pas à la joindre au téléphone, il était dans une telle anxiété qu'il rappelait toutes les dix minutes jusqu'à ce qu'elle décroche enfin).

Elle ne s'était vraiment dit qu'il était complètement fou que le jour où, parce qu'elle avait la crève, elle n'avait pu aller le rejoindre au Havre. Il l'avait appelée, elle lui avait répondu qu'elle était fiévreuse, hors d'état de voyager. Elle ne se serait jamais figurée qu'il allait sauter dans le premier train qui partait pour Paris et qu'il allait sonner trois heures après en bas de son immeuble – il sonnait comme s'il s'attendait à ce qu'elle se cache et ne lui ouvre pas, et si elle ne lui avait pas ouvert, il aurait sûrement ameuté tout le voisinage. Elle reconnaissait, à présent qu'elle se confiait à moi, qu'elle avait mis beaucoup de temps à se rendre compte que par son attitude elle avait encouragé Sorel à croire qu'elle aussi ressentait pour lui quelque chose qui ressemblait à de l'amour. Mais chez lui, ce n'était pas de l'amour, plutôt une sorte de fixation qui avait un je-ne-sais-quoi de pathologique. Le soir où il avait débarqué dans son appartement parce qu'il était convaincu qu'elle lui mentait, qu'elle n'était pas malade et qu'elle le fuyait, elle s'était dit brusquement qu'elle devait mettre fin à ses rendez-vous avec Sorel, ne plus aller au Havre, renoncer à écrire son mémoire sur le *mystérieux écrivain*, qui n'était peut-être qu'un dément. Tout en se disant cela, elle se demandait comment elle allait se débarrasser de lui, car il s'était assis près d'elle, au pied de son lit. Elle regrettait de lui avoir donné son adresse. Elle regrettait de ne pas s'être méfiée de lui et d'avoir été aveuglée par l'admiration qu'elle lui portait. Elle regrettait d'avoir joué à un jeu risqué, et voilà qu'elle devait faire en sorte de lui expliquer (alors qu'elle voyait à ses yeux qu'il n'était pas du tout dans son état normal) qu'il ne s'était rien passé entre elle et lui, et qu'il devait la laisser tranquille désormais. Elle le lui dit le plus doucement, le plus calmement possible. Mais elle n'avait pas vraiment prévu qu'il allait réagir comme un fou dangereux : il lui sauta à la gorge et voulut l'étrangler, il ne la lâcha qu'en étant rappelé à la réalité par une providentielle sonnerie du téléphone. Et alors, c'était comme s'il s'était réveillé d'un cauchemar, il s'était levé d'un bond du lit où elle se remettait du choc, s'était dirigé en titubant vers la porte qu'il avait ouverte violemment, puis il avait dévalé l'escalier. Elle ne devait plus jamais le revoir, il ne devait plus jamais lui téléphoner. Elle n'avait pas cessé de le lire, mais elle avait fait son mémoire sur un auteur mort, et après ces événements, personne n'aurait pu lui ôter de l'esprit qu'elle ne devait en aucun cas chercher à rencontrer les écrivains qui l'enthousiasmaient.

Le récit d'Annie Lenoir m'avait rendu perplexe, je ne savais si je l'insérerais dans mon livre, non tant parce que je doutais de sa véracité que parce que, curieusement, en l'écoutant, je me mettais du côté de Sorel et la condamnais pour lui avoir laissé espérer qu'elle voyait en lui bien plus qu'un mystérieux écrivain sur lequel elle allait écrire un mémoire, puisque pendant trois mois elle avait fait chaque semaine le voyage jusqu'au Havre, et cela sans même demander à Sorel de lui faire des confidences. Elle avait bien accepté que, pendant des semaines, ils aillent dans ce café place Danton et restent assis face à face en gardant le silence. Je croyais, moi, que quand un homme et une femme se retrouvaient ainsi et qu'ils ne se parlaient presque pas, il se passait quelque chose de bien plus fort que s'ils avaient eu ensemble une conversation, même une conversation où ils auraient essayé de se séduire l'un l'autre. Je croyais aussi qu'à la place de Sorel, je serais devenu fou comme lui, car si la froide Annie était excitante, elle avait par là même le don de susciter des envies de meurtre chez celui qu'elle provoquait, sans même s'en apercevoir, et qui ne se contrôlait plus face à elle, occupée à jouer les innocentes. Elle n'y pouvait assurément rien, et si elle s'était doutée que plus le temps filait, moins Sorel se possédait quand il attendait de pouvoir simplement passer deux heures avec elle, elle se serait vite résolue à ne plus se rendre au Havre. Personne n'était à blâmer dans cette histoire, et peut-être que ceux qui connaissaient Sorel ne seraient pas ébahis en l'apprenant, mais moi, je me sentais prêt à la censurer, non par souci, comme dirait un journaliste dans son jargon, de ne pas « écorner l'image » de Sorel, mais presque par solidarité masculine, car je comprenais vraiment que, devant cette Annie dont je devinais qu'elle pouvait être très troublante, il n'ait plus été capable de se maîtriser.

Comme si elle lisait en moi à livre ouvert, Annie Lenoir s'était levée et, sans me serrer la main, me dit, avant de partir presque précipitamment, qu'elle n'avait pas raconté toute cette histoire dans l'intention de nuire à Sorel. Loin d'elle le désir de colporter des calomnies. Elle avait rapporté ce qui était arrivé parce que c'était arrivé et que très certainement Sorel ne lui aurait pas fait grief de vouloir porter ces faits à la connaissance de l'enquêteur à qui il appartenait de réussir le portrait le plus complexe possible. Sur ce, elle partit, et je la regardai s'éloigner en me reprochant de prendre déjà le parti de négliger son témoignage.

Je restai encore un moment aux *Enfants du Paradis*, buvant deux verres de Martini et me demandant ce que j'allais faire de ma soirée. Je relus les notes que j'avais prises pendant qu'Annie parlait et, avant de quitter la péniche, je déchirai tous ces feuillets remplis de ma petite écriture. J'hésitais à appeler Damien Léger pour lui proposer de dîner avec moi, je lui aurais dit pourquoi mon portrait de Sorel serait peut-être un portrait arrangé, puisque, des témoignages recueillis, je ne garderais que ce qu'il me plairait de garder. Tout compte fait, je ne téléphonai à personne, je repassai chez moi, choisis dans ma bibliothèque un livre de Sorel, me décidant pour un de ceux que je n'avais pas encore lus plusieurs fois, *Le Cloaque d'azur*, et le pris avec moi en promenade. Je montai jusqu'au Panthéon, fis un tour à la place de la Contrescarpe et descendis la rue Mouffetard, avant de m'asseoir sur un banc qui se trouvait non loin du cinéma *La Clef*, en me disant que je pourrais peut-être aller voir un film, mais finalement je me plongeai dans mon livre et ne bougeai pas du banc jusqu'au coucher du soleil, lisant sans presque lever la tête et sans me laisser distraire par les allées et venues des passants.

Ma tendance à ajourner me rattrapa l'été suivant. Il me fut impossible de travailler à ce livre qui aurait dû occuper tout mon temps, d'une part parce que, au mois de juin, j'avais beaucoup à faire au journal, d'autre part parce que je commis l'erreur d'accepter un tête-à-tête avec Ludivine. Loin de m'aider à aller hardiment de l'avant, cela me ramena des mois en arrière et acheva de me rendre d'une telle sentimentalité que j'étais prêt à renouer avec elle, non par ennui mais par désir d'avoir quelqu'un, outre mon père, à qui faire part des progrès de mes investigations, alors que précisément elles n'avançaient plus – je sentais que j'arrivais à la fin de l'enquête qui m'avait mené de nombreuses fois au Havre.

Le récit d'Annie Lenoir était le dernier que j'avais recueilli, mais j'avais déchiré mes notes, et depuis, je n'avais plus eu de nouvelles d'elle. Elle devait sans doute deviner que j'étais tenté de ne pas me servir de son témoignage, ou que je présenterais les faits à ma façon, en taisant ce qui ne me convenait pas. Quand j'avais commencé à interroger les témoins, je n'avais qu'une crainte : qu'ils me mentent ou que leur mémoire les trahisse. Et maintenant, je me disais que c'était moi qui risquais de modifier la réalité, je n'étais pas certain de ne pas vouloir broder à partir du matériau que j'avais, et si je me disais que ces témoignages étaient à prendre parfois avec circonspection, je n'ignorais pas non plus que, comme je me l'étais avoué, je ne tiendrais pas compte de ce qui ne correspondait pas à l'image que je m'étais faite de Sorel.

Il n'avait pas tout à fait tort, celui que j'appelais mon calomniateur anonyme, lorsqu'il me disait que j'allais écrire mon livre comme je l'entendais, sans me soucier de la vérité, ou du moins que je ne ferais que livrer ma version de ce qui, d'après moi, était la véritable vie de Sorel, de son entrée en littérature à son suicide un soir d'avril. Je ne prétendrais pas que j'avais bien fait mon travail d'enquêteur et que j'avais su interroger les proches de Sorel de manière à ce que, même s'ils ne souhaitaient pas tout dire, ils aient malgré tout essayé d'être véridiques, mais lorsque je lisais les témoignages que j'avais retranscrits, j'avais l'impression que si je réussissais à écrire ce bouquin qui serait LE livre de ma vie d'homme (rien de moins !), j'aurais gagné un pari, puisque le défi à relever était, depuis plus d'un an, de ressusciter Sorel en demandant à ceux qui l'avaient connu de raconter ce qu'ils savaient sur lui. Oui, j'arrivais à la fin de mon enquête et je me disais que mon manuscrit n'était pas le livre à venir. Quand je repensais à Martin Tran, à Judith Altmann ou à Nguyên, l'interprète qui avait traduit le texte de Sorel sur son grand-père, j'avais le sentiment de posséder des témoignages qui ne laisseraient pas le lecteur indifférent. Encore fallait-il leur donner une forme. Tout ce que j'avais réussi à terminer était bon à jeter. Et si j'avais revu Ludivine, c'était parce que je n'aboutissais à rien mais tournais désespérément en rond, constatant chaque matin que ce que j'avais écrit la veille était loin de me satisfaire.

La fin du mois de juillet était arrivée et, au lieu de me mettre à mon livre, je me baladais dans Paris avec Ludivine quand je n'avais pas d'articles à rendre. Nous ne faisions pour le moment que nous promener. Je lui racontais mon enquête au Havre et elle avait la délicatesse de m'écouter sans m'interrompre ni se montrer moqueuse comme elle avait pu l'être dans le passé lorsque je lui parlais de mes projets. Parler était une façon de renvoyer à plus tard la décision de me remettre au travail. Je me sentais un peu abattu en constatant que mes investigations touchaient à leur fin. J'avais fait à nouveau un bref séjour au Havre, sans voir personne. J'étais resté deux jours à la plage, lisant Sorel. Je me disais que si j'avais su qu'il me serait aussi difficile d'écrire mon bouquin, je me serais contenté de rédiger un grand article sur lui. Je me rappelais mon exaltation quand, plus d'un an auparavant, je m'étais promis de consacrer un livre à celui qui venait de se défenestrer de son sixième étage. J'étais si sûr alors que mon livre d'hommage serait très beau, que nombreux seraient les lecteurs qui, grâce à moi, porteraient aux nues l'œuvre sorélienne, surtout ceux qui ne la découvriraient qu'après m'avoir lu. Mon enquête n'avait pas été vaine, j'avais appris beaucoup de choses sur le jeune Antoine Tran, puis sur celui que Marianne Monicellli appelait l'insaisissable Sorel. Si j'avais été moins lent et moins irrésolu, j'aurais déjà un portrait de mon écrivain, il aurait suffi que j'exploite à bon escient les témoignages enregistrés. Chaque fois que je disais à Ludivine combien j'enrageais d'être un nul, elle avait, là aussi, la délicatesse de m'assurer que je finirais par triompher de ma lenteur et de mon irrésolution et que mon livre, elle en était persuadée, serait magnifique. C'était sa façon à elle de me redonner du courage, mais je n'avançais pas d'un pouce – à peine avais-je écrit un paragraphe de mon pauvre bouquin qu'impitoyablement je le supprimais et refermais mon ordinateur pour ne plus le rouvrir de la journée. De pouvoir me confier à Ludivine ne changeait pas grand-chose à ma propension à tout remettre au lendemain. Je me disais que j'étais vraiment un atermoyeur, et que dans la tâche que je m'étais fixée, je ne menais à bien avec une certaine rapidité que la partie enquête, mais étais décidément incapable de m'enfermer pendant des heures et d'écrire autre chose que des articles dans la solitude de ma chambre. J'étais comme un coureur entraîné seulement pour les petites distances, je ne pouvais me lancer dans une course de fond.

J'en étais à ce point dans mes réflexions lorsque l'occasion me fut donnée de poursuivre quelque peu mes investigations. Damien Léger m'avait fait inviter à une lecture d'un auteur suédois, en me prévenant que son éditrice, qui était aussi l'éditrice des dernières œuvres de Sorel, serait présente. Cela faisait longtemps que je souhaitais rencontrer Frédérique Dambre, d'autant plus que, d'après ce qu'on m'avait appris, elle avait vu Sorel la veille de sa mort.

Ce n'était pas parce qu'il était venu chez elle juste avant son suicide qu'elle saurait expliquer son geste, me dit-elle d'emblée. Elle n'avait pas paru surprise quand je m'étais présenté en lui annonçant que je m'intéressais à Sorel et avais l'intention de lui rendre hommage dans un livre – Damien avait dû lui dire deux mots de mon projet. Elle me regardait en plissant les yeux, comme si la lumière de la salle où avait eu lieu la lecture l'éblouissait. Elle avait, malgré ses soixante-dix ans, gardé un petit quelque chose de juvénile dans son sourire, et lorsqu'elle parlait, il y avait chez elle un mélange d'autorité et de charme qui lui donnait un certain charisme. Elle m'observait, l'air de se demander s'il fallait vraiment m'aider dans ce que j'avais entrepris, et je redoutais qu'elle ne me perce à jour, devinant que j'en étais encore au début de mon bouquin. Finalement, après quelques mots échangés, elle me proposa de passer lui rendre visite à sa maison d'édition, et elle se tourna vers son auteur suédois pour le serrer dans ses bras en lui promettant de l'emmener le lendemain chercher des dessins d'écorchés, car il en avait apparemment besoin pour un roman qu'il venait de commencer.

La semaine suivante me trouva au bureau de Frédérique Dambre. Il y avait sur une étagère derrière elle des photos de ses auteurs, dont une qui montrait Sorel descendant les marches de l'Opéra de la Bastille. Elle me dit avoir pris cette photo quelques années auparavant, quand Sorel et elle avaient été ensemble assister à une représentation d'*Ariane et Barbe-Bleue*. C'était sur son insistance à elle car, comme je le savais sûrement, Sorel ne fréquentait guère les salles de concert et d'opéra. Il n'avait rien dit en sortant. Ils avaient ensuite marché pendant de longues heures dans Paris, sans prononcer plus de trois mots, elle l'avait raccompagné jusqu'à son hôtel, rue Casimir-Delavigne, et quand elle l'avait quitté devant la porte, il lui avait pris la main, l'avait serrée avec force, ce qu'il n'avait jamais fait jusqu'alors, puis, comme s'il était gêné d'avoir laissé transparaître qu'il était ému, il s'était vite engouffré dans l'hôtel.

Elle ne se rappelait pas une seule fois où il s'était présenté à un des rendez-vous qu'elle lui avait fixés en étant sobre. Il n'était pas tout à fait ivre, mais il donnait toujours l'impression d'avoir déjà passé une heure ou deux dans un bistrot et, même s'il tenait bien l'alcool, il paraissait être ailleurs, encore plus renfermé que d'habitude. Il allait très souvent dans des cafés de Clignancourt ou de Saint-Ouen, et se liait avec des types qui en général avaient du mal à formuler une phrase correcte. Elle avait dû parfois courir le chercher là-bas, parce qu'il s'était fait dépouiller et n'avait plus de quoi payer sa bouteille de vin, et quand elle arrivait, il lui disait qu'il ne savait pas ce qu'il serait devenu sans elle, il lui présentait les amis qu'il s'était faits, elle s'asseyait à leur table et même les types qui l'avaient dépouillé, les invitaient, elle et lui, à trinquer avec eux. Il pouvait rester ainsi des heures, à boire en compagnie de ces gens qu'il ne connaissait pas avant d'entrer dans le bistrot et qu'il ne revoyait évidemment pas les jours suivants. Il les écoutait sans presque desserrer les dents.

Il ne parlait jamais à Frédérique de ses livres, il ne racontait jamais en détail le sujet du roman qu'il avait en tête. Il était si peu prolixe, dit l'éditrice, que souvent elle se reprochait, elle qui était pourtant assez laconique en général, de ne pas savoir se taire. La première fois qu'elle s'était retrouvée seule avec lui, et qu'il lui avait apporté son manuscrit (il avait déjà publié chez trois petits éditeurs, dont deux avaient dû déposer le bilan), elle avait tout de suite ressenti pour lui de l'amitié, elle qui avait le sentiment de le connaître déjà à travers ses livres, qu'elle admirait. Elle se souvenait qu'il lui avait envoyé une lettre afin de lui demander si elle désirait lire son dernier récit. L'éditeur de son précédent roman étant en liquidation judiciaire, il avait aussitôt pensé à elle, même s'il se disait que, peut-être, elle hésiterait à publier un auteur dont la littérature ne touchait qu'un nombre restreint de lecteurs. Elle était bien trop heureuse qu'il ait songé à lui apporter ce qu'il venait de terminer. Elle le vit trois jours après, reçut le manuscrit, le lut dans la nuit et, jusqu'à la mort de Sorel, elle fut l'éditrice de trois de ses livres.

Elle ne savait pas grand-chose de sa vie. Au tout début, quand ils avaient à peine lié connaissance, il l'avait invitée à passer une journée au Havre. Il l'avait emmenée place Danton, au balcon de l'estuaire, dans la forêt de Montgeon, au musée Malraux et, avant de l'accompagner à la gare, il l'avait conduite chez lui, dans son studio si sombre, au rez-de-chaussée d'un immeuble près du Rond-Point, lui disant qu'il avait longtemps habité la banlieue et que probablement il devrait y retourner bientôt, parce que les loyers des appartements du centre-ville étaient trop élevés. Le studio avait des murs jaunis, une moquette très sale, mais il s'ouvrait sur une espèce de petit patio – il y avait installé une table, et c'était là que certains jours, quand le temps le permettait, il tapait ses textes. Il ne restait jamais longtemps dans un appartement. Souvent, c'étaient plus des piaules que de vrais appartements. De toute manière, avait-il dit à Frédérique, il passait son temps au bistrot et, quand il écrivait, il n'avait pas besoin de grand-chose, il pouvait même écrire assis sur un banc public, pourvu qu'il ne pleuve pas. Son premier livre, il l'avait écrit alors qu'il dormait dehors. Depuis, il avait vieilli, il lui fallait un peu plus de confort, mais tant qu'il avait un matelas et un toit qui ne fuyait pas, il ne faisait pas très attention au reste. Même les livres, il n'en possédait pas des quantités, par peur de devoir s'acheter des rayonnages. Les livres qui lui étaient le plus nécessaires tenaient dans une valise, à chaque déménagement il n'avait qu'à la porter dans sa nouvelle chambre et, parfois, elle servait de table, table de chevet ou table à manger.

Frédérique se rappelait qu'il avait fait l'effort cette fois-là de lui servir un dîner frugal avant qu'elle ne reprenne le train. Il n'avait qu'une poêle et deux assiettes, mais il avait tenu à lui préparer une omelette et à lui faire goûter un bon vin qu'il avait dans le placard de la cuisine. Elle était repartie en gardant de beaux souvenirs de cette journée où il s'était montré un peu plus loquace que de coutume. Le manuscrit qu'il venait de lui remettre était en fabrication, mais il n'avait pas semblé anxieux parce qu'un de ses livres allait paraître. Et elle avait remarqué que dans son appartement, à côté de la machine à écrire, il y avait une petite pile de feuillets, signe qu'il avait commencé un autre texte peut-être et que le sort du livre qu'il avait terminé ne le préoccupait pas vraiment.

Il lui avait parlé d'un type qu'il voyait souvent au café de la place Danton. Il était manchot et il racontait à qui voulait l'entendre son ancienne vie de marin. Depuis qu'il avait perdu son bras, sa femme l'avait quitté en emmenant leurs deux fils. Il avait une pension qui lui aurait permis de ne rien faire d'autre, s'il l'avait voulu, que se soûler. Il n'avait pas la haine, comme il disait, mais il aimerait repartir sur les mers, il trouvait les gens des villes d'une telle tristesse… Il appelait Sorel le grand escogriffe et toujours, dès qu'il touchait sa pension, il lui payait à boire et le retenait à ses côtés jusqu'à la fermeture du bistrot. Ensuite, ils partaient en vadrouille, une bouteille sous le bras, et souvent ils passaient toute la nuit à la plage, assis sur les galets, à boire tous les deux. Mais ils n'étaient pas de ces ivrognes qui hurlaient, faisaient du boucan, marchaient bras dessus, dessous en beuglant des chansons. Ils se contentaient de boire sans attirer l'attention sur eux. Sorel avait dit en plaisantant à Frédérique que, la prochaine fois qu'elle viendrait au Havre, il lui présenterait le manchot, elle verrait qu'il avait beaucoup d'allure et qu'on ne s'ennuyait pas avec lui, parce qu'il avait le tact de ne pas ressasser les mêmes histoires, il savait ne dire que l'essentiel, encore que, même en ne disant que l'essentiel, il se reproche souvent d'être trop bavard.

Le manchot avait lu les livres de Sorel mais il ne lui avait jamais fait le moindre commentaire. Le grand escogriffe était assez fier, d'après Frédérique, de l'avoir comme lecteur, car il n'était pas du genre à perdre son temps avec des broderies de petits esthètes. « Je crois, dit Frédérique, que le manchot et lui ont fait ensemble un voyage dans les Cévennes, où ils sont allés sur les traces de Stevenson, sans avoir comme lui un âne. » Sinon, ils se voyaient surtout dans ce bistrot près de l'ancienne prison, mais il y avait de longues semaines où le manchot n'y apparaissait pas, parce qu'il faisait abstinence. Pendant ces périodes, Sorel restait quand même jusqu'à la fermeture du café, seulement il avait, à en croire les habitués, une mine encore plus sinistre que d'ordinaire.

S'il ne s'inquiétait pas pour la réception de ses livres, Sorel était très pointilleux quand il s'agissait de leur mise en page, choisissant la police, le corps des caractères, définissant jusqu'aux marges. Il lui était aussi arrivé une ou deux fois d'avoir une violente discussion avec les correcteurs lorsque sa façon d'employer le français leur semblait fautive, alors qu'il était persuadé qu'il pouvait se permettre telle ou telle licence. Il avait cette fois-là, raconta Frédérique, failli retirer son manuscrit. Elle avait dû intervenir pour arbitrer ce conflit et finalement lui donner raison, sinon il était presque certain qu'il aurait repris le livre et l'aurait proposé à une autre maison d'édition. Il ne serait, dit-elle, jamais parti pour des questions d'argent, mais il aurait été capable de la quitter si, à cause d'un de ses correcteurs, elle avait été en désaccord avec lui sur l'utilisation de telle ou telle tournure. Et il l'aurait fait sans la prévenir, en la mettant devant le fait accompli, car il ne supportait pas d'avoir à se justifier ou à se défendre. La plupart du temps, chaque fois qu'il subissait par exemple une injustice, il ne perdait pas de temps à geindre, mais tournait aussitôt le dos à celui ou celle qui n'avait pas agi comme il fallait. Cette manière de se conduire ne faisait que contribuer à élever une barrière entre lui et les autres. Dès qu'il jugeait qu'Untel l'avait déçu, il rompait toute relation et il n'y avait plus de marche arrière possible. Certains de ceux avec qui il s'était brouillé ne comprenaient même pas la raison de la rupture et ne s'étaient même pas aperçus qu'ils l'avaient heurté. C'est sans doute pourquoi, à la fin, il ne fréquentait plus que des soûlots qu'il retrouvait au bistrot et qui ignoraient presque tout de lui. Ils n'avaient entre eux que des conversations de types qui jamais ne s'emporteraient contre d'autres types qu'ils connaissaient seulement pour leur avoir payé une tournée.

Les deux seules personnes avec qui Sorel ne s'était jamais fâché, c'étaient ses frères. Il avait dit à Frédérique que Jean et Claude étaient ses amis, peut-être les seuls vrais amis qu'il ait eus. Il n'avait pas besoin de beaucoup leur parler, il lui suffisait de les voir de temps en temps. Ils n'étaient pas de grands lecteurs, et il était déjà arrivé qu'ils lui disent n'avoir pas pu lire son dernier livre, et ce n'était pas faute d'avoir essayé. Mais voilà, la complicité qu'ils avaient eue enfants et adolescents était restée la même au fil des ans. Et quand il se sentait mal sans savoir ce qui le minait, Antoine se tournait toujours vers ses frères cadets. « La mort de Claude, dit Frédérique, avait été un cataclysme dont Sorel ne s'était pas remis. Il m'avait téléphoné après avoir appris la nouvelle et j'avais eu l'impression qu'il était sur le point d'éclater en invectives contre ce Dieu qui était d'une cruauté sans pareille, qui lui avait enlevé son frère. Il n'aurait pas pleuré, mais il répétait : “Pourquoi ? Pourquoi ?” Je me demandais que dire pour le réconforter. Il était révolté par cette mort si absurde. Il trouvait si injuste ce deuil qui le frappait. Je me suis bornée à l'écouter, mais il ne s'est pas étendu sur ce qu'il ressentait. Et le lendemain, il m'avait envoyé un mot pour s'excuser de n'avoir pas su maîtriser ses émotions. Plus jamais, par la suite, il n'a reparlé de Claude, mais quelque chose s'est brisé en lui, et ce n'était pas réparable, à partir de ce moment-là il a irrémédiablement perdu le goût de vivre. »

Bien sûr, il n'avait jamais fait la moindre allusion devant Frédérique aux femmes qui avaient partagé sa vie. Et elle ne se serait, dit-elle, jamais ridiculisée en lui demandant qui lui avait inspiré telle ou telle héroïne. Elle avait eu vent de l'affaire Annie Lenoir mais elle n'avait pas cherché à savoir si ce qui se disait à propos de Sorel et de l'étudiante était vrai, s'il avait tenté de l'étrangler une fois qu'il s'était aperçu qu'elle n'éprouvait rien pour lui. Comment cette histoire, qui aurait dû rester secrète, s'était-elle mise à circuler dans le petit milieu littéraire ? Elle l'ignorait. Peut-être Annie Lenoir s'était-elle confiée à quelqu'un qui avait pris un malin plaisir à faire courir la rumeur. Cela avait eu des conséquences inattendues : des jeunes femmes s'étaient soudain intéressées à Sorel parce qu'il passait pour un fou furieux ; Frédérique avait reçu quelques appels de certaines d'entre elles qui souhaitaient, disaient-elles, s'entretenir avec lui, mais en réalité elles étaient surtout curieuses de rencontrer un écrivain dont on racontait qu'il pouvait être très dangereux et qu'il avait failli tuer plus d'une lectrice qui n'avait pas cédé à ses avances. Les dernières années, dit Frédérique, Sorel n'avait, du moins le croyait-elle, aucune femme dans sa vie. Annie Lenoir avait été la dernière avec qui il était prêt à nouer une relation, si on pouvait appeler ainsi leurs rendez-vous hebdomadaires dans un café. Claude disparu, il ne voyait même plus très souvent Jean. Il habitait un sixième étage dans une petite rue près de la gare. C'est de la fenêtre de cet appartement qu'il devait se jeter deux ans après y avoir emménagé. Il venait rarement à Paris et, quand il le faisait, il ne prévenait pas toujours Frédérique. Il fuyait tout le monde. Lorsqu'elle l'appelait et insistait pour qu'ils se voient la prochaine fois qu'il serait de passage à Paris, il lui répondait qu'il ne savait même pas où il serait le lendemain. Elle se faisait de plus en plus de souci à son sujet, mais il était comme sur une autre planète, loin de la réalité. Même Jean, qu'elle ne connaissait pas, lui avait téléphoné à plusieurs reprises parce qu'il n'arrivait pas à le joindre. Il y avait bien sûr Vicky. Tant qu'elle était vivante, Sorel ne disparaissait pas trop souvent, et on pouvait de toute façon le trouver chez elle. Mais, une fois que Claude avait été écrasé par la voiture qu'il était en train de réparer, puis que Vicky avait été enterrée, c'était comme si la vie avait perdu tout intérêt aux yeux de Sorel. Si Jean ne l'avait pas surveillé de près et ne l'avait entouré d'attentions, il était probable qu'il serait allé à la dérive bien plus tôt encore. Peut-être sa fin n'était-elle que trop prévisible, dit Frédérique. Mais elle se refusait à penser qu'il s'était pris à son propre piège et qu'il avait en quelque sorte dévalé la pente en s'isolant chaque jour davantage.

Rien ne servait, maintenant que Sorel n'était plus de ce monde, de se perdre en suppositions sur ce qui aurait pu être, sur ce que chacun aurait pu faire pour éviter la catastrophe. Frédérique me répétait qu'elle n'avait pas d'explication, et que peut-être l'explication était à chercher dans les livres de Sorel, quoique tout l'incline à penser que tant qu'il croyait en sa littérature, la catastrophe aurait pu être évitée, mais dès lors qu'il avait commencé à douter de ce qu'il écrivait, personne n'aurait été en mesure de l'empêcher de se détruire. Le sentiment d'être de trop, la souffrance qui le déchirait… qu'est-ce qui avait été la cause du geste fatal ? Elle n'avait pas de réponse, mais elle se souvenait que, deux jours avant son suicide, il se trouvait à Paris, il était venu la voir et il paraissait presque de bonne humeur. Il avait plaisanté, il lui avait dit qu'il ne s'était pas couché, qu'il avait passé la nuit à marcher à travers les rues de Paris, allant jusqu'à Ivry où il s'était arrêté au petit matin dans un bistrot pour prendre un café. Il avait noué conversation avec les banlieusards qui partaient au travail et l'un d'entre eux lui avait donné des tracts à distribuer avant la manifestation du dimanche suivant. Il était resté une bonne partie de la matinée dans ce bistrot d'Ivry, à observer les ouvriers et les employés qui allaient prendre le métro. Cela lui rappelait ses vingt ans, quand il cumulait deux petits boulots pour pouvoir louer une chambre. Si ses frères ne l'avaient pas aidé une fois qu'ils en avaient eu la possibilité, il se serait épuisé à chercher un emploi qui lui aurait laissé tout de même le temps d'écrire. Il ne pouvait oublier que pendant des années il n'avait qu'une idée en tête : tout faire pour ne pas devoir retourner chez son père, qui l'aurait d'ailleurs peut-être chassé si, poussé par la misère, il était revenu à la maison.

Frédérique me demanda ce que Martin Tran m'avait dit de son fils, mais avant que je puisse préparer une réponse, elle m'assura qu'elle n'en voulait rien savoir. Elle attendrait de lire mon livre. Je me sentais comme quelqu'un qu'on mettait en demeure de tenir la promesse qu'il avait faite, et je m'étais imprudemment engagé à écrire un texte où Sorel serait comme un phénix renaissant de ses cendres (je n'emploie pas cette image par hasard, mais en pensant à la phrase de Blaise Cendrars dans *L'Homme foudroyé* : « Car écrire c'est brûler vif, mais c'est aussi renaître de ses cendres »). Je devais montrer que je n'étais pas seulement un enquêteur plein de flair, mais aussi un fin psychologue, que je n'étais pas seulement un très bon lecteur, mais aussi un excellent dissecteur de ce qui gouvernait chacun.

Mais voilà, Frédérique Dambre était sans doute le dernier témoin que j'aurais interrogé et j'étais de moins en moins sûr d'être *le* sorélien qui réussirait à écrire ce qui serait en quelque sorte l'éloge funèbre d'un solitaire. J'archivais tout ce qu'elle me disait, mais mes notes restaient des notes, je ne parvenais pas à en faire quelque chose qui tienne debout. Je doutais de plus en plus de mes capacités, je n'osais confier à personne ces doutes, mais j'en perdais le sommeil et il me semblait, pendant mes nuits blanches, voir Sorel apparaître au pied de mon lit pour me reprocher d'être un incapable. Frédérique, croyant mon manuscrit bien avancé, m'avait demandé plusieurs fois si je l'avais déjà fait lire. Je prétendis que par superstition je ne laissais personne jeter un œil à mon travail tant qu'il n'était pas complètement terminé.

J'étais supposé faire parler les proches de Sorel de telle sorte que ceux qui l'avaient un peu côtoyé ne puissent pas affirmer que mon bouquin donnait une idée fausse de lui, et que ceux qui l'avaient connu seulement à travers ses livres découvrent un homme dont ils auraient aimé être l'ami. J'étais tenté de demander conseil à Frédérique, me disant qu'elle saurait m'aiguiller, moi qui étais en plein brouillard et avais vraiment besoin qu'on m'encourage à ne pas laisser en rade mon projet. Mais je ne pouvais lui avouer (à elle moins encore qu'à quiconque, car j'avais de l'estime pour elle et souhaitais qu'elle en ait pour moi) que je n'arrivais à rien et que je commençais à avoir honte vis-à-vis de Sorel, qui méritait d'avoir un admirateur moins velléitaire, moins paralysé parce qu'il se comparait à celui qu'il cherchait à faire revivre, un admirateur qui écrirait avec une grande aisance et serait plein de mordant, tandis que moi, plus le temps passait, plus je me sentais gagné par une espèce de fatigue. Je n'étais pas las de mon sujet, quand je relisais mes notes j'avais toujours envie de ne me consacrer qu'à mon livre et de ne me lever le matin que pour faire l'apologie de Sorel, mais je voyais tout ce que j'avais encore à accomplir, je voyais toutes les pages écrites et qui me paraissaient si mauvaises, je voyais en somme que je n'étais pas à la hauteur de ce que je m'étais fixé.

Je décidai de m'accorder un répit en allant, comme je l'avais projeté, à Copenhague. Je passai trois jours à me promener dans cette ville qui me sembla assez morne et où les touristes se précipitaient tous pour se faire photographier non loin de la petite sirène. Ludivine vint me rejoindre mais, ou bien parce qu'elle s'en voulait d'avoir recommencé à mentir à son mari, ou bien parce que je m'en voulais d'avoir renoué avec elle, tout se passa mal entre nous et elle repartit aussi vite qu'elle était arrivée, non sans m'avoir dit que notre histoire était réellement finie cette fois-ci. Resté seul, j'allai visiter le cimetière où était enterré Kierkegaard. J'eus la surprise d'y apercevoir deux Danoises aux seins nus en train de prendre le soleil, allongées entre les tombes. Devant celle de Kierkegaard un groupe de Flamands écoutait le guide leur expliquer probablement que le philosophe, à la fin de sa vie, était la risée des habitants de Copenhague, même des gamins. Je n'eus pas la patience d'attendre que le groupe se disperse. Je m'en fus, regagnant mon hôtel à pied, bien que le quartier où il se trouvait soit assez éloigné. Le lendemain, je pris un vol pour Paris. L'intermède ne m'avait pas fait de bien. Je me sentais toujours aussi lymphatique à mon retour. Heureusement, j'avais un long article sur Diego Rivera à rédiger, je dus faire des recherches, ce qui m'empêcha de travailler à mon livre, mais d'une certaine façon je n'en étais pas mécontent, car il me fallait, me disais-je, une semaine ou deux avant de me remettre à la tâche.

Une semaine passa, puis une autre, puis une autre encore, et je me trouvais toujours au même point, c'est-à-dire que je m'inventais des occupations pour ne pas avoir à ouvrir le fichier du livre sur Sorel. Je téléphonai à des amis sans avoir rien de particulier à leur dire, j'hésitai à retourner au Havre, ayant entendu qu'un spectacle du Volcan valait le déplacement, je ne pensais pas trop à Ludivine, qui avait complètement cessé de me faire signe et devait se féliciter d'avoir pour de bon choisi entre son mari, si fiable, si adulte, et moi, si immature, si peu au clair sur ce que je désirais vraiment. Après avoir vécu plus d'un an en ne gardant en tête que mes investigations, je me demandais comment j'allais trouver l'entrain nécessaire pour vaincre mon apathie. Je cherchais chaque matin des prétextes qui me permettaient de faire autre chose que ce à quoi j'étais censé dédier tous mes efforts. Et pourtant, il suffirait de presque rien, me disais-je, et la machine se mettrait vraiment en marche. Mais j'avais beau guetter l'étincelle, la machine était en panne sèche. Un coup de fil de Jean Tran vint opportunément me tirer de mon indécision. Il avait mis la main sur un inédit de Sorel. Ce manuscrit était dissimulé au milieu d'autres dans un des cartons que son frère lui avait laissés. C'était un texte qu'apparemment il avait abandonné après en avoir écrit une quarantaine de pages. Jean me dit que, comme il était totalement ignorant des pratiques du monde de l'édition, il me chargeait de proposer ce texte à un éditeur qui ne craindrait pas de publier un récit aussi bref. Il m'incitait même à rédiger une préface, puisque, me dit-il encore, sans ironie, j'étais devenu un sorélien averti. Il m'enverrait le texte par la poste. Je n'aurais qu'à lire et il me serait facile d'écrire une introduction qui donnerait un avant-goût de ce que serait mon livre. Je répondis à Jean que je n'étais pas sûr d'être un sorélien averti, ni d'être à même de présenter le récit inachevé de son frère, mais je me sentais aussi heureux que lui de savoir qu'il y aurait une publication posthume de Sorel et j'étais persuadé qu'il se trouverait un éditeur tout disposé à faire paraître cet inédit. La nouvelle contribua à raffermir mon courage. Il ne me restait qu'à voir si la lecture de ce texte allait m'encourager à ne plus remettre indéfiniment ce qu'il m'appartenait de réaliser.

L'inédit de Sorel parut quelques mois après, mais sans la préface que j'étais censé rédiger pour saluer celui dont Frédérique Dambre avait décidé de rééditer toute l'œuvre, publiant ses livres à intervalles réguliers jusqu'à ce que même ses écrits les moins connus soient proposés aux lecteurs curieux de s'initier à ce que son univers avait de ténébreusement magique. J'éprouvais à cette nouvelle un sentiment de victoire – je me targuais de ne pas être étranger à cette renaissance de Sorel, très peu de temps après sa disparition. Je dis à Jean Tran que, même si je tardais à finir mon livre, son frère ne tomberait pas dans le purgatoire, au contraire, la réédition de ses textes ne manquerait pas de susciter la curiosité de nouveaux lecteurs, j'en étais convaincu. Certains le liraient pour de mauvaises raisons, parce qu'ils étaient attirés par les créations de ceux qui avaient mis fin à leurs jours, et parce qu'ils avaient une vision romantique des poètes maudits, mais d'autres, grâce peut-être aux quelques critiques qui n'avaient pas lâché Sorel et verraient dans cet événement éditorial une occasion de célébrer sa production, la découvriraient et subiraient son pouvoir d'envoûtement.

J'étais revenu trois jours au Havre, car Jean Tran, heureux de savoir que les œuvres de son frère n'allaient pas disparaître maintenant que leur auteur n'était plus là pour poursuivre ce qu'il avait mis plus de vingt ans à bâtir, m'avait annoncé qu'il me donnait tous les manuscrits de Sorel : selon lui je serais un digne gardien de ce qui restait du suicidé. Comme je l'ai dit, je n'avais pas un culte excessif des papiers ayant appartenu à un écrivain, pourtant ce n'était pas sans une grande émotion que je m'étais rendu au Havre pour recevoir tous les cartons qui contenaient les brouillons et les manuscrits de Sorel. Avec Jean, je fêtai cela en allant boire un Ruinart au *Saint-Amour* et je ne me séparai pas de lui avant de lui avoir promis que l'année suivante, très certainement, mon livre serait en librairie et que ce serait une autre occasion de sabler le champagne. Je rentrai à Paris en me promettant de ne plus louvoyer, de me décider franchement à me mettre à l'ouvrage, car plus j'attendrais, plus la tâche me semblerait difficile.

Je n'avais pas préfacé l'inédit de Sorel, estimant que je n'avais encore rien fait pour mériter un tel honneur. Je ne voulais en aucun cas m'attribuer le mérite de créer l'événement autour du nom de Sorel. De nombreux critiques ne tarissaient pas d'éloges sur son récit posthume et annonçaient que, très peu de temps après sa mort, même ses livres dont la diffusion avait été des plus confidentielle allaient être réimprimés. Frédérique Dambre commença par republier les deux premières œuvres de Sorel, les écrits suivants devaient être proposés selon la préférence qu'elle avait pour eux, quoique le choix ne soit pas simple, car elle ne pouvait dire, me confiait-elle, qu'elle avait une réelle préférence pour tel ou tel de ses livres : en inconditionnelle de Sorel, elle les aimait tous et se refusait à les départager.

Maintenant que deux écrits de Sorel avaient été réédités et qu'ils allaient peut-être avoir un certain retentissement, je me disais que mon bouquin tomberait dans l'indifférence générale, ou bien on ne verrait en moi qu'un profiteur, qui cherchait à faire parler de lui sous prétexte de rendre hommage à un disparu. Je me disais en même temps que j'avais eu la chance de vivre en quelque sorte dans l'intimité d'un créateur. Je connaissais quelques épisodes de sa vie, je savais quelles étaient ses habitudes, jusqu'à ses rituels d'écriture, et à présent j'avais, entreposés chez moi, ses manuscrits. Raison supplémentaire pour ne plus reculer et me donner entièrement à mon livre. Rien ne m'empêchait d'y travailler jour et nuit, lorsque je n'avais pas trop d'articles à préparer. Je recommençais à croire que, à condition de m'effacer, je saurais écrire un texte dont je n'aurais pas à rougir. Je recommençais à penser que je n'étais pas dénué de talent et qu'il me fallait juste persévérer si je voulais sortir Sorel de la relative obscurité où il avait été jusqu'à sa mort. Je recommençais à me dire que mes doutes étaient dus à la fatigue ressentie après les incessants voyages que j'avais faits au Havre tout en continuant à rédiger des chroniques sur des artistes exposés ici ou là. J'étais surtout fatigué, me disais-je, car moi qui n'avais aucune imagination de romancier, j'avais essayé de toutes mes forces de me représenter ce qu'avait été la vie de Sorel. Je tentais de me stimuler en puisant dans ses livres l'énergie dont j'avais besoin pour ne pas me fossiliser en me fermant à ce qui me déroutait. Et ses écrits étaient parfois si déroutants, sans qu'il ait cherché coûte que coûte à produire une vive impression en prenant des chemins inattendus, que même après plusieurs lectures j'en restais tout interdit.

Les deux premiers récits de lui à être republiés l'avaient été avec un soin particulier. Frédérique Dambre sollicita mon avis sur le choix de la couverture, très sobre, et du papier, de belle qualité. Je ne pouvais que l'approuver, elle qui paraissait considérer que ces réimpressions étaient une aventure exaltante dont en tant qu'éditrice elle tirait un véritable orgueil. Moi-même j'étais dans un certain état d'euphorie quand je vis ces romans à la vitrine des librairies. Si je ne m'éparpillais pas trop, en quelques mois je pourrais avoir déjà une bonne centaine de pages de mon bouquin à montrer – peut-être à Frédérique Dambre, si elle était décidée à publier non seulement les œuvres de Sorel mais tout ce qui y touchait et si elle n'était pas irritée par le fait que, moi qui avais prétendu ne pas vouloir faire lire mon manuscrit avant d'y avoir mis un point final, je lui soumette un texte nécessitant encore bien des remaniements. Je souhaitais avant tout qu'elle comprenne que je ne tenais pas absolument à publier : si j'arrivais à finir mon livre, ce serait déjà pour moi une vraie joie d'avoir surmonté mes inhibitions.

Comme pour m'inciter à ne pas déclarer forfait, Judith Altmann et Nguyên le traducteur m'écrivirent tous deux le même jour, me demandant si mon enquête était finie et si je faisais encore des séjours au Havre. J'y retournai un vendredi soir, car se produisait au Volcan une troupe portugaise qui jouait une *Tempête* où je ne retrouvai ni Caliban ni Prospéro, devenus des caricatures d'eux-mêmes. La ville de Sorel m'était désormais familière, je ne prétendrais pas que je la connaissais bien, mais j'y avais moi aussi mes endroits préférés, et quand j'y passais un jour ou deux, je faisais souvent partie des flâneurs qui arpentaient la grande promenade de la plage.

Lorsque les œuvres de Sorel commencèrent à avoir une nouvelle existence en librairie, je me sentis aussi heureux que si je venais de retrouver un ami. J'avais l'impression d'avoir accompli une partie de la mission que je m'étais assignée, quand bien même mon écrivain n'aurait pas plus de lecteurs à présent que ses cendres avaient été depuis longtemps dispersées et que, de tous ses éditeurs, il n'en restait que deux, dont Frédérique Dambre, qui n'aient pas fait faillite. D'aucuns diraient qu'il n'avait pas porté bonheur à ceux qui l'avaient publié et que Frédérique était bien imprudente de se lancer dans cette vaste et incertaine entreprise qu'était la réédition de tous ses écrits. D'autres diraient qu'il avait toujours été et resterait un auteur pour *happy few*, et qu'il ne serait vraiment lu que dans cinquante ans peut-être, et encore, seulement par un petit nombre de passionnés. D'autres, se croyant fins analystes de ses œuvres, diraient qu'elles étaient si peu joyeuses qu'elles manquaient de légèreté et de séduction. Mais ceux-là se trompaient, car on y trouvait aussi de l'humour et, à condition de haïr la niaiserie, tout lecteur sagace en viendrait à rire avec lui. D'autres, persuadés de n'avoir jamais un train de retard, diraient qu'ils l'avaient lu avant tout le monde et qu'ils ne m'avaient pas attendu, moi avec mon livre d'hommage, pour savoir que sa littérature était à découvrir…

Je me proposais de donner la parole à tous ces gens à la fin de mon bouquin. J'avais en vérité des idées à profusion, mais je guettais le moment où j'aurais comme un éclair de génie. J'étais parti plusieurs fois très loin de Paris et chaque fois, en Patagonie, à Mexico et à Macao, j'avais pensé à ma dette envers Sorel, dette que je devais payer. De m'être éloigné de Paris m'avait permis de débroussailler ce qui me semblait encore obscur. Il ne me restait qu'à m'en tenir à la promesse, faite à moi-même, de ne pas lâcher prise et d'écrire mon bouquin jour après jour, jusqu'à ce que Sorel ne soit plus ce fantôme après lequel je courais, mais que je réussisse un portrait de lui, le plus vivant possible. Petit à petit, ce qui était très brouillon dans mon esprit se trouva soumis à une ordonnance des plus rigoureuse. Je n'avais plus qu'à me montrer d'une grande sévérité envers moi-même. J'en étais là dans mes ruminations quand mon journal m'envoya à Vienne. Tout au long des trois jours que je passai là-bas, il m'apparaissait de plus en plus clairement qu'il était temps de m'astreindre à une discipline qui m'aiderait à écrire chaque matin quelques pages.

Je me souvenais que j'étais revenu de Vienne un dimanche, Frédérique Dambre m'avait appelé pour m'annoncer qu'elle préparait la réimpression, l'année suivante, d'un troisième récit de Sorel. Cette nuit-là, après avoir eu beaucoup de mal à m'endormir, je fis un rêve où j'étais avec Sorel dans un bois. Il n'avait avec lui qu'un petit sac à dos, j'étais supposé l'aider à franchir une frontière. Des soldats surgissaient d'entre les arbres, ils s'avançaient vers nous et je devais à tout prix les empêcher d'approcher Sorel. J'entendais les balles siffler au-dessus de nos têtes. Je parvins cependant à soustraire Sorel à nos poursuivants et je le guidai à travers une clairière où, finalement, il réussit à atteindre *l'autre côté* – même dans mon rêve je ne savais pas ce qu'était cet *autre côté*, mais je me réveillai avec le sentiment d'avoir rempli un devoir. Grâce à moi, Sorel avait pu échapper à ceux qui, confusément, incarnaient à mes yeux la destruction. Je me levai d'un bond et jetai un œil à ma montre. Il était quatre heures du matin. J'allumai une cigarette, en tirai une bouffée. Il me vint aussitôt la certitude que cette fois quelque chose s'était produit qui m'obligeait à ne plus atermoyer. Oui, il me fallait servir de guide à Sorel pour qu'il fasse le voyage vers cet ailleurs dont je n'avais aucun doute que ce n'était pas le pays des morts.

Impression : CPI Firmin-Didot à Mesnil-sur-l'Estrée
Dépôt légal : août 2014. N° 2260 (123230)
Imprimé en France